동방의 빛 ❸

정역 上

正易

동방의 빛 ❸

정역 上

| 금시명 지음 |

學古房

  광활한 우주에서 우리 인간은 티끌 같은 존재일 뿐이다. 도처에 널려 있는 그 흔하디흔한 바닷물의 성분과 전혀 다르지 않는 물(H_2O), 또 그다지 특별하지도 않는 탄소(C)를 비롯한 몇몇 원소들, 그리고 진공으로 구성된 혼합체에 불과하지만 우리는 불가사의하게도 생각을 하면서 살아간다. 매순간 쉬지 않고 많은 생각들을 하면서 살아가는 기이한 존재들이다. 지금 21세기를 살아가는 우리들은 통상적으로 우리 자신들과 주변의 것들에 대해서 그 어느 때보다도 많은 것들을 알고 있다고 착각하면서, 스스로 한껏 뽐내기도 하고 그 알량한 지식을 이용해서 최대한의 욕심을 한껏 부려가며 무언가를 끊임없이 추구하며 살아가고 있다. 그러나 매일의 일상에 치여 그다지 긴 시간은 아니겠지만, 때때로 자신도 모르게 문득문득 찾아드는 질문들이 항상 우리들 주변을 배회하고 있다. 나는 어디서 왔으며 어디로 가는 것일까? 나는 누구인가? 주위를 둘러보면 우리는 이 세상이 결코 원자들로 구성된 물질적 조합만이 존재의 전부가 아니란 것을 느낄 수 있다. 원자들의 조합보다 훨씬 더 중요해 보이는 그 무엇이 있다는 것이다. 그것이 무엇인가? 바로 우리들이 매순간 살아내는 삶과 영혼의 호흡들이다. 삶과 영혼이라는 것은 이야기와 이야기의 연속선상에서만 풀이되고 이해될 수 있는 그 무엇이다. 이러한 삶과 영혼의 문제를 과학이 해결해줄 수 있을 거라고 믿는다면 번지수를 잘못 짚은 것이다. 애초에 과학에는 그런 기능이 존재하지를 않는다. 물리학, 화학, 생물학, 의학, 심리학 등등을 모두 다 합친다고 해도 과연 그것이 기대하는 만큼 제대로 작동해낼 수 있을까? 심히 의심스럽지 않을 수가 없다. 그렇다고 서양 철학이나 또는 그 어떤 다른 인문학이 과연 대안이 되어줄 수 있을까? 마찬가지로 그다지 믿음이 가지를 않는다. 바로 이것이 필자가 동아시아에서 발달한 독특한 학문체계인 동양 역리학(易理學)에 눈을 돌리게 된 이유라고 할 수 있다. 놀랍게도 역리학은 우주를 구성하는 미립자들로부터 시작해서 사람들이 살아가는 삶과 영혼의 이야기들까지 묘사하며 관통해내는 기묘한 학문 체계라는 것을 알게 되면서 거기에 깊이 매료되지 않을 수가 없었던 것이다. 주역 원전에 적혀있는 괘사나 효사들이 죽어 있는 글귀들이 아니라 살아 있는 삶의 언어로 다가오고, 제반 역리학의 상징들이 삶에서 실제 벌어지는 사건들로써 생생하게 체험되면서 전율을 느끼지 않을 수가 없었다. 이런 것들이 한낱 지극히 개인적이고 주관적인 경험이라고 치부해버릴 수도 있으나, 사실 눈을 크게 뜨고 보면 역리학의 놀라움은 거기서 그치질 않는다. 우주 깊숙이 숨겨져 있던 비밀들이 첨단 과학의 발달과 더불어 하나하나 그 실체들이 드러나면서 전혀 새로운 상황이 전개되고 있는 것이다. 가령 64개의 생체 유전자코드와 주역 64괘의 상징체계가 너무나 놀라울 정도로 일치하고 있기에 서구의 과학자들이 경악하지 않을 수 없었다. 태생적으로 일반 수학적 개념으로는 백 번 죽었다 깨어나도 64개 유전자 코드와 일치될 가능성은 전혀 없었던 것이다. 뿐만 아니라 이미 많은 과학자들이 주역 팔괘와 동양 철학에서 영감을 받았다고 고백하고 있는 것 또한 엄연한 사실이다. 오늘날 컴퓨터가 주역과 똑같은 체계의 이진법을 사용하고 있다는 얘기는 이제 너무 많이 들어서 진부한 얘기가 되어버렸다. 고도로 논리적이고 합리적인 사고 체계로 중무장한 전문 과학자들이 최첨단 도구들을 동원하며 이 우주의 실상을 구석구석 샅샅이 분석하게 되면서 놀라운 성과들이 속속 나오고 있지만, 전혀 역설적이게도 동양 역리학의 오묘함이 다시 한 번 더 조명 받는 일이 잦아지고 있고, 결과적으로 동양 역리학 자신의 수준이 답보 상태를 벗어나지 못하고 있는 데에 반해, 현대 과학이 동양 역리학을 다시 한 번 더 돌아보게 만드는 데에 있어서 동양 역리학 그 자신보다도 훨씬 더 큰 공헌과 기여를 하고 있는 셈이다. 기묘하게도 상황은 다시 역전되고 있다. 동양 역리학 체계는 구시대의 산물이고 우매한 동양적 사고방식이 아니라, 이제는 아예 신비한 동양을 넘어서 너무도 놀라운 동양으로 격상될 가능성이 매우 크다.

그러나 이렇게 점증하는 서구의 관심과는 달리 제반 역리의 본고장이라 할 수 있는 동아시아에서의 위상은 오히려 바닥을 치고 있는 상황이다. 작금의 한국은 그 나라 경제의 한 지표라 할 수 있는 주식시세에서조차 만성적 저평가를 벗어나지 못하고 있다. 그리고 그 근본을 따지고 들어가 보면 만성적 저평가는 우리 자신들이 스스로 자기 자신을 낮게 깔보는 습성에서 비롯되는 것이 아닐까 싶다. 역리학에 대한 평가도 마찬가지이다. 불행히도 스스로 가치를 판단할 줄 아는 눈이 현대 한국인들에게는 구비되어 있질 못하다. 분명 그것이 결여되어 있다. 서구인들이 가치를 인정해주어야만 비로소 눈을 돌리는 정도이다. 더욱이 역리학계에 팽배해 있는 현재 풍토 또한 그러한 저평가를 부채질하는 측면이 크다는 것도 부정할 수가 없다. 동양 역리학의 그 놀라운 체계와 또 그 놀라운 가능성에 비해서, 작금의 역리학, 그 밑바닥을 가만히 들여다보노라면 한심하기가 이루 짝이 없을 지경이다. 근본 원리는 어느 것 하나 온전하지가 않다. 6하 원칙에 의해서 말할 수 있는 것이 거의 없다고 할 수 있다. 또 학문하는 태도를 살펴보면 경전의 내용이니까 처음부터 끝까지, 그것도 모자라서 끝에서부터 거꾸로 처음까지 달달달 외우고, 성현의 말씀이니까 아무런 의심도 없이 그것이 왜 그렇게 되는 지도 모르면서 공식처럼 달달달 외워야 한다는 사고방식을 접하노라면 저절로 한숨이 흘러나오지 않을 수가 없는 지경이다. 그러면서 잘 외우고 있으니 잘 알고 있다고 착각한다. 앵무새처럼 잘 외우지 못하면 아예 아무것도 모르는 것으로 치부해버리거나 무시해버리기도 한다. 그러나 지금 세상이 어떤 세상인가? 잘 외우는 것으로 치면 아마 필자가 가지고 있는 노트북보다 더 잘 외울 수 있는 사람은 없을 것이다. 잘 외우는 것과 잘 아는 것은 전혀 별개의 문제라는 것을 그들은 잘 모르는 듯하다.

그리고 오늘날의 우리들 자신을 스스로 돌아보자. 우리는 사실 겉모양만 동양인이다. 우리들은 이미 수십 년 이상 서구적 방식으로 교육을 받아오고 있고, 합리적이고 논리적인 사고 체계로 훈련받아왔다. 이러한 사고 체계에 비추어보아 이해될 수 없는 것들은 그것이 그 어떤 것이라 해도 살아남을 수가 없는 세상이 된 것이다. 아무리 신비화를 시도하려고 해도 도저히 그것이 잘 되지를 않는다는 말이다. 유일한 방법은 합리적인 사고로써 그것을 이해할 수 있을 때, 비로소 그것이 무엇이든 간에 용납될 가능성이 생기는 법이다. 이것이 바로 필자가 이 책을 집필하기로 결심한 이유이다. 합리적, 논리적 시각으로 밑바닥부터 철저하게 다시 분석해보자는 것이다. 사실 필자는 제반 역리 서적들 읽기를 좋아하는 지극히 평범한(?) 독자의 한 사람이었을 뿐이었다. 하지만 합리적 시각에 바탕을 둔 역리학 기초 이론서가 나오기를 오랫동안 기다리다가 결국은 포기를 하고, 직접 연구를 시작하게 된 지극히 불행한(?) 독자라고 할 수 있다.

　이 책에는 실전에서 적용되는 고도의 응용법이 정리되어 있지는 않다. 하도와 낙서라고 하는 지극히 기본적인, 그야말로 역리에서 기본 중의 기본에 해당하는 것들에 대해 정리를 해놓은 책이다. 나아가 복희팔괘가 무엇이고, 문왕팔괘가 무엇이고, 정역팔괘가 무엇인지에 대해 진지하게 고민하고, 거기서 얻은 지식들을 총정리 한다는 생각으로 만들어 본 책이다. 도대체 복희팔괘는 어떻게 문왕팔괘로 전환되고, 또 문왕팔괘는 어떻게 정역팔괘로 전환되는 것인지를 고민한 내용들을 정리해보았다. 나아가 120여 년 전 이 땅에 일부 김항 선생께서 남겨놓으셨다는 새로운 주역이론, 이른바 정역의 본문이 대체 무엇을 의미하는지를 탐구해보았다. 더 나아가 9000여 년 전 국조 한인께서 인류 최초로 남기셨다는 천부경의 경문 81자가 도대체 무엇을 의미하는 지를 탐구해보았다. 필자의 생각으로는 역리학의 밑바탕에는 반드시 이러한 분석들이 필요하다고 보았고, 또 오랫동안 그것을 기다렸지만 그것을 얻을 수 없어 직접 연구를 해 볼 수밖에 없었다. 이 책을 읽으면 음괘와 양괘들로 표현되는 팔괘를 바탕으로 하는 주역 체계는 분명 하도 낙서, 그리고 천부경과 불가분의 관계를 가지고 있다는 것을 알게 될 것이다. 더불어 60갑자 부호를 사용하는 음양오행이론도 마찬가지로 하도 낙서, 그리고 천부경과 불가분의 관계를 가지고 있다는 것을 알게 될 것이다.

복희팔괘와 문왕팔괘, 그리고 정역팔괘의 의미를 알게 될 것이다. 정역 본문에 담긴 진정한 의미를 이해할 수 있게 될 것이다. 천부경 81자가 무엇을 의미하는지를 알게 될 것이다. 이러한 필자의 노력이 성공적인지 아닌지는 전적으로 독자 여러분들이 판단해야 할 몫일 것이다.

우리는 지금 정보가 주체할 수 없으리만큼 홍수처럼 넘실대는 시대에 살고 있다. 3천 권의 책에 해당하는 정보가 불과 몇 분이면 노트북으로 다운될 수 있다. 대형 서점에 가보면 수십만 권의 책들이 진열되어 있다. 만약 지금 당신이 서점 매장 여기저기 널려 있는 그 많은 책들 중에서 우연히 이 책을 골라 읽고 있는 거라면 그것은 우연이 아닐지도 모른다. 어쩌면 영겁의 세월을 지나오면서 쌓이고 쌓인 인연의 끈이 당신과 이 책을 이어주고 있을지도 모른다. 그 소중한 모처럼의 인연의 끈을 부디 헛되이 되지 않도록 만들고 싶은 것이 필자의 바램이다. 이 책을 읽는 독자들이 보잘 것 없는 이 책에서 무언가 얻는 것이 있게 되기를 진심으로 바라마지 않는다. 사실 필자는 이 책을 저술하면서 필자 자신이 저술하는 것이 아니라, 우주가 필자를 통해 우주 자신을 표현하고 있는 게 아닌가하는 착각에 빠져들곤 했었다. 독자 여러분들이 이 책을 읽으면서 우리의 선조였던 고대 동아시아인들이 바라보던 우주의 모습이 어떤 것이었으며, 그들이 어떤 우주를 꿈꾸고 있었는지를 마음껏 느껴볼 수 있기를 바라마지 않는다.

서점에서 책을 고를 때에는 깔끔하게 정리된 책들을 선호하면서도 정작 깔끔하지 못한 책을 저술해놓고 보니 부끄러운 마음을 금할 수 없으며, 책을 쓴다는 것이 얼마나 어려운 일인지를 절감할 수 있었다. 수많은 다른 저자 분들에게 존경의 마음을 표하고 싶다. 그리고 특별한 허락도 얻지 않고 많은 책들과 논문들을 인용해놓았고, 심지어는 출처를 찾지 못해 인용 표시조차도 제대로 못한 부분까지 있는데, 이 자리를 빌어서 그 모든 분들에게 진심어린 감사의 마음과 죄송한 마음을 함께 전하고 싶다. 그리고 이 책이 햇빛을 볼 수 있도록 도와주신 하운근 사장님과 박은주 편집장님께 깊이 감사드린다. 마지막으로 집필한답시고 오랫동안 가장의 역할을 등한시 하는 동안에도 묵묵히 곁에서 지켜봐준 사랑하는 가족들에게 이 책을 바치고 싶다는 말을 빼놓을 수가 없다. 이제 이 책은 필자만의 것이 아니라, 이 책을 읽는 모든 독자들의 것이다. 모든 분들에게 행운과 만복이 깃들기를 빌어본다.

을미년의 새 봄을 바라보며…
금시명

목 차

大대 易역 序서

8

大易序
대 역 서

    천지간에 일월이 쉼 없이 구르는 가운데 사시가 조화를 이루면서 하늘 아래의 만물이 천변만화한다. 그 이면에는 보이지 않는 하나의 이치가 내재되어 있어 이를 일컬어 음양오행의 이치라고 한다. 만물은 대대待對가 되는 하나가 성하면 반드시 다른 하나는 허해지기 마련이니, 가령 물질이 허해지면 정신이 성해지고, 정신이 허해지면 물질이 성해진다. 대역서가 처음 모습을 드러낸 1881년 당시의 조선은 1392년 건국된 이래 약 5백년의 지난 영화를 뒤로하고, 부조리와 모순이 극대화되고 급변하는 시대의 조류에 뒤쳐진 채 가물가물 꺼져가는 바람 앞의 등불과도 같은 신세였다. 그 속에서 신음하는 백성들의 고된 삶 속에는 한 점의 희망의 빛도 찾아보기 어려웠던 암울한 시기였다. 그러나 극과 극은 서로 통한다고 하였던가? 보이지 않는 다른 이면에선 인류 정신의 최고 정점이 이제 막 그 빛을 발하고 있었다. 실로 인류사에 한 획을 그을 만한 위대한 신물이 태동하고 있었음을 그 누가 짐작이나 할 수 있었을까? 이는 하늘이 조선의 만백성을 크게 가엾게 여겨 한 줄기 빛을 내리신 바, 배달나라 1만 년의 음덕이 마침내 천지신명의 감응을 이끌어낸 것이니 이 어찌 겨레의 광영과 복록이 아니겠는가? 비록 천지간이 모두 캄캄할지라도 혼연일체가 되어 일심으로 각성의 불꽃을

18 •

두루 비추니, 이에 일월성신이 지극한 운행의 비의를 기꺼이 드러낸 것이고 천지신명이 내밀한 천도의 대의를 기꺼이 알려온 것이다. 일월성신의 비의와 천지신명의 대의를 받들어 지인조人[1])께서 마침내 정역의 서문을 시작하시며, 그 맨 앞에 큰 대大자를 붙여 「대역서」라 명명하신 뜻은 선천의 끝에서 후천의 시초로 전환되는 대변혁이 변화원리에 의해 정해진 섭리임을 널리 밝히고자 함이었고, 마침내 온 인류가 간절히 염원해 오던 젖과 꿀이 흐르는 이상사회가 이제 곧 도래하는 소식을 만천하에 알려서 하나의 통과의례처럼 불원간에 닥쳐오게 될 그 환란의 파고가 아무리 높다고 할지라도 결코 희망의 끈을 놓지 않을 수 있도록 크나큰 등불 하나를 높이 들어 올리고자 함이었으며, 다가오는 새로운 광명의 천하를 주재해나갈 궁극의 대역을 만천하에 천명하여 인류 번영의 초석을 놓고자 함이었다. 성현께선 세수 56세였던 1881년 서문에 해당하는 「대역서」를 필두로, 상편에 해당하는 「십오일언」, 그리고 하편에 해당하는 「십일일언」까지 『정역』을 모두 완결 지으셨다. 1884년에 「십오일언」의 [무위시]까지, 1885년에 [정역시], [포도시]를 비롯하여 「십일일언」까지 모두 매듭지으셨으니 5년간의 대장정이었다. 이듬해 충남 연산에 있는 한 서원에서 제자들에 의해 한지목각판으로 초판이 간행되면서 처음 세상에 나왔고, 그것이 120여년이 지난 오늘날까지 전해지게 되었다.

---

1) 지인이라 함은 필자가 일부 김항 선생을 일컫는 존칭. 참 나를 깨닫고 지극한 역의 이치까지 깨달아 은밀한 천지일월의 운행에 동참하는 궁극의 경지에 도달한 만고의 성인을 의미한다. 또한 때로는 선생 혹은 성현이란 호칭을 사용하기로 한다.

1 존재 이유

성현께서 정역의 서문을 쓰기 시작하면서 우리들 곁에 역易이란 것이 어떤 까닭으로 존재하는 것인지를 가장 먼저 밝히고 있다. 무슨 소이로 역이란 것이 우리들 곁에 있는 것일까? 그 까닭은 바로 역이란 것은 변화의 이치를 알려주는 것이고, 역이란 것은 변화의 기틀을 알려주는 것이라고 말한다.

聖哉易之爲易 성스럽도다. 역易이 변화를 다스림이여.

성스럽도다. 신성하도다. 여기서 역지위역이란 곧 '역의 위역'이란 말이니, 이는 역이 변화를 다스림을 말하는 것이다. 여기서 위는 다스린다는 뜻이고, 그 뒤의 역은 변화를 말한다. 우주는 변화한다. 한 시도 쉬지 않고 변화한다. 거시적으로도 변화하고, 미시적으로도 변화한다. 우주를 통틀어 변한다는 말 이외에 달리 적절히 표현할 말이 없을 정도이다. 오직 변하지 않는 것이 있다면, 그것은 '모든 것은 변화한다.'라고 하는 이 명제 하나뿐이다. 역이란 바로 변화를 궁리하는 것이다. 변화를 표현하는 것이다. 변화의 이치를 밝히는 것이다. 궁리하고, 표현하고, 이치를 밝히고, 이것이 바로 역이다. 성스럽도다. 역이 변화를 다스림이여. 이처럼 역이 하는 일이 속된 것이 아니라 성스럽다고 한 것은 대의를 위하여 변화의 이치와 변화의 기틀을 밝히는 것이기 때문이다. 뭇 중생들의 사사로운 마음, 탐내고 성내고 어리석은, 탐貪·진瞋·치痴의 삼독三毒에서 벗어난 청정무위의 천심이 공의로써 역易의 변화를 다스리기 때문에 성스러운 것이다.

易者曆也 역은 책력이니,

역易이란 글자를 파자해보면 日과 勿이니, 여기서 日은 도마뱀 머리의 형상이고, 勿은 도마뱀의 발과 꼬리를 형상화한 것이다. 도마뱀은 주위 환경에 따라 하루에도 12번이나 자신의 색깔을 자유자재로 변화시키는 동물이다. 또한 日은 태양을 형상화한 것이고, 勿은 달을 형상화한 것이기도 하다. 해와 달이 시시각각으로 변하면서 시간의 궤적이 그려진다. 달이 모양과 위치가 달라지면서 28수와 더불어 하루하루의 궤적을 그려내고 태양의 고도가 높아졌다 낮아졌다 하면서 계절이 변한다. 그렇게 하루가 가고, 한 달이 가고, 한 해가 가는 것이다. 그러니 역이란 것은 곧 책력이다. 책력이야말로 바로 변화의 양상을 담아놓은 그릇이다. 다시 말해 변화의 기틀이다. 봄·여름·가을·겨울, 사계절이 어떻게 변화하는 지를 알려주는 것이 바로 책력이고, 해와 달의 움직임이 어떠한 지를 알려주는 것이 바로 달력이다. 사계절의 변화하는 이치를 알아야 추위 올 것과 더위 올 것을 미리 알아 대비할 수 있는 것이다. 이는 벌레와 같은 미물들도 이미 능히 알고 행하는 바이다. 하물며 사람에 이르러서야 두 말할 나위가 없는 것이다. 역이 하는 일이 바로 그 변화의 기틀을 알게 해주는 것이다. 알 수 있는 방법을 열어주는 것이다.

無曆無聖 책력이 없으면 성인도 없는 것이고,

책력이 없으면 성인도 없는 것이니, 이는 책력을 만드는 일이 신성한 성인이나 할 수 있는 일이기 때문이다. 성인이 없으면 무도한 세상이니, 무도한 세상이란 사계절의 변화에도 조화로움이란 것이 없고 책력조차도 없는 세상일 것이다. 또 탐·진·치에 빠진 사사로운 범인들은 책력을 사사롭게 악용하려고 한다. 제 멋대로 하려고 들고, 자신에게 이익이 되도록 도모한다. 이런 자들이 책력을 장악하고 장난질을 자행하면 자연히 천하가 어지러워지니, 이 또한 무도한 세상일 것이다.

無聖無易 성인이 없으면 역易도 없는 것이니,

이는 곧 역이 있음은 성인이 있는 것이고, 성인이 있기에 역이 있는 것이다. 그리고 역이 있으면 책력도 있는 것이다. 탐·진·치에서 완전히 자유로운 밝은 거울과 같은 마음만이 역을 지을 수 있는 자격이 있고, 역이 있게 만들 수 있고, 그리하여 책력 또한 온전하게 될 수 있을 것이다. 이것이 바로 조물주가 수천억 인을 제쳐두고 오직 지인至人에게만 친교를 내리신 이유일 것이다.

是故初初之易來來之易所以作也 이것이 초초지역과 래래지역이 지어진 까닭이다.

초초지역이라 함은 복희팔괘와 문왕팔괘를 기반으로 하는 선천의 역을 말한다. 래래지역이라 함은 선천이 후천으로 된 이후에 쓰이게 될 미래의 역을 말함이니 곧 정역팔괘를 일컫는다. 초초지역이 복희·문왕·주공·공자와 같은 성인이 있었기에 성립될 수 있었다면, 래래지역 또한 지인至人과 같은 성인이 있었기에 성립될 수 있었다. 고래古來로

성인들은 앙관하고 부찰하여, 다시 말해 하늘을 우러러 천문을 살피고
땅을 굽어보며 지리를 살폈고, 그 속에 내재된 변화의 이치를 고스란히
담아 한편으로는 팔괘도를 그었으며 한편으로는 역서를 완성하였다.
천지일월의 운도를 헤아리고, 일월성신의 순환주기와 운행도수를 헤아
려, 천지만물의 생성변화 이치와 순환의 이치를 밝히신 것이다.

夫子親筆吾己藏 공자의 친필을 내 몸에 감추었으니,

현전하는 『주역』은 경문과 「십익」으로 구성되어 있다. 「십익」은
괘사와 효사에 해설을 붙인 것인데 지난 2천 년 동안 공자가 저작했다고
믿어져 왔다. 사마천의 『사기』 「공자세가」에서 이르기를
  "공자가 만년에 역을 좋아하여 「단전」·「계사전」·「상전」·「설괘전」·
「문언전」을 서序하였다."
라고 하였다. 그리고 반고의 『한서』 「예문지」에서도
  "공씨가 「단전」·「상전」·「계사전」·「문언전」·「서괘전」 등 10편을
지었다."
라고 했으므로, 이는 모두 공자가 「십익」을 지었다는 전통적 견해를
뒷받침해주는 바였다. 공영달도 『주역정의』에서 「십익」을 공자가 지었
다는 것에 대해선 선유先儒들도 전혀 이견이 없다고 말한 바 있다.
그러다가 송나라의 구양수가 적어도 「십익」의 전체를 공자가 직접
저술한 것은 아닌 것 같다고 의문을 제기하였다. 「십익」이란 명칭 자체가
『사기』나 『한서』에는 보이지 않고, 『역위건착도』에서 처음 나타나는
게 이상하다는 것이다. 또한 「계사전」에 나오는 '하위何謂', '자왈子曰'
혹은 '성인설괘(聖人設卦)' 등과 같은 표현들을 예로 들어가며, 이는 공자

의 저술이 아닐 가능성이 크다고 주장하였다. 이후 청나라의 최술은 의심의 차원을 넘어서 경전의 문장 등을 들어 「십익」은 아예 공자의 작품이 아니라고 주장하는 단계에 이른다. 곽말약은 『주역적구성시대』에서 복희·문왕·공자의 이른바 '삼위일체설'을 부정하였다. 그는 복희를 전설적인 인물로 믿을 수 없고, 문왕은 64괘를 제작할 정도로 문화 수준이 높지 않았다고 주장하였다. 또한 이경지는 『논어』에 나타난 사상과 「십익」에 보이는 사상이 다르다고 지적하면서 공자의 저술이 아니라고 주장하였다. 그리고 전목은 공자 「십익」 자작설의 중요한 근거가 되는 사마천의 『사기』 「공자세가」와 반고의 『한서』 「예문지」의 기록은 너무 엉성하기 짝이 없어서 막상 찾아보면 정작 사마천조차도 공자가 직접 지었다고 언급한 바 없으며, 반고에 이르러선 아예 도무지 믿을 수가 없다고 주장하였다. 또한 맹자가 공자의 『주역』에 관해 전혀 언급하지 않은 것은, 생전에 자사로부터 공자의 역에 관하여 들은 바가 없었기 때문이 아니겠느냐고 주장하였다. 그리고 『논어』의 사상과 「십익」의 사상 차이는, 이 책들이 한 사람의 저술이 아니라는 증거라고도 했다. 결국 지금은 전국시대나 한나라 시대에 유행한 음양오행 사상의 영향을 받은 부분이 많다는 데는 거의 모든 학자들의 의견이 일치하고 있으며, 대체적으로 「단전」과 「상전」은 공자에 의해, 나머지는 공자 이후에 쓰인 것 같다는 의견이 주를 이루고 있다. 이와 같이 공자가 「십익」의 저자가 아닐 수 있다는 점이 부각되기는 했지만, 공자와 『주역』이 전혀 관계가 없다는 주장까지 나오게 된 것은 아니었다. 왜냐하면 『논어』 「술이편」 제16장에 적혀있는

子曰 加我數年 五十以學易 可以無大過矣

이라는 구절이 공자와 역易이 관련되어 있다는 결정적인 증거가 되어
주었기 때문이다. 이를 풀이해보면 대략 다음과 같다.

"공자가 말하기를 앞으로 내가 몇 년 더 살아서 (50살에? 또는 50년
더?) 주역을 공부해 깨우치면 큰 잘못은 면하고 살아갈 수 있을 텐데…."

이는 공자가 말년에 주역을 얻어 그 심오함에 매료되었으나, 공부를
하다 보니 캐면 나오고, 캐면 나오고, 뭔가가 보일 듯 말 듯 알쏭달쏭한데,
그 오의를 터득하는데 상당한 시간이 필요할 것 같았다. 하여 뒤늦게
만난 죄로 다소 시간이 모자랄 것 같은 아쉬운 마음을 토로하고 있는
것이다. 공자가 말년에 노나라로 돌아와 6경2)을 정리할 때 다른 글에는
첨삭을 가하였으나 『주역』은 한 글자도 고치지 않았다. 『논어』 「술이편」
에서 공자는,

　자 왈　　술 이 부 작　　신 이 호 고　　절 비 어 아 노 팽
子曰　述而不作　信而好古　竊比於我老彭

이라고 하였다. 이를 풀이하면 대략 다음과 같다. 공자가 말하기를
전술할 따름이지 새로운 것을 창작하지 아니하며, 옛 것을 믿고 좋아하
니, 남몰래 마음속으로 우리 노팽3)에게 견주는 바이다. 『주역』의 괘사와

---

2) 육경이라 함은 시경·서경·예기·악기·역경·춘추를 말한다. 공자는 제자들을
　가르칠 때 육예를 교재로 삼았다. 여기서 육예가 시·서·예·악·역·춘추 이다.
　공자는 당시에 남아 있던 자료를 검토하고 수집하고 체계를 갖춰 정리했다. 고대인
　들은 육예를 '문학(文學)'이라 불렀다. 육예는 전국시대에 이미 육경이라는 명칭으
　로 불렸다. 그것이 오늘날 전해지는 '육경(六經)'이다.
3) 노팽은 은나라의 학자라는 사실 외에 자세한 행적이 전해지지 않는다. 공자가
　존경한 사람임을 '우리 노팽'이란 표현에서 느낄 수 있는데, 노팽(老彭)은 '존경하는
　원로 팽(彭)선생님' 정도의 뜻이었을 것이다. 공자는 노팽이 은나라의 학문과
　문화를 집대성하고 정리하여 후대에 전한 것처럼 자신이 주나라의 학문과 문화를

효사 한 글자, 한 글자가 너무나 중요하고 빈틈이 없는데다가 자신의 공부가 아직 조금 미진해 보이는 지라, 오히려 섣부르게 자칫 손을 잘못 대었다가는 큰 일 나겠다 싶었던 것 같다. 하여 공자는 「십익」을 통해 자신이 깨달은 바를 담아 보충 설명을 시도하였다. 여기서 십十이란 '완성의 수'이고, 익은 '보익輔翼'의 의미이다. 10가지의 보충설명이란 뜻이면서, 동시에 완성을 위한 보충설명이라는 의미를 갖는다. 지인은 바로 공자의 이 부분을 지극히 중대한 것으로 여기신 것이다. '공자친필 오기장'이라 함은 공자가 쓰신 친필을 실제로 가지고 있다는 것이 아니라, 공자가 「십익」을 붙이게 된 그 진의를 십분 알겠다는 의미를 담고 있는 것이다. 비록 세인들은 「십익」을 공자가 '지었네, 아니네.' 「십익」의 분류는 이렇게 하는 게 맞네, 저렇게 하는 게 맞네, 등등 왈가왈부 참으로 말들이 많았지만, 지인은 주역에 10이란 숫자를 아무나 갖다 붙일 수 있는 것이 아니라는 것을 깊이 통찰하고 있었던 것이다.

"잡소리들 하지들 말고 가만히들 있어라. ×도 모르는 것들은 제발 나서들지를 말아라. 너희들이 알면 뭣을 알 것이냐. 공자 왈, 맹자 왈이나 씨부리던 것들이, 공자의 마음을 알 턱이 있을까? 10이란 글자는 아무나 갖다 쓸 수 있는 게 아니네. 지난 2천년 동안 10이란 글자를 주역에다가 떡하니 갖다 붙일 수 있는 경지에 올랐던 놈이 있었으면 이리 한번 나와 보라고 해봐라. 낯짝이나 한번 보게. 제발 잘 모르겠거든 잠자코 가만히 들이나 있어주시게."

「십익」에서 10이라는 글자야 말로, 지인이 『정역』 속에 담고자 했던 핵심 중의 핵심이었기 때문이다. 그것이 바로 10무극, 다시 말해서

전한다는 생각을 가지고 있었던 것 같다.

무극대도를 말하는 것이다. 따라서 적어도 지인은 공자의 저작임을 추호도 의심하지 않았다.

'아마도 기록이 제대로 전해지지 않은 까닭은 진시황 같은 정신 나간 천하의 무도지군들이 일으킨 분서갱유와 같은 그 야만스러운 악행들에 힘입은 바일 것이다.'
라고 생각했던 것 같다.

_{자 월　가 아 수 년　오 십 이 학 역　가 이 무 대 과 의}
子曰 加我數年 五十以學易 可以無大過矣

게다가 공자가 일견 '나에게 주역을 공부할 시간이 좀 더 있었으면 좋았을 텐데…'라고 써놓은 것처럼 보이는 이 구절에서 선천과 후천의 대 전환기에 벌어지는 천하의 위태함을 크게 근심하는 공자의 마음이 담겨 있음을 알아보신 것이다. 「십익」이란 두 글자와 더불어 볼 때, 선천말엽의 위태함과 후천시대의 이상을 염원하는 공자의 간절함이 담겨있었다. 선수는 선수가 알아보는 법이다. 공자는 그 위태함을 극복할 수 있는 방법을 인류에게 직접 제시하고 싶었을 것이다. 공자는 『논어』「위정편」에서, 다음과 같이 말한 바 있다.

_{오 십 유 오 이 지 우 학}
吾十有五而志于學 나는 나이 열다섯에 학문에 뜻을 두었고

_{삼 십 이 립}
三十而立 서른에 뜻이 확고하게 섰으며

_{사 십 이 불 혹}
四十而不惑 마흔에는 미혹되지 않았고

_{오 십 이 지 천 명}
五十而知天命 쉰에는 하늘의 명을 깨달아 알게 되었으며

_{육 십 이 이 순}
六十而耳順 예순에는 귀가 순해져 남의 말을 다 들을 수 있게 되었고

_{칠 십 이 종 심 소 욕 불 유 구}
七十而從心所欲不踰矩 일흔에는 하고 싶은 대로 해도 법도에 어긋나지 않았다

그는 쉰 살에 이르러 하늘의 명을 자각하고 있었다. 소명의식을 갖게 된 것이다. 그리고 무엇보다도 진리를 꿰뚫어 볼 수 있는 밝은 눈을 가지고 있었다. 말년에 주역을 발견하고 그는 전율할 수밖에 없었다. 그리고 마지막 그의 얼마 남지 않은 삶을 주역에 불태웠어야만 했었다. 그러나 부족한 것이 있었다. 시간이 부족하였다. 그리고 표징이 필요하였다. 뭔가가 희미하게 잡히는 것이 있었는데 확실치가 않았다. 가만히 생각해보니 보통 중대한 것이 아니었다. 인류가 비참하게 종말을 맞을 것이냐, 아니냐가 달려 있는 중대한 일이었다. 희망을 가져도 되느냐의 여부가 바로 거기에 있었다. 그리고 그는 하늘의 표징을 기다렸다. 그러나 끝내 하늘은 공자에게 신물만은 허락하지 않았다. 아직 때가 되지 않았던 것이다. 무심한 시간은 공자의 탄식을 뒤로 하여 흐르고 흘렀다. 그리고 공자가 그토록 간절히 기다리던 그것은 약 2400년이 흐른 뒤에 천공으로 나타나게 된다. 바로 조선 땅에서…. 2400년 후에나 그것을 볼 수 있도록 조물주는 주도면밀하게 설계해놓으셨던 것이다. 그리고 성현께서 공자의 마음을 모두 읽은 것이다. 그리고 이제 성현께서 '부자친필오기장'이라 한 것은 공자가 「십익」을 덧붙인 뜻을 모두 체득하였고, 그것을 『정역』에서 고스란히 계승하고 있음을 만천하에 밝힌 것이다.

道通天地無形外 천지무형의 바깥까지 도를 통한다.

천지무형의 바깥을 통관하는 경지, 물론 아무나 지껄일 수 있는 말이 아님이 분명하다. 이 구절은 성현께서 정명도[4]의 추일우성(秋日偶成)이라는 시에서 나오는 '도통천지유형외'라고 하는 구절에 대구(對句)를 하신 것이다. 정명도는 다음과 같이 읊었다.

_{한 래 무 사 부 종 용　수 각 동 창 일 이 홍}
閑來無事不從容 睡覺東窓日已紅

한가로운 가을이 오니 여유롭지 않은 일이 없네.
잠에서 깨어보니 이미 해는 동녘 창을 붉게 불들이고,

_{만 물 정 관 개 자 득　사 시 가 흥 여 인 동}
萬物靜觀皆自得 四時佳興與人同

만물을 고요히 바라보니 모든 게 스스로 터득된다.
사계절 멋있는 흥취도 사람이 함께 하는 것이니,

_{도 통 천 지 유 형 외　사 입 풍 운 변 태 중}
道通天地有形外 思入風雲變態中

천지유형의 바깥까지 도를 통하고,
사념은 풍운이 변하는 한 가운데로 빠져든다.

_{부 귀 불 음 빈 천 락　남 아 도 차 시 호 웅}
富貴不淫貧賤樂 男兒到此是豪雄

부귀에 더럽혀지지 않고 빈천을 즐기니,
사내가 이에 이르면 이것이 곧 영웅호걸이 아니겠는가!

시문을 읽어보면 정명도의 경지 또한 아무나 쉽사리 입에 담을 수
있는 경지가 아니었음을 느껴볼 수 있다. 이제 약 800년의 시공을 초월하
여 지인께서 풍취 있는 시문에 응대하니, 그 속에서 잠시 지인의 심정과
경지를 엿볼 수가 있다. 정명도가 가을의 멋있는 흥취를 호방하게 한바탕
즐기는 가운데에 은근히 자신의 경지를 드러내고 있으나, 성현께서
그 도의 경지가 조금 부족하다고 느끼셨는지, '천지유형외'를 받아서
'천지무형외'로 고쳐주신다. 이는 마치 다음과 같이 말하고 있는 것
같다.

---

4) 정호(程顥1032~1085) 북송 중기 유학자. 자 백순(伯淳), 호 명도(明道), 시호 순(純).
   주돈이의 문인, 동생 정이(程 : 伊川)와 함께 이정자(二程子)로 알려졌다. '이기일원
   론(理氣一元論)', '성즉이설(性則理說)'을 주창하였다.

"어찌 형체 있는 것에만 한정할 수 있겠는가! 본래 '도를 통한다.'라고 하는 것에 있어서 도라는 것 자체가 이미 형체의 있고 없음을 가리지 않음인데, 그 바깥이란 것을 논하는 마당에 어찌 형체 있음에 한정을 지을 수 있겠는가? 정명도 당신이 정녕 천지를 통틀어 형체 있는 것의 바깥까지를 관통했던 것이라면, 나는 그것만 가지고는 좀 성이 차지를 않는다네. 그래서 나는 '도통천지무형외'라고 고쳐 말하고 싶어진다네."

필자가 『정역』을 접한 초기에는 이 대목을 읽으며 느끼는 바가 바로 이것이었다. 하지만 그 읽는 횟수가 증가하면 할수록 이렇게 이해하는 것이 옳은 것이 아니라는 생각이 점점 깊어져 갔다. 그리고 이제는 이렇게 말하고 싶어지게 되었다.

"정명도 당신의 도통천지유형외는 더할 나위 없이 좋은 표현이었고, 천하에 제일가는 일품 중에 일품이었다. 깊은 경의를 표하는 바이다. 나는 다만 도통천지무형외를 대구對句함으로써 당신과 나의 시를 모두 완성하고자 한다."

이 말이 무슨 뜻일까? 정역을 읽으면 읽을수록 느끼게 되는 것은, 본문에 나오는 거의 모든 구절들이 서로 대대가 되도록 구성하고 있다는 점이다. 바로 그것이 정역 본문을 구성하는 제1 원칙인 것이다. 본문을 읽어내려 가다보면 대대에 대대를 반복한다는 것을 느낄 수 있게 된다. 나중에는 아주 지겨워질 정도로 계속 대대를 반복한다. 지인이 이렇게 구성한 의도는 무엇일까?

신은 낮과 밤이며
삶과 죽음이며
여름과 겨울이며

전쟁과 평화이며,
배부름과 배고픔이며
선과 악이다.
양쪽 모두인 것이 신이고 진리이다.

이것은 이미 제1권에서 살펴보았던 바이고, 고대 그리스 헤라클레이
토스가 쓴 시이다. 헤라클레이토스는 말한다. 오직 낮만이 진리가 아니
라, 낮과 밤이 진리라고…. 배부름과 배고픔이 모두 진리라고 말한다.
예를 하나 들어보자. 가령 지금 화성탐사에 나선 우주선과 교신을 하면서
지금 지구는 겨울이라고 말을 했다고 하자. 맞는 말일까? 북반구의
계절이 겨울이라면, 남반구는 여름이다. 어두움과 밝음은 항상 동시에
만들어진다. 낮과 밤, 그리고 겨울과 여름도 동시에 만들어진다. 사람들
은 흔히 생각한다. 신은 선한 편에 서있다고…. 그리고 자신은 선한
쪽이라고 믿고 싶어 한다. 그러나 헤라클레이토스는 말한다. 선과 악이
모두 진리이고, 신은 선한 편이나 악한 편이나, 그 어느 편에도 서있지
않다고 말한다. 이는 또한 지인의 말씀이기도 하다. 정명도는 유형외를
말했지만, 지인은 무형외를 말함으로써, 나머지 반쪽을 마저 채운다.
지인은 『정역』에서 진리의 모든 면을 다 담고 싶었던 것이다. 반쪽짜리
진리가 아니라 온전한 진리를 말하고 싶었던 것이다. 북반구만 표현하는
게 아니라, 남반구도 표현하고 싶었던 것이다. 해가 드는 쪽만 표현하는
것이 아니라, 해가 들지 않는 쪽도 표현하고 싶었던 것이다. 이를 잘
이해할 필요가 있다. 우리가 제1권에서 살펴본 서구인들이 저지른 오류
가 과연 무엇이었는지를 이해하지 못한다면, 언젠가 역사는 반드시
똑같은 실수를 반복하게 될 것이다. 문제의 본질을 깊이 이해해야 그
문제를 극복할 수 있는 가능성이 열리기 때문이다. 그 참혹하고 슬픈

역사가 다시 반복되지 않기 위해서는 그 본질을 깊숙이 들여다보아야 한다. 그래야 비로소 길이 열린다. 그것을 극복할 수 있는 길이 열리는 것이다. 그때 그들의 잘못, 그 이면의 근본 원인은 무엇이었을까? 기독교 신앙? 물질주의? 탐욕심? 이기주의? 제국주의? 민족주의? 인종 우월론? 필자는 그것을 이원론과 그로 인해 필연적으로 연결되는 분별심이라고 말하고 싶다. 육체와 마음을 구분하는 마음, 높고 낮음을 구분하는 마음, 선과 악을 구분하는 마음, 귀하고 천한 것을 분별하는 마음, 너와 나를 분별하는 마음. 이것이 가장 근원적인 문제였다고 생각한다. 이제 지인께서 말하고자 하는 것이 바로 그것이다. 모든 분별심을 버리고 진리를 있는 그대로 살펴보라. 차이를 보지 말고 본질을 똑바로 보라. 모든 차이는 비교하는 마음에서 비롯된 것이다. 비교 대상이 있었기 때문에 차이가 보인 것이다. 헤라클레이토스가 진정 말하고자 했던 바가 또한 바로 이것이다. 낮이 보이고 밤이 보인다? 네 눈에는 지금 차이가 보이고 있는 것이다. 하지만 내 눈에는 차이가 보이지 않는다. 밤과 낮이 차이가 있어 보이지만, 실제로는 밤과 낮은 하나다. 원래 밤이란 것과 낮이란 것이 따로 있는 것이 아니다. 선과 악이 보이느냐? 내 눈에는 선도 없고 악도 없다. 그런데 어떻게 선을 보고, 악을 볼 수가 있다는 말인가? 그런 것이 애초에 없는 건데 어떻게 신이 선한 편에 설 수가 있겠는가? 대체 누가 선이고, 누가 악이란 말인가? 네 눈에는 유형외가 보이느냐, 내 눈에는 유형외도 무형외도 그 어떤 것도 보이지 않는다. 이것이 진리이다. 상대하는 모든 것은 반드시 그 반대되는 대대待對를 밑바탕에 깔고 있기에 서게 된 하나의 가상적인 개념일 뿐이다. 가상은 가상일 뿐 본래 실체가 있는 것이 아니다. 애당초 진리의 본질에는 너와 나의 구분이란 게 존재하지 않는다. 그런 개념조차도 존재하지 않는다. 성현께서 말씀하신다.

"지금 부득이 하나의 개념을 말해야 한다. 하지만 그 때문에 반드시 그 반대도 말하지 않으면 안 되게 되었다."

바로 이것이 항상 대대를 맞추어 놓게 된 이유가 아니었을까? 이러한 관점으로 정역을 읽어나간다면, 지인의 마음을 십분 이해할 수 있을 것이라 믿는다.

伏羲粗畫文王巧 복희가 팔괘를 긋고 주 문왕이 다듬었으나,

天地傾危二千八百年 천지가 위태롭게 기운지 주 문왕 이래 2800년이다.

복희가 팔괘를 그은 것에 대해선 이미 충분한 예습을 통해 익히 알고 있는 바가 되었다. 신묘한 복희씨가 밝은 눈이 있어서 하도를 알아보았고, 뿐만 아니라 그 속에서 복희팔괘도까지 성공적으로 끌어낼 수 있었다. 시공을 초월해서 인류사 전체를 놓고 보더라도 가히 상위 0.001%이내에 들어가는 매우 지혜롭고 영민한 인물이었을 것이다. 그리고 주 문왕이 그것을 어떻게 정교하게 다듬었는지에 대해서도 대충은 감을 잡고 있는 상황이다. 문제는 다음 문장이다. 천지가 위태롭게 기울어 2800년이 지났다고 한다. 2800년이 지났다는 말은 주 문왕 시절로부터 지인의 시대까지 대략 시간이 그 정도 흘러간 것 같기는 한데, 천지가 위태롭게 기울었다는 말이 무슨 뜻일까? 주 문왕 이후에는 천하를 다스리는 인간 중에 사람 같은 사람이 없었다는 말일까? 그럴 수도 있을 것 같기도 하다. 하지만 상수를 연구하는 사람들은 가급적이면 무슨 핑계를 대서라도 역리적으로 접근하여 해석하고 싶은 것이 인지상정이라 할

것이다.

복희팔괘	문왕팔괘	정역팔괘
兌 乾 巽	巽 離 坤	巽 坤 離
離 坎	震 兌	艮 兌
震 坤 艮	艮 坎 乾	坎 乾 震

하여 '천지경위'라는 말을 건괘와 곤괘의 동향을 말하는 것으로 해석을
해보면 어떨까 싶다. 가령 복희팔괘도에서의 건괘와 곤괘는 가장 중요해
보이는 자리들을 떡하니 차지하고 있어서, 가장 웃어른에 해당하는
하늘과 땅이 전혀 불만이 없어 보이는 상황이다. 하지만 문왕팔괘를
보게 되면 건괘의 위치가 서북으로 삐딱한데다가, 곤괘의 위치가 서남으
로 삐딱한 것이 영 체면이 서지를 않는 모양새다. 지인께서도 이 부분이
마음에 안 들어 '천지경위'란 말을 사용하지 않았을까? 때마침 정역팔괘를
보게 되면 복희팔괘도와 비교해서 뒤집어져 있기는 하지만, 건괘와
곤괘가 팔괘의 배열 상 가장 중요해 보이는 상하의 축을 장악하고 있으니,
지인께서 이를 다행히 여겼을 가능성이 충분히 있다고 생각된다.

2 공맹지도

  사실 공자를 떼어놓고 동아시아를 말한다는 것은 손바닥으로 하늘을 가리는 것과 같은 일이라 할 수 있다. 소위 인민의 나라, 중화인민공화국 모택동[5] 시절에 실제로 그런 일이 일어났던 것은 천하가 주지하는 사실이다. 이른바 문화혁명 시절 뜻있는 지식인들은 공맹을 입에 담을 수가 없어 입이 근질거리고, 머리가 지끈지끈거려서 죽을 지경이었을 것이다. 공·맹이 없는 중국문화는 거의 앙꼬 없는 찐빵이라 말해야 했을테니 말이다. 그런데 공자가 없으면 문제가 되는 것에 있어서 우리는 자유로울까? 얼마 전에는 심지어 『공자가 죽어야 나라가 산다.』라고 하는 자극적 표제를 단 책까지 나오는 등, 여러 다양한 시각에서 공자를 재조명하고 있지만, 그가 끼친 영향력만큼은 그 누구도 부정하지 못하는 것이 또한 사실이다. 성현께서 특히 공자를 강조하는 바도 어쩌면 바로 이런 맥락과 연결되어 있을 것이다. 하지만 지인의 공자에 대한 강조가 조금은 지나치다고 느껴질 정도인 것은 단지 필자만의 생각은 아닐 것이다. 여기에는 지인에게 아주 특별한 일이 있었기 때문이다. 바로 그 일이 그를 강렬하게 사로잡게 되었던 것이 틀림없는데, 그 일이 무엇이었을까? 때는 1879년 기묘년의 일이다. 그때 지인께서 54세 되던 해였다. 솔성지공의 노력 끝에 어느 날 문득 도道를 깨우치게 되었다. 실로 19년간의 남모르게 기울인 노력이 마침내 맺은 결실이었다. 선생은 깨달음 이후에도 멈추지 않고 계속 수행해나갔고 나중에는 눈을 감으나

---

5) 모택동(1893~1976)

뜨거나 간에 대낮처럼 환하고, 잠을 자지 않아도 피곤하지 않을 뿐 아니라 정신이 갈수록 청명해지게 되는 경지에 이른다. 그리고 그 무렵 전혀 뜻하지 않은 일이 생기게 된다. 지인의 눈앞에 이상한 괘획卦劃이 어른거르기 시작하더니 점점 커져서 나중에는 천지가 모두 낯선 팔괘의 상으로 뒤덮여 보이는 괴이한 일이 벌어진다. 뿐만 아니라 간혹 이상한 음성이 들리기도 하였다.

'기위친정~!',

그리고 간혹

'황심월~!'

또 어느 때는 문득

'일부~!'

처음에는 그저 수행자들에게 흔히 환상이나 환청 같은 것이 나타나듯이 너무 무리한 수행으로 인해 기력이 쇠해진 탓인가 여겨, 없는 살림에 돼지고기며 심지어 개고기를 구해다가 먹어보기도 하였으나 전혀 소용이 없었다. 거의 3년 동안을 이 이상한 괘도를 응시해오던 지인은 혹 『주역』에 그런 괘도가 언급되어 있지 않나 싶어 여러 차례 살펴보았으나, 『주역』에는 복희팔괘와 문왕팔괘의 배열만 언급되어 있을 뿐, 눈앞에 나타나는 괘도는 찾아볼 수가 없었다. 그러다가 어느 날 문득 갑자기 뇌리를 스치며 무언가 번뜩 떠오르는 게 있었는데, 이에 대해 이정호[6] 교수는 『정역과 일부』에서 다음과 같이 언급하고 있다.

---

6) 이정호(李正浩, 1913~2004) 충남 예산 출생. 호는 학산(鶴山). 경성제대 법문학부 조선어문학과를 졸업하고 연희대 이화여대 충남대 교수를 거쳐 4.19 직후 첫 민선으로 충남대 총장을 지냈다. 국제대 교수와 인문사회과학연구소장을 역임했다. 저서로는 『훈민정음의 구조원리』, 『정역연구』, 『주역정의』등이 있다.

"3년 동안을 계속해서 이 이상한 괘도를 응시하던 선생은 혹 주역에 그런 괘도가 언급되어 있지 않나 싶어 여러 차례 주역을 살펴보았으나, 주역에는 복희팔괘와 문왕팔괘의 질서에 대해서만 언급하였을 뿐, 눈앞에 나타나는 괘도는 찾아볼 수가 없었다. 그러다가 어느 날 문득 『주역』 「설괘전」 제 6장에 나오는 대목이 지금 나타나는 괘도와 부합하는 것임을 깨닫고, 성인께서 이미 『주역』에 말씀하신 것이니 그럴 수밖에 없다고 하여 당시 28세였던 김국현[7]으로 하여금 괘도를 그리게 하였으니, 그것이 바로 문왕팔괘의 뒤를 이어 나타난 제3의 괘도인 정역팔괘이다."

『주역』 「설괘전」 제6장에 대해서 주자와 같은 대학자도 미상기의, 즉 그 뜻이 자세하지 않다고 언급하는데 그치며 슬며시 꼬리를 내려버린 후에 내로라하는 수많은 학자들이 설명을 시도하였으나 그 모두가 문왕괘도나 복희팔괘를 언급하는 것이라고 말할 뿐이었다. 그 누구도 이것이 제3의 괘도에 대한 것임을 말한 이가 없었다. 선생께서 바로 그 부분이야말로 정역팔괘의 괘상을 언급하는 내용임을 처음으로 알아보게 되었던 것이다. 그렇게 팔괘를 옮기고 나서 얼마 되지 않았는데, 어느 날 갑자기 홀연히 공자의 영상이 생생하게 나타나 이르기를, "내가 일찍이 뜻하였으면서도 끝내 이루지 못한 것을 그대가 이루었으니 이렇게 장한 일이 있나!"

라고 거듭 칭찬하였고,

"기갑야반(己甲夜半)에 생계해(生癸亥)"

라는 후천변화의 암시를 일러주며 추산을 계속해나가라는 당부를 했다.

그뿐만 아니라 공자가 친히 일부라는 호까지 하사해주었다는 것이다. 사실 일부라는 호칭도 이때 처음 들은 것이 아니었다. 수행하는 과정에 문득문득 일부라는 음성을 들었던 바 있었으나, 그때는 그것이 자기 자신을 지칭하는 것인 줄을 꿈에도 모르고 있었던 것이고, 공자의 말씀으로 이때에 비로소 알게 되었다는 것이니, 이때가 1881년 6월 20일 새벽녘

---

7) 김국현(金國鉉), 김항 선생의 6촌 재종형제의 아들

의 일이었고, 눈앞을 꽉 채우고 있던 괘상은 그 후로도 지워지지 않고, 3년 동안이나 계속 허공중에 어른거렸다고 한다. 이러한 신비적 체험은 지인으로 하여금 공자를 새롭게 평가하게 하는 결정적 역할을 하였을 것이다. 그동안 막연하게 경전에서만 '공자왈, 맹자왈' 하던 전설속의 성인 공자가 아니라, 시공을 초월하여 진리를 추구하며, 살아서 진리를 수호하는 공자를 피부로 느끼게 된 것이었고, 일단 그렇게 각인된 공자를 새롭게 조명할 필요가 있었다. 아나나 다를까! 그동안 별 뜻 없이 입으로만 줄줄 암송해오던 경전의 여기저기에서 공자의 진의가 새롭게 느껴지기 시작한 것이다. 그리고 다음과 같은 구절들이 자신도 모르게 저절로 터져 나오게 된 것이다!

嗚呼聖哉夫子之聖乎 아아, 성스럽다. 공자의 성스러움이여.

知天之聖聖也 하늘을 아시는 성인도 성스럽고,

樂天之聖聖也 하늘을 즐기는 성인도 성스럽지만,

親天之聖其惟夫子之聖乎 하늘을 그토록 흠모하신 공자의 성스러움이여,

洞觀天地無形之景一夫能之 천지무형지경의 통관은 일부가 능하였으나,

方達天地有形之理夫子先之 천지유형이치의 방달은 공자가 먼저였으니,

嗚呼聖哉夫子之聖乎 아아, 성스럽다. 공자의 성스러움이여.

나중에 알고 보니 공자는 그동안 생각했던 것보다 경지가 훨씬 더 높았던 인물이었다. 단지 황무지와 같은 불모지에 처음으로 학문이란 것을 체계화했던 선구자로서의 이미지만이 그의 전부가 아니었다. 수천

년 동안 명멸해왔던 그 어떤 기라성 같은 현인기재들도 감히 견주기
어려울 정도로 하나의 걸출한 산봉우리였다. 공자의 깊이는 진리의
한 축을 철저히 꿰뚫고 있었고, 공자의 시야는 선천과 후천을 관통하고
있었다. 심지어 그는 인류가 당면하게 될 먼 미래를 진심으로 염려하고
있었다. 공자는 인류의 마지막 희망을 자신이 직접 확인하고자 했으며,
자신의 힘으로 직접 그 비전을 제시하고자 했었고, 공자가 받들었다던
천명이란 것이 바로 그것이었다. 그것을 지인이 알아보게 된 것이었다.
성스럽도다. 성스럽도다. 공자여. 이런 말이 절로 튀어나오지 않을
수가 없었던 것이다.

_{문 학 종 장 공 구 시 야}
文學宗長孔丘是也 문학의 종장은 공자이시며,

_{치 정 종 장 맹 가 시 야}
治政宗長孟軻是也 치정의 종장은 맹자이시니,

_{오 호 량 부 자 만 고 성 인 야}
嗚呼兩夫子萬古聖人也 오호, 공자와 맹자는 만고의 성인이로다.

　여기서 문학이라 함은 육경六經을 지칭한다. 『사경』·『서경』·『예기』·
『악기』·『역경』·『춘추』를 고대에는 문학이라 불렀고, 육예라고 부르
기도 하였다. 기록에 의하면 전국시대에 처음 육경이라는 명칭을 사용한
것으로 되어 있다. 공자가 제자를 가르치기 위해, 고대로부터 전해져
내려오는 자료들을 일일이 찾아서 정리하였고, 공자는 그렇게 하나하나
정리된 자료들을 강의용 교재로 삼아 약 3천 명의 제자들을 가르쳤다.
그는 제자를 받아들일 때에도 신분의 귀천을 따지지 않았고, 단지 묶은
고기 한 두 꾸러미 이상의 학비를 들고 와서 배우기를 청하면, 두 말없이
제자로 받아들였다. 알면 알수록 시대를 초월하여 경이로운 인물이라

할 수 있겠는데, 잠시 공자의 시대로 돌아가 보기로 한다.

때는 기원전 551년 9월 28일, 노나라 곡부라는 곳에서 약간 떨어져 있는 창평향 추읍이라는 한 시골 마을에서 공자가 태어났다. 공자의 조상은 은나라에서 봉토를 하사 받은 송나라의 공족(소국의 왕에 해당)이 었으며 공자의 3대代 전에 노나라로 옮겨 왔다. 그의 집안은 송나라 왕실에서 연유한 명문 가문이었으나 몰락하여 노나라에 와서 살게 되었다. 부친 숙량흘은 시골 무사였다. 부친 숙량흘이 말년에 모친 안징재를 맞았지만, 이때 숙량흘이 안징재를 정식 부인으로 맞아들인 것은 아니었다. 안징재는 숙량흘의 동료 무사이자 친구였던 안양의 셋째 딸이었다. 부친과 그의 본처 시씨 사이에는 딸만 아홉이 있었고 아들은 하나뿐이었다. 공자8)의 자字가 중니가 된 이유도 집안의 장남인 맹피에 이은 둘째 아들이라는 뜻이었다. 『사기』의 「공자세가」에는 공자 의 신장에 대해 언급하기를 9척 6촌에 달하여 '장인(꺽다리)'으로 불렸다는 기록을 남기고 있다. 공자가 3살 때 아버지가 죽었고, 어머니가 궐리로 이사하여 홀로 공자를 키웠다. 그래서 공자는 공씨 집안에서 숙량흘의 자손으로 인정받지를 못했다. 부친의 유산은 이복누이들과 이복조카에 게 상속되었고, 그의 몫으로 돌아온 것은 아무것도 없었다. 설상가상으 로 모친마저 눈이 멀어 생활 형편은 더욱 말이 아니었다. 이 결과 공자는 어려서부터 거칠고 미천한 일에 종사하면서 곤궁하고 불우한 소년시절 을 보냈다. 기원전 536년에 혼인하였으며, 기원전 535년 공자 24세에 모친마저 세상을 떠났다. 모친이 세상을 떠나자 공자는 3년 상을 마친

---

8) 흔히 소개되는 공자의 가계는 보통 그의 부친 숙량흘과 증조부 공방숙까지 언급된다.

뒤 부친의 묘소 옆에 안장하였다. 공자는 숙량흘의 자손으로 인정받는 것이 필생의 목표였다. 무사였던 아버지와 달리, 공자는 글과 지식으로서 인정받으려 했다. 어릴 적부터 제사 지내는 흉내를 내며 놀기를 좋아했다고 하며, 예로부터 내려오는 전통적 종교 의례·제도·관습 등에 밝았다. 공자에게는 특별한 선생은 없었다. 그가 만날 수 있는 모든 사람에게서 배웠다. 그 가운데에는 주나라의 주하사였던 노자도 있었다.[9] 이런 사정을 만년에 공자는 자신이 15살에 배움에 뜻을 두었고, 30살에 뜻이 섰다고 술회한다. 그리고 서른 살에 학문의 기초가 섰다. 30대가 되자 공자는 노나라에서 가장 박식한 사람이 되어 있었다. 그는 오늘날로 말하면 일종의 학원을 열어서 학생들을 가르쳤던 것이고, 중국 역사상 최초의 학원을 창설한 셈이다. 노나라의 유력한 대부의 자손에서부터, 평민의 자제에 이르기까지 누구나 가르쳤다.

공자는 노나라에 살았고, 따라서 노나라를 건국했던 주공을 본받아야 할 사람으로 받들었다. 주공은 어린 성왕을 대신해서 섭정을 하면서 주나라의 봉건제를 수립했다. 봉건제는 종법제라 한다. 천자가 형제 친척을 제후로 임명한다. 제후는 다시 자손을 대부로 임명한다. 그 결과 국가의 주요 기관장은 종친들이 된다. 이래서 종법이라 한다. 공자 당시는 종법과 봉건제가 무너지고 극심하게 혼란했었다. 노나라가 바로 그런 상황이었다. 공자는 주공의 종법제를 회복해서, 노나라를, 더 나아가 천하를, 평화롭게 하고자 했다. 그는 회계출납직인 위리를 거쳐 목장경영직인 사직 등으로 관리 생활을 시작하였다. 공자는 30세에

---

9) 공자가 노자를 찾아가 배웠다는 것은 여러 문헌에 나온다.

이르러 관리로서의 지위도 얻고, 학문적으로도 많은 진전을 보았다. 공자의 정치관은 법보다 덕으로써 백성과 나라를 다스려야 한다는 것이었고, 세상사를 처리함에 있어 사람을 가장 중시하는 인본주의를 주창하였다. 주공이 나라를 다스리던 시대처럼 올바르고 평화로운 인간 세상을 건설하는 것이 공자의 이상이었다. 본국인 주나라의 낙읍을 돌아보고 귀국한 후 그의 명망은 차츰 천하 각국으로 퍼져 나갔다. 이에 따라 그에게 배움을 청하는 제자들이 구름처럼 모여들었다. 그리하여 그 수가 훗날 3천명을 넘어섰다. 이에 공자를 눈여겨 본 노나라의 왕 소공은 그를 가까이 두려 하였다. 그러나 36세 때 소공 25년 노나라에 '삼환三桓10)'의 난이 일어나 노왕 소공이 신하인 계씨에게 쫓겨나 제나라로 도망치는 일이 벌어졌다. 공자도 그의 뒤를 따라 피난하여 기원전 517년에 제나라에 갔다. 공자는 제나라의 왕 경공과 신하들에게 세상을 밝혀주는 진리를 가르쳤다. 그는 그 곳에서 음악을 논하고 경공에게 정명주의(正名主義)에 입각한 정치 이상을 말하였다. 공자의 박학다식함과 고매한 인품에 매료돼 그를 흠모하게 된 경공은 그를 자신의 정치적 고문으로 기용하려 했으나, 공자의 높은 학식과 덕망으로 인해 자신의 지위가 위태로워지는 것을 꺼린 제나라 재상 안영의 적극적인 반대로 좌절되었다. 이로 인해 2년 만에 귀국한 공자는 제자들을 가르치다가 46세 무렵 노나라 왕의 측근 양호가 세력을 잃고 물러나게 되면서 중도재가 되었다. 52세 무렵에는 대사구로 지위가 올랐다. 그 이듬해 노나라의 정공을 따라가 참석한 제나라와의 강화 회의에서 예전에 제나라에 빼앗긴 노나라의 땅을 돌려주도록 요구하여 이를 관철시켰으

---

10) 맹손(孟孫) · 숙손(叔孫) · 계손(季孫) 등 당시 노나라의 권세가

며, 난신대부 소정묘를 축출하는 데 참여[11]하였다. 이 때 제나라에서는 간첩을 파견하여 노나라를 함정에 빠뜨리려 하였으나 공자가 이를 꿰뚫어보고 회의 장소에 들어가려는 미심쩍은 사내를 붙잡아 화를 미리 막고 노나라에 유리하게 강화를 맺었다. 삼환 씨의 세력을 꺾으려 했으나 실패하고, 대부인 계환자가 제나라의 흉계에 속아 쾌락에 빠진 것을 만류하다가 대립하게 되었다. 이 때문에 크게 낙담한 공자는 그의 큰 뜻을 이루지 못할 것으로 판단하여 벼슬을 버린 후, 14년 동안 제자들과 온갖 고초를 무릅쓰고 위·송·조·정·진·태 등 여러 나라를 주유하였다. 공자의 인망은 해를 더할수록 거듭 높아져 기원전 499년에는 대사구[12] 벼슬에 기용되었고 최고 재판관 및 외교관직도 겸하게 되었다. 당시 공자는 순장될 뻔 했던 아이를 구하기도 하고, 이 사건을 계기로 그 때까지 이어져 오던 순장의 악습을 왕에게 간하여 끝내 폐하게 만들기도 하였다. 또 제나라 경공과의 회동에서 뛰어난 지략과 용기로 전쟁 한 번 치르지 않고 단지 협상만으로 노나라가 잃었던 옛 땅을 되찾는가 하면, 당시 권세가였던 삼환 씨의 횡포를 꺾기 위해 그들의 요새인 3개의 성을 허무는 계획을 추진하였다. 그러나 이러한 일들은 계손사의 저항으로 도중에 중단되고 말았다. 계손사는 노나라 삼환을 이끄는 수장이었다. 이 무렵, 공산부는 삼환과 계손사의 전횡에 맞서 반란을 일으켰다. 공자 역시 삼환 등의 무리를 몰아내 어지럽혀진 노나라를 바로 잡으려고 이미 일을 꾀했던 데다 도덕 정치 구현에 대한 열망

---

11) 기원전 496년의 일이라 한다. 그러나 실제로는 그러한 일이 없었다는 주장도 있다.
12) 현재의 법무부 장관

때문에 반역자 공산부가 하극상을 벌인 처지임에도 그가 초빙했을 때 이에 응하는 문제를 놓고 심하게 갈등하였다. 그러나 노나라 출신 제자였던 맹의자, 남궁도등의 만류와 때마침 벌어진 상황 여건의 괴이한 변화로 인해 결국 단념하였다. 공자는 국정을 쇄신하기 위해 방자하게 권세를 휘두르는 계손사를 타도하려고 여러 모로 계책을 꾸몄으나 일이 성사 단계에 가서 실패하고 말았다. 그 때문에 계손사의 미움을 받은 공자는 기원전 496년에 노나라를 떠나 수십 명의 수행 제자들과 함께 자신의 학문적 이상을 현실 정치에서 실현시켜 줄 어질고 현명한 군주를 찾아 기약 없는 여정에 나섰다. 무려 10여년이 넘게 걸린 이 여러 나라를 돌아다니는 일은 성인인 공자로서도 참기 어려운 고달픈 세월이었다. 이 무렵 공자는 생명에 위협이 가해지는 위험에 빠지기도 하였으며, 또 여행 도중 만난 은자들에게 수모와 조롱을 당하기도 하였다. 공자의 도덕정치는 춘추시대의 여러 나라에서 외면당했다. 당시의 왕들은 더디더라도 올바른 길을 택하기보다 손쉽게 국력을 팽창시켜 천하를 제패할 부국강병책만을 찾고 있었다. 공자는 마침내 자신의 학문적 이상이 당시의 상황에서는 결코 실현될 수 없음을 깨닫고 제후와 군주들을 설득하는 일을 단념하였다. 그리하여 그는 귀국 후 후학 양성에 만 전념하기로 결심하고 미래 세대에 남은 희망을 모두 걸게 되었다. 이로써 공자의 정치적 삶은 마감되었고 이후에는 교육자로서의 새로운 삶이 본격적으로 시작되었다. 아들과 아끼던 제자들을 잇달아 잃고 상심에 빠진 공자는 고향인 곡부로 돌아와 후학 양성으로 만년을 보냈다. 그리고 공자는 73세가 되던 해, 기원전 479년에 제자들이 지켜보는 가운데 귀천하였다. 공자가 세상을 떠난 후 제자들은 스승이 남긴 말씀들을 모아서 『논어』라는 책을 저술하였다.

治政宗長孟軻是也 치정의 종장은 맹자이시니,

嗚呼兩夫子萬古聖人也 아아, 공자와 맹자는 만고의 성인이로다.

　요즘 말로 고치면 학문의 종장은 공자이고, 정치의 종장은 맹자라고
말할 수 있을 것 같다. 이제 학문의 종장에는 어느 정도 동의할 수
있게 되었으나, 정치의 종장이라고 하는 맹자는 어떤 사람이었을까?
맹자는 전국 시대 추나라 사람으로, 이름은 가軻이고, 자는 자여子輿
또는 자거子車이다. 어릴 때부터 공자를 숭배하고, 공자의 사상을 발전시
켜 유학을 후세에 전하는 데 큰 영향을 끼쳤다. 그의 생몰 연대는 정확하
게 알려져 있지는 않으나 공자가 죽은 지 100년쯤 뒤에 산동성에서
태어났다. 그가 활약한 시기는 대체로 기원전 4세기 전반기이다. 가계
역시 확실하지는 않지만, 춘추 시대 노환공의 후예가 나뉜 삼환 가운데
맹손 씨의 후손이었으나, 맹자의 가문이 추나라로 이주했을 무렵에는
삼환은 이미 몰락한 후였다. 어머니 장 씨는 맹자를 훌륭하게 키우기
위해 세 번 이사를 했다는 맹모삼천지교로 유명한 현모로서, 맹자는
어머니에게 큰 감화를 받으며 학교의 수업을 마친 뒤, 공자의 고향인
노나라로 가서 공자의 육경을 배웠다.[13] 그 당시 자사의 계통은 공자의
시대에는 두드러지지 않았던 '천天 숭배'사상을 발전시키고 있었다.
맹자는 제자백가 시대에 돌입한 당시에 묵적과 양주의 사상과 경쟁하며
유가 사상을 확립했다. 40세 이후에 인정仁政과 왕도정치를 주창하며

---

13) 맹자는 자사의 손제자(제자의 제자)로부터 공자의 학문을 배웠다.

공자처럼 천하를 유력했다. 법가나 종횡가가 득세하는 세상과 타협하지 않았으며, 결국 공자와 같이 뜻을 이루지 못하고 은퇴했다. 60세 이후의 삶은 알려진 바가 거의 없다. 그의 저서로는『맹자』7편이 있다. 맹자가 만년에 저술한 것이라고 하나 이 또한 의문이며 실제로는 그의 제자들이 편찬했다고 보는 것이 일반적이다. 맹자의 사상은

　'하늘은 인간을 포함한 만물을 낳고 그 피조물을 지배하는 영원불변의 법칙을 정해 이를 만물창조의 목적으로 삼았다.'

라는 말에 잘 표현되어 있다. 피조물인 인간에게는 하늘의 법칙성이 내재하고 있으며 하늘이 정한 법칙의 달성이 피조물인 인간의 목적이라는 것이 맹자의 기본적 인간관인 것이다. 공자가 인仁이라 부르고 '예禮'를 실천하는 인간의 주체성에서 발견한 인간의 덕성을, 맹자는 인간이 갖추고 있는 하늘의 목적을 지닌 법칙성으로 생각하고 이를 인간의 본성이라 하여 인간의 본성은 선하다고 하는 성선설을 주장했다. 맹자는 성선설을 뒷받침하기 위해 인간의 마음에는 인 · 의 · 예 · 지 등 4덕의 4단[14]이 구비되어 있다고 했다. 여기서 말하는 인仁은 '측은惻隱해하는 마음' 혹은 '남의 어려운 처지를 그냥 보아 넘길 수 없는 마음'이며, 의義는 불의불선(不義不善)을 부끄럽게 알고 증오하는 '수오羞惡의 마음', 예禮는 사람에게 양보하는 '사양의 마음', 그리고 지智는 선악시비를 판단하는 '시비是非의 마음'으로 설명하고 있다. 공자는 예를 실천하는 인간의 주체성을 '인'이라고 했으나, 맹자의 4단은 공자가 말하는 '인'의 세분화라고 하겠다. 그리고 4단설 외에 오륜五倫설이 유명하다. 이것은 인간관계를 다섯 가지로 정리한 것으로 '부자유친 · 군신유의 · 부부유

---

14) 사단(四端)은 4가지의 싹이란 뜻이다.

별·장유유서·붕우유신'이다. 맹자는 공자의 덕치주의 사상을 하늘이
만민을 낳고 그 통치자로서 덕이 있는 사람을 천자로 명한다는 『서경』
이후의 천명관으로 뒷받침했다. 하늘의 신앙에 의해 정치권력의 정통성
에 기초를 주는 사상이다. 그리고 하늘의 의지는 백성의 소리와 천지의
제신諸神의 승인으로 알 수 있다고 하여 민본주의의 요소가 부가되었다.
맹자는 농사의 방해가 되는 노역이나 전쟁을 하지 않고 우선 민생의
안정을 꾀하며 이어 도덕교육을 행하여 인륜의 길을 가르치면 천하의
사람들은 기뻐하여 심복하고 귀일한다는 것으로 이것이 옛날 성왕聖王
들의 정치, 즉 '인정仁政'이며 '왕도'라고 했다. 이 주장이 맹자의 '왕도론'이
며 그는 또한 『서경』에 강조되고 있는 은·주 교체기의 역성혁명(易姓革
命) 사상을 확인하고 있다. 그의 논법은 민의를 배반하고 인의에 어긋난
은나라 왕, 주紂는 이미 군주가 아니라 한 평민에 불과하다는 것이다.
그러므로 은나라 신하였던 주나라의 무왕은 필부匹夫인 주紂를 토벌한
것이지 임금을 시역한 것이 아니라는 것이었다. 이 점에 바로 군신의
의義 보다 앞서는 천명이란 것이 설정되어 있다. 맹자는 공자의 사상을
계승하고 공자가 수립한 인간의 실천적 주체성이나 덕에 의한 정치라는
사고방식을 전통적인 하늘 숭배와 결부시킴으로써 이를 발전시켰다.
맹자는 또한 5백년마다 성인이 출현한다고 주장하였다. 성인의 전형이
라는 전설상의 제왕인 요·순부터 5백년쯤 지나 은의 탕왕湯王이 나오고,
탕왕에서 5백년쯤 지나 주나라의 문왕, 그 뒤 5백년쯤 지나 공자가
나와서 선왕先王의 도를 전했다는 것이다. 그리고 맹자 자신은 공자부터
당시까지 1백년쯤, 공자가 세상을 떠난 뒤부터는 아직 얼마 되지 않아서
자기는 공자의 길을 유지 확보하는 자로 위치가 정해져 있다는 것이었다.

맹자의 말과 같이 그 뒤에도 과연 500년 마다 세상에 성인이 등장했을까? 공자 사후 500년이 흐르면, 드디어 서기 1년이 시작되는 무렵이다. 이 무렵 동양에서는 어떤 성인이 나왔을까? 아쉽게도 동아시아 정신세계에 충격을 준 성인이 보이지 않았다. 그 대신 그 무렵 이스라엘에서 나사렛 예수가 나타났다. 그의 십자가 충격이 얼마나 상상을 초월하는 것이었던지, 그 이후 2000 여년이 흘렀음에도 불구하고 아직도 전 세계가 그의 충격에서 완전히 벗어나지 못하고 있다. 예수의 충격이 너무도 큰 것이라 하늘이 동양에는 아무도 보내지 않았던 것일까? 다시 500년 쯤 지나고, 서기 500년경에도 동양에는 맹자가 말한 성인이 나타나지 않았다. 그 대신 인도에서 중국으로 보리달마[15]가 들어오면서 선불교가 그 위명과 선풍을 혁혁하게 떨치게 되었다. 다시 500년이 지나 누가 나타났을까? 진희이가 그 무렵에 나타났다. 그가 나타난 이후 그 흔적이 사라졌던 하도 · 낙서가 갑자기 세상에 출현하게 되었고, 복희팔괘 · 문왕팔괘가 다시 한 번 일신해지는 일이 있었다. 그리고 주희에 이르러 유학이 주자학으로 일신하는 변화가 일어날 수 있었다. 이후 송나라의 문명이 크게 빛을 발하였고, 중국 역사를 통틀어 문화의 최고 정점을 한번 쳐줄 수 있었다. 다시 500년이 지나 서기 1500년 무렵, 명나라의 왕양명이 양명학을 일으켰으나 그다지 큰 충격을 주지는 못했다. 하늘이 한 템포 쉬어가려는 뜻이었을까? 그 이후 약 300 여년 정도 지나자 한반도의 충청도 연산지방에서 김항이 나타났다. 그는 이후 어마어마한 메가톤급의 충격파를 예고하고 있는 중이다. 그에 의한 충격파는 최소

---

15) 보리달마는 520년 중국 광저우에 도착하였고, 그해 10월 양나라의 무제를 대면하였다. 뤄양으로 가서 9년간 동굴에서 면벽수행을 하였다.

몇 만 년 정도 영향을 줄 것으로 예상된다. 결론적으로 맹자의 500년 주기설은 그저 한때 웃고 즐기자는 설로 받아들여야 할뿐, 그다지 신빙성이나 근거가 있는 얘기는 아니라 할 것이다.

3 사실과 사적

지인은 『정역』을 편찬하면서 무엇보다도 먼저 선현들의 공덕을 두루 칭송하고는, 이어서 친히 자신의 연고를 밝히고 있다. 이 어찌 동방예의 지국 출신의 성현이라 아니할 수 있겠는가? 무엇보다도 흥미로운 것은 자신의 연원을 화무옹이라고 밝혔다는 점이다. 여기서 말하는 화무옹은 바로 우주를 주재하는 조물주를 말한다. 이는 겉으로 드러난 육신의 연원보다 그 육신 속에 깃들어있는 정신의 현현顯現을 훨씬 더 중히 여긴 것이니, 육신을 지배하는 작은 나가 아니라 온 우주와 하나가 된 참된 나를 앞세운 것이다. 바로 선가에서 말하는 부모미생전(父母未生前)의 소식을 먼저 밝힌 것이다.

^{일 부 사 실}
一夫事實 일부의 사실이니,

^{연 원 천 지 무 궁 화 무 옹}
淵源天地無窮化无翁 연원은 천지무궁하신 화무옹이시고,

^{래 력 신 라 삼 십 칠 왕 손}
來歷新羅三十七王孫 내력은 신라 37대 왕손이다.

^{연 원 무 궁 래 력 장 원 혜}
淵源無窮來歷長遠兮 도의 연원은 무궁하고 집안 내력은 장원하다.

도 통 천 지 무 형 지 외 야
道通天地無形之外也 천지무형의 바깥까지 도를 통했으니

아 마 두 통 천 지 제 일 원 김 일 부
我馬頭通天地第一元金一夫 아마도 가장 먼저 통천지한 이가 김일부
일 것이다.

　지인의 고향은 당시의 행정 구역명은 충청남도 황산군 모곡면 담곡리
오도산 남쪽 당골[16]이다. 부친은 이름이 인노, 자는 원영이고, 모친
달성 서 씨와의 사이에서 순조 26년[17]에 맏아들로 태어났다. 본관은
광산이고 김국광의 13대 자손으로서, 충남 연산[18] 지방에서 대대로
살던 선비 집안이었다. 초명은 재일在一이었고, 자는 도심道心, 호는
일부一夫였다. 남달리 신장이 큰 편이었고, 특히 상체가 커서 두 팔이
무릎 아래까지 내려오고, 얼굴의 인중이 무려 한 치나 되었다고 한다.

　지금 여기서 나열된 지명이며, 지인의 이름이며, 이 모든 것을 자세히
따지고 보면, 지인이 도를 닦아 성인이 되고, 지인 앞에 6년 동안이나
팔괘도의 상이 나타났던 일이 결코 우연 같아 보이질 않는다. 우선
태어난 곳이 연산지방이었으니, 이는 고대 주역 이전의 역이면서 인류
최초의 역이었던 연산역의 재림을 암시해주고 있으며, 오도산이란 지명
은 도를 깨닫는다는 의미가 담겨있고, 당골이라 함은 하늘과 소통하는
사람이 머무는 마을이란 의미를 담고 있다. 지인의 본명이 항恒이니,
이는 뇌풍항괘(䷟)를 의미하고, 이는 정역팔괘도의 중심이 되는 진괘(☳)

---

16) 현재의 행정 구역으로는 충남 논산군 양촌면 남산리이다.

17) 서기 1826년(丙戌年)

18) 논산을 예전에는 연산이라고 불렀다.

50 ·

와 손괘(☴)로 구성된다. 또 자가 도심이라 함은 도의 마음이란 뜻이고, 호가 일부라 함은 한 사나이를 말함이니, 이는 일시무시일과 일종무종일에서 언급되는 바로 그 하나라고도 번역될 수 있는 용어가 된다. 또한 계룡산의 지맥이 흘러내린 국사봉(향적산)에서 마지막 생을 불태웠다고 하는데, 계룡이란 말 속에는 닭과 용이라는 의미가 들어있고, 이를 팔괘로 바꿔보면 닭은 손괘(☴)이고 용은 진괘(☳)이므로 정역팔괘도의 중심이 또 다시 나타나고, 국사봉이라 함은 향후 후천시절 내내 나라의 스승으로 추앙받게 될 것을 의미한다. 이 모든 것이 어찌 단지 우연히 벌어진 일이라 치부할 수 있겠는가! 하늘의 오묘한 섭리가 빚어낸 하나의 필연적 기적이 이 땅에서 현현된 것이라고 생각된다.

一夫事蹟 일부의 사적이니,

三千年積德之家 삼천 년 덕을 쌓은 집안

通天地第一福祿云者神告也 통천지의 으뜸 복록에 이른 자가 신고하오니

六十年率性之工 육십 년 동안의 정성스런 공부

秉義理大著春秋事者上敎也 바른 이치를 붙잡고 춘추의 일을 크게 드러냄은 하늘의 가르침에 말미암은 것이다.

一夫敬書庶幾逃罪乎 일부가 공경하며 쓰오니, 부디 죄를 면하게 하소서.

辛巳六月二十二日一夫 1881년 음력 6월22일 (양력 7월17일) 일부.

전통적 유학을 신봉하는 선비 집안이었으므로 지인은 어려서부터 성리학을 접할 수 있었다. 지인은 20세 전후하여 민씨와 결혼하여 가정을

꾸미고 딸 하나를 두었지만 집안 경제는 모두 동생에게 맡기고 오직 공부에만 전념하였다. 그는 성리학에만 매달리지 않았고, 주변의 명망 있는 여러 스승들을 찾아 배움을 청하는 일을 서슴지 않았다. 1861년 지인이 36세 되던 해에는 당시 한양에서 낙향하여 당골의 옆 동네, 그러니까 서북쪽으로 약 1.5㎞ 떨어진 띠울이라는 곳에 은거해 있던 북학계 학자였던 연담 이운규[19]를 스승으로 모시고 수학한 바 있다. 띠울은 인내강을 앞에 두고 서당 뫼를 뒤로 하여 좌청룡 우백호에 둘러싸인 평화롭고 밝은 마을이었다. 연담과 사제지간이 되고 나서 얼마 후에는 지인의 딸과 연담의 아들 이복래가 혼인하면서, 둘은 사돈지간이 되었다. 이후 연담이 갑자기 그 지방을 떠나게 되면서는 당시 호남의 거유로 알려진 인산 소휘면[20]을 스승으로 삼아 수학하였다. 여러 스승중 지인의 학문에 일대 변화를 주었던 이는 아마도 연담이었던 것으로 보인다. 천문과 역학에 밝았던 연담의 문하에 들어가면서 학문 수양의 방향이 크게 달라진다. 전형적인 수양법이었던 서전의 정독에만 머무르지 않고, 영가와 무도를 병행하는 특이한 수양 방법이었다. 반야

---

19) 본명은 수증(守曾). 운규(雲圭)는 별칭. 호는 연담(蓮潭). 본관은 전주, 세종대왕의 18번째 왕자였던 담양군거(潭陽君蕖)의 13세 손이다. 문참판(文參判)을 한 일이 있고 흥선군(興宣君) 이하응(李昰應)과도 친밀한 사이였고, 조대비(趙大妃)의 친정 과도 인척관계에 있었다. 국운이 쇠퇴함에 뜻한 바 있어 연산(連山) 땅 띠울에 은거. 학통(學統)은 강산(薑山) 이서구(李書九)의 뒤를 이어 천문, 역법, 역학, 시문에 능통하고 특히 지인지감(知人之鑑)에 밝았던 듯하다.

20) 소휘면(蘇輝晃. 1814~1889). 본관은 진주(晉州). 자는 순여(純汝), 호는 인산(仁山). 익산에서 출생하고 홍직필(洪直弼)을 사사(師事)하였다. 1881년 선공감가감역(繕工監假監役)을 제수 받았으며 곧 전설시별제(典設寺別提)에 제수되었다. 그 뒤 전라도사와 사헌부지평에 제수되었으나 취임하지 않고, 후배들을 교육하여 인재를 양성하였다. 저서로는 『인산문집』 17권이 있다.

산 기슭에 있는 관촉사 은진미륵을 주야로 찾아 기도하기도 하고, 당골에서 인계강으로 거슬러 올라가 논산군 양촌면 용암리에 있는 용바위 혹은 할미바위라고 불리는 바위에 올라 조석으로 영가무도를 했다고 전해지는데 노래를 부르며 춤추는 것이 독서하는 시간보다 오히려 많았다. '음·아·어·이·우'로 이루어지는 다섯 음의 가락에 맞추어 춤을 추는데 그 춤사위가 어찌나 격렬하였던지 그가 뛰놀던 강변과 용 바위 근처에는 풀 한 포기 남아나지 않았을 정도였고, 오음을 차례대로 정연하게 부르다가 흥이 더해지게 될 즈음에는 앞부분의 '음·아'만을 계속 반복하기도 하였으므로, 마을 사람들이 그를 놀리며 '음아선생'이라고 불렀다.

한 번은 고종사촌인 권종하가 찾아와서 지인에게 노래를 들려주기를 청하므로 지인이 이목의 번거로움을 피하여 당골 뒷산 으슥한 숲속으로 들어가서 청아한 음성으로 오음을 내고 그 곡조에 맞추어 춤을 추니, 마치 신선이 옥적玉笛을 희롱하는 듯하고 백학이 공중을 나는 듯하여, 권이 크게 감동하여 노래를 영가라 부르고 춤을 무도라고 명명하면서,
"이것은 고인이 영가로 심성을 기르고 무도로 혈맥을 길러서 사기를 없애기를 하였던 것이나, 중고中古이래 독서학례와 사장지학으로 인하여 전폐全廢되었던 것을 주자가 소학제사에서 권장하였을 뿐 실제로 잘 시행되지 않았던 것이다. 이제 형님이 부활시키시니 스승으로 모실 수밖에 없다."
고 하면서 그날로 제자가 되었고 자신의 호를 일청이라 하였다. 일청은 그 후 동학당을 조사하기 위해 순회하던 관원에게 영가무도로 인하여 수상한 사람으로 지목되어 공주감영에 구금된 일이 있었으나, 지인이

친히 공주까지 가서 성리론을 설파하며 그것이 결코 이단이 아님을 해명하였고, 당시의 유림 문사들과 토론을 벌인 끝에 일리가 있다는 긍정을 받아내어 감사인 민치양이 그 사실을 들어 상소한 결과 무죄로 석방된 일이 있었다.

지인의 수행이 점차 깊어지면서 나중에는 주변 사람들의 이목도 돌아보지 않고 소나무 숲속에서 영가 소리를 반복하고 팔다리를 움직여 춤을 추며 넘치는 환희심을 주체하지 못하면,

"복 받아 가거라."

하고 자주 외치곤 했다. 때로는 밤이 새도록 이곳에서 가무를 하다가 새벽녘에야 갓에 서리를 하얗게 묻히고 집으로 돌아가기 일쑤였다. 들일을 하러 나오는 사람들이 이러한 지인의 모습을 보게 되는 것은 너무도 당연하였다. 마을 아낙네들이 지인을 보며 쑥덕거렸다.

"물가에서 도깨비에 홀려 미친 것이 틀림없구먼."

"저, 저 도포자락 찢어진 것 좀 봐!"

"잘난 양반네가 어쩌다가 저렇게 됐누, 쯧쯧. 미쳐도 단단히 미쳤구먼."

지인의 모습을 보고 마을 사람들은 그를 물가에서 도깨비에 홀려 미쳤다고 하였다. 하지만 지인은 마을 사람들의 이런 말에는 전혀 개의치 않았다. 밤새도록 가무를 하고도 잠은 아침나절에 잠시 앉은 채로 졸고 마는 정도였고, 낮에는 의관을 정제하여 추호도 흐트러진 빛이 없었다. 늦은 밤까지 눕는 일조차 없었다. 지인은 삶이란 이름하에 닥치게 되는 당면한 이런저런 시련들에 결코 굴하지 않고 꿋꿋하게 진리를 깨우치기 위해 더욱 수양에 매진하였다. 이렇게 절도 있고 뚝심 있는 생활이었지만 지인에 대한 주변의 평판은 악화일로에 있었다. 어떤 이는 지인이 옥추경

을 읽는 것 같다고 쑥덕거렸다. 당시 옥추경은 읽으면 질병을 낫게 해준다는 민간에 떠도는 속설 때문에 병 굿이나 신 굿 같은 큰 굿에서 많이 읽히는 도교 경전이었다. 이렇게 마을에서 미친 사람 취급을 당할 뿐만 아니라, 심지어 옥추경을 읽는다는 소문까지 나돌게 되자, 급기야는 정통 유학이 아니라 이단지학을 닦는다는 명목으로 종문에서 제명되었다. 1864년 엎친 데 덮친 격으로 집안의 경제를 이끌던 동생 김재훈마저 29세의 젊은 나이로 병에 걸려 죽었다. 당시 38세였던 지인은 가사를 돌보지 않았으므로 동생이 죽은 후에는 전혀 생활이 되지 않았다. 지인은 할 수 없이 민씨 부인을 띠울에 살던 사위[21]의 집으로 보내고, 자신은 다오개 마을로 옮겼다. 다오개[22] 마을에는 매부 최형석이 살고 있었다. 이후에는 다시 은진에 사는 고종 최종하의 집으로 옮겨 얼마동안 기거했다. 그리고 언제부터인지 다시 당골로 돌아와 그곳에서 재취 부인 박씨를 만났다. 가세가 극도로 빈한하여, 박씨가 겨울에도 맨발로 짚신을 신고 다녔을 정도였으며, 그런 와중에서도 지인은 남에게 신세를 진 일이 있으면 잊지 않고 꼭 갚았으며, 혹 제자 중에서 선물을 가져오기라도 하면 그 처지에 따라 받기도 하고 2~3일 후에 다시 돌려주기도 하였다. 이런 때는

 '자네 마음은 십분 받았으니, 이것은 내가 자네에게 주는 것이니 기쁘게 받게.'

라고 하시며 도로 돌려주곤 하였다. 이후 이사를 두 번 했고, 1881년부터 『정역』을 집필하기 시작하여 1885년에 초판을 내놓자 주변 사람들의

21) 연담의 둘째 아들, 이복래를 말한다.
22) 다섯 고개가 있다고 해서 마을 이름이 다오개였다.

평가가 급변하게 되었다. 갑자기 세인들의 찬사가 이어지고 집안사람들로부터도 재평가를 받기에 이르렀다. 이후『정역』에 대한 소문은 당시 충청도 일대에 자자하게 되었고, 급기야는 일개 미친 사람 취급에서 일약 성인의 반열에 오른 큰 어른으로 추앙받기에 이른다. 당골에서 『정역』을 완성한 지인은 1886년 회갑 잔치도 당골에서 지낸다. 1887년 다시 다오개에 있는 매부의 집으로 이주하여 후학 양성을 시작하는데 거기에서 주야로 제자들과 토론을 벌였다. 지인은 제자들에게 수행을 권장하였다. 정역은 앞으로 맞이할 후천 세계를 논한 것이며, 그 이상 세계에 참여할 수 있는 수양법이라 하여 연담으로부터 받은 오음주송을 적극 권했던 것이다. 지인의 학풍이 그래서 그런지 몰라도『정역』본문에는 유난히 율려, 가락, 노래, 시, 음악 등과 같은 단어들을 자주 접할 수 있다.

十십 五오 一일 言언

9

十五一言
십 오 일 언

    지금부터 살펴볼 「십오일언」은 『정역』의 상경에 해당하고, 하경인 「십일일언」과 대대관계를 이루고 있다. 여기서 말하는 「십오일언」이란 말을 직역하자면, '10과 5에 대한 한 말씀', 정도가 될 것이다. 최근 신문에서 미국인들에 비해서 한국인들이 수학을 잘 하는 이유에 대해 미국인들이 원인을 분석한 기사내용을 본 일이 있다. 여러 이유가 있을 수 있겠지만, 그중의 하나로써 한국어로는 15(십오)나 11(십일)이라는 말이 이미 10과 5, 그리고 10과 1이라는 숫자가 합성되어 있는 것임을 쉽게 알 수 있도록 되어 있는 반면, 영어의 11(Eleven)이라는 용어에는 10과 1이란 숫자가 합성되었다는 증거를 전혀 찾아볼 수 없기 때문에, 숫자의 본질에 대한 인식 자체가 어렵고 뒤떨어질 수밖에 없다는 이야기를 하고 있었다. 매우 원초적이면서도 매우 중요한 분석이기도 하다. 가령 15라는 숫자는 10이란 숫자와 5라는 숫자가 합성되어 있는 것이고, 여기서 10이라 함은 당연히 무극, 5라고 함은 황극을 말한다. 『정역』에서는 우주 삼라만상의 변화 원리를 삼극三極의 원리로 파악하고 있다. 1태극과 5황극, 그리고 10무극, 이 삼자간의 변화 관계가 우주의 모든 변화를 주도한다고 보는 것이다. 또한 큰 틀에서 말하면 15라는 상수 자체가 선천을 살아가는 범인들이 추구하는 욕심, 다시 말해 결코 충족시

킬 수 없는 다소 허황된(?) 욕구를 의미하는 것이 되고, 11이라는 상수 자체가 후천을 살아가는 대인들의 경지, 즉 무욕의 경지를 의미하는 것이 아닐까 추정된다. 따라서 지인至人께서 정역을 집필하시면서 선천의 의미를 담아 15라는 것을 먼저 앞세우고, 후천의 의미를 담아 11이라는 것을 나중에 둔 것으로 보인다.

1 역의 근원

조선말엽 신사년, 서기로는 1881년경, 지인至人께선 본격적으로 미래 역인 『정역』의 심원한 이치를 논하기 이전에, 그 무엇보다도 역易과 더불어서 함께 해온 문명의 모든 근원을 되돌아보는 것이 가장 급선무라고 생각하셨던 것으로 보인다. 그리고 천지 만물의 근원 중에서도 가장 뿌리가 되는 근원 중의 근원이라고 본 것이 바로 반고의 천지창조이다.

嗚呼盤古化天皇無爲 아아, 반고가 천지를 창조하시고, 천황이 무위하시고,

전설속의 인물 반고는 천지만물의 조상이라고 일컬어진다. 오나라의 서정이 쓴 『삼오역기』에선

"천지가 생기기 이전에 알 속의 내용과 같이 혼돈된 상태에서 반고가 출현했다."

라고 기록하고 있다. 양나라의 임방이 쓴『술이기』에선

　"천지의 형태가 만들어진 뒤 반고는 죽어 그 시체로부터 만물이 생성되었다."

고 적고 있다. 가령 반고의 왼쪽 눈으로부터 태양이, 오른쪽 눈으로부터 달이, 머리와 몸으로부터는 오악, 즉 다섯 개의 산이 태어났다고 말한다. 하지만 이런 말들은 어디까지나 참고만 하면 되는 것이고, 반고를『천부경』의 수리로 표현한다면, 바로 무無에서 문득 일시무시일로 시작하는 하나를 말한다. 그리고 그 뒤에 이어서 등장하는 '천황이 무위하시고'에서의 천황이 최초의 일석삼극 과정을 통해 나타나게 되는 천·지·인의 삼극, 그 중에서도 제일 먼저 나타나는 하늘 천을 말한다. 하늘이 바로 천황이다. 한편『한단고기』에는 의인화된 반고가 아니라, 사람 반고가 등장한다.「삼성기전(하)」에는 반고에 대해 다음과 같이 적고 있다.

　"때에 반고라는 자가 있어 괴상한 술법을 즐기며, 길을 나눠 살기를 청하매 이를 허락하였다. 마침내 재물과 보물을 꾸리고, 10천간·12지지의 신장들을 이끌고 공공·유소·유수와 함께 삼위산의 라림동굴에 이르러 군주가 되니, 이를 제견이라 하고, 그를 반고 가한이라 했다."

　이러한 기록으로 미루어 볼 때, 아주 오랜 옛날 팔괘가 만들어지기 훨씬 오래 전에 이미 10간과 12지가 형성되어 있었음을 짐작해볼 수 있다. 그리고 나중에 시간이 흐르면서 역법이 성립되고, 그 이후에 십간십이지가 역법에도 도입이 되었을 것으로 짐작된다. 실제로『한단고기』에는 이러한 일련의 과정이 고스란히 기록되어 있다. 그리고 반고라는 자가 실제로 백성들을 다스리는 지위에 있었던 시기가 분명 실존했었던 것으로 짐작된다. 그것이 너무 오래된 일이라, 그 이름이 오랫동안

남아서 회자전승 되다가 일시무시일과 천·지·인의 석삼극을 의인화
할 때에 그 이름이 덧붙여지게 되었을 것으로 짐작된다.

地皇載德人皇作 지황이 덕을 베풀었으며, 인황이 다스림의 틀을 만드
셨다.

　무無에서 이제 하늘까지 나타났으니 다음은 이제 두말할 것도 없이
땅이 되고, 그 다음은 사람이 될 것이다. 이들이 바로 지황이고, 인황이
되는 것이다. 천부경의 원리대로 천·지·인의 삼극이 완성된 것이다.
이처럼 인류의 시원을 말하면서 굳이 천·지·인이 등장해야 했던 그
이유가 무엇일까? 『천부경』에서나 나오는 천·지·인 삼극의 원리를
언급하는 것으로 보아, 『천부경』이 고대 동아시아 지역에 광범위하게
전해졌었던 흔적이 틀림없다고 여겨진다. 『한단고기』 「삼성기전(하)」
에는 다음과 같은 언급이 있다.

　"한웅 천황이 처음으로 몸소 하늘에 제사지내고 백성을 낳아 교화를 베풀고
천경天經과 신고神誥를 가르치시니 무리들이 잘 따르게 되었다. 이로부터 후에
치우천황이 땅을 개간하고 구리와 쇠를 캐내서 군대를 조련하고 산업을 일으켰다.
때에 구한은 모두 삼신을 한 뿌리의 조상으로 삼고 소도를 관리하고 관경을
관리하며 벌을 다스리는 것 등을 모두 다른 무리와 더불어 서로 의논하여 하나로
뭉쳐 화백을 하였다. 아울러 지혜의 삶을 나란히 닦으면서 온전함을 이루었다.
이때부터 구한은 모조리 삼한에 통솔되고 나라 안의 천제의 아들은 단군이라고
불렀다."

　당시 고대의 동아시아 판국이 어떻게 돌아가고 있었는지를 짐작해
볼 수 있다. 구한은 모두 삼신을 한 뿌리의 조상으로 삼고 있었고,

모든 백성들은 『천부경』과 『삼일신고』를 바탕으로 교화되고 있었던 것이다.

有巢旣巢燧人乃燧 유소가 처음 집을 짓고, 수인이 처음 불을 사용하였으며,

최초의 하늘 제1천이 열렸으나, 아직 문명이 태동하지 않은 원시의 자연 상태에 불과하다. 이제부터 등장하는 주요 인물들이 원시 인류사에 문명의 횃불을 높이 치켜들었던 선구자들이 된다. 『십팔사략』에는 유소에 대해 말하기를

"나무를 얽어 집을 짓고, 나무의 열매를 따서 먹도록 했다."

고 적고 있다. 원시 인류들에게 마음 놓고 잘 수 있는 곳을 구하는 방법을 알려준 셈이다. 지인이 살아계시던 생전에는 아직 『한단고기』와 같은 우리 민족의 고대사에 대한 기록들이 모두 자취를 감추고 씨가 말라 있는 상태였기 때문에 주로 중국 측 기록을 토대로 인류사의 시원을 언급한 것뿐이다. 하지만 앞에서 언급했던 바와 같이 중국 측 기록은 결코 믿을 만한 것들이 못되기 때문에 이를 제대로 시정해줄 필요가 있다. 이렇게 생각하면 좋을 것이다. 중국인들의 기록은 그냥 참고만 한다. 그 이상의 것, 진실 같은 것들을 그들에게서 바라는 것은 처녀가 애를 배기를 바라는 것과 같이 크나큰 무리에 속하는 일이기 때문이다. 안됐지만 그들 스스로가 그렇게 만들어놓은 일이다. 다행스럽게 이후에 나온 우리 겨레의 기록에는 이에 대해 또 다른 이야기를 우리들에게 전해주고 있다. 가령 「태백일사」[신시본기]에는 다음과 같은 기록이 있다.

"한웅천황께서는 풍백 석제라를 시켜 새와 짐승과 벌레와 물고기의 해를 제거하도록 하였지만 백성들은 아직 동굴이나 흙구덩이 속에 살았기 때문에 밑에선 습기가 올라오고, 밖에서는 바람이 불어와서 질병을 일으켰다. 또한 새·짐승·물고기 등을 급하게 쫓아버려 점차로 도망가서 숨어버리니 잡아서 먹는 데에도 불편하였다. 이에 우사 왕금영으로 하여금 사람의 살 곳을 만들게 하고 소·말·개·돼지·독수리·호랑이 등의 짐승을 모아 목축 이용을 관장케 하고, 운사 육약비로 하여금 남녀의 혼례의 법을 정하게 하였다."

그리고 수인에 대해서는 『십팔사략』에서,

"처음으로 나무를 뚫어 비벼서 불을 일으키는 방법을 사람들에게 알려주어서 마침내 음식을 익혀먹는 길을 열어주었다."
라고 적고 있다. 이에 대해서는 『진역유기(震域留記)』「신시기(神市紀)」에 다음과 같은 이야기가 실려 있다.

"한웅천황께서 사람의 거처가 이미 완성되고 만물이 각각 그 자리를 가짐을 보시더니 곧 고시례高矢禮로 하여금 먹여 살리는 임무를 담당하도록 하시고 이 직책의 이름을 주곡主穀이라 하였다. 그런데 이때는 아직 농사의 방법도 잘 갖춰지지 않았고 불씨도 없음이 걱정이었는데 어느 날 우연히 산에 들어가니, 다만 교목喬木들만 거칠게 떨어져 있는 것이 보였다. 앙상하게 말라버린 나뭇가지들이 제멋대로 흩어져 어지러이 교차하고 있는 것을 오래도록 침묵하며 말없이 보고 서 있는데 홀연히 큰 바람이 숲에 불어 닥치자 오래된 나뭇가지에서 여러 가지 소리가 일어나면서 서로 부딪혀 비비대며 불꽃을 일으키는데 번쩍번쩍하면서 불길이 잠깐 동안 일어나더니, 곧 꺼졌다. 이에 홀연히 깨달은 바가 있었으니, '이것이로다. 이것이로다. 이것이 곧 불을 얻는 법이로다'라고 생각하며 돌아와 오래된 홰나무 가지를 모아다가 서로 비벼 불을 만들어보았으나, 어찌된 일인지 잘 되지를 않았다. 다음날 다시 교목들의 숲에 가서 이리저리 왔다갔다 반복하며 깊이 생각에 잠겨 있는데, 갑자기 한 마리의 줄무늬 호랑이가 크게 울부짖으며 달려드는지라 고시례는 크게 한 마디를 외치면서 돌을 집어 던져서 이를 맹타했다.

그러나 겨냥이 빗나가 바위의 한 쪽에 돌이 맞아 번쩍하고 불을 냈다. 마침내 크게 기뻐하며 돌아와 다시 돌을 쳐 불씨를 만들었다. 이로부터 백성들은 음식을 익혀 먹을 수 있게 되었고, 쇠를 녹이는 기술도 일어나더니, 그 기술도 점차 진보하게 되었다."

라고 하여, 중국 측 기록보다 훨씬 더 사실적이며, 더 상세하게 당시의 정황을 알 수 있도록 해주고 있다. 따라서 중국 측 기록을 취하는 것보다 훨씬 더 유익하다고 할 수 있겠다.

神哉伏羲劃結 신성한 복희가 팔괘를 긋고 그물을 만들었으며,

복희는 이미 여러 차례 등장했던 엄청나게 중요한 인물이다. 역易을 다루면서 그보다 더 중요한 인물이 또 있을까? 아마도 없을 것이다. 가히 역의 시원이라고 일컬을 수 있을 정도로 굉장히 중요한 인물이기 때문에 『한단고기』에서도 그에 대한 기록을 거듭해서 적고, 또 적고 있다. 「태백일사」 [신시본기]에서 다음과 같이 언급한다.

"한웅천황으로부터 5번 전하여 태우의 한웅이 계셨으니, 사람들에게 가르치기를 반드시 묵념하여 마음을 맑게 하고 조식보정케 하시니 이것이야말로 장생구시의 술이다. 아들 12을 두셨으니 맏이가 다의발 한웅이 되시고 막내는 태호 복희라 한다. 어느 날 삼신이 몸에 내리시는 꿈을 꾸고 만 가지 이치를 통철하고 곧 삼신산으로 가서 제천하고 괘도를 천하라는 강에서 얻으시니, 그 획은 3번 끊기고 3번 이어져 있어서 자리를 바꾸면 이치를 나타내는 묘함이 있고, 삼극을 포함하여 변화무궁하였다."

또 「밀기密記」에서 말하기를

"복희는 신시에서 태어나 우사의 자리를 세습하고 뒤에 청구와 낙랑을 거쳐 마침내 진震에 옮겨 수인·유소와 나란히 그 이름을 서방에 빛내었다. 후에는 갈리어 풍산에 살았으니 역시 풍을 성씨로 가졌다. 뒤엔 마침내 갈려 패·관·임·기·포·이·사·팽의 8가지 성씨가 되었다. 지금 산서성의 제수에 희족의 옛 거처가 있다. 임·숙·구·수유의 나라는 모두 여기에 모여 있다."

또한 「대변경」에서 말하기를

"복희는 신시로부터 나와 우사가 되었다. 신룡의 변화를 보고 괘도를 그리고 신시의 계해를 바꾸어 갑자를 처음으로 하였다. 여와는 복희의 제도를 이어받았다. 주양은 옛 문자에 의하여 처음으로 육서를 전했다. 복희의 능은 지금의 산동성 어대현 부산의 남쪽에 있다."

그리고 「삼한비기」에서 말하기를

"복희는 서쪽 변방에 봉토를 받더니 직에 있으면서 정성을 다하였다. 무기를 쓰지 않고서도 한 지역을 감화시켜 마침내 수인에 대신하여 지역 밖에까지 명령을 내렸다. 뒤에 갈고 한웅이 있었는데 신농의 나라와 구역의 경계를 확정하여 공상 동쪽이 우리에게 속했다."

중국의 『십팔사략』에도 태호 복희씨는 성은 풍이니 수인씨 다음의 왕이 되었다고 적고 있다.

"그의 몸은 뱀이요, 머리는 사람이었다. 처음으로 팔괘를 획하고 또 상형문자를 만들어서 새끼를 매듭지어 표시하는 방법으로 백성을 다스린 결승지정. 그리고 혼인의 예절을 제정하였으며, 그물을 얽어서 새 짐승 물고기 따위를 잡는 법도 가르쳤다. 복희씨는 짐승을 길들여 포주하여 요리하도록 가르쳤으므로 포희 씨라고 불렸다. 어느 날 용마가 그림을 등에 지고 황하에서 나오니 상서로운 징조이므로 관직이름에 용자를 붙여 용사라는 벼슬이 생겼다. 복희씨는 태고의 천황씨와 같이 거룩한 덕과 지혜를 갖춘 천자였으므로 오행의 첫째인 목덕으로 왕천하 하였으며 도읍지는 진에 정하였다. 복희씨가 죽고 풍씨 성의 왕이 15대를 계승하였다."

어차피 고대사의 일정 부분은 배달겨레와 중국의 한족이 서로 겹치지 않을 수가 없을 것이다. 따지고 보면, 『성경』에서는 모든 인류가 아담과 하와의 후손이라고 말하지 않던가! 이런 관점에서 보자면 우리 배달족과 중국이 모두 복희씨를 기록하고 있다는 것이 오히려 보다 더 자연스런 일일지도 모른다. 문제는 중국의 사가들이 진실을 호도하는 것에 있는 것이다. 매우 유감스러운 일이 아닐 수 없다.

聖哉神農耕市 성스런 신농이 농사를 가르치고 시장을 열었다.

중국 『십팔사략』에 염제신농씨는 성은 강씨이며, 몸은 사람이고, 머리는 소였다고 적고 있다.

"풍씨 성의 뒤를 이어 천자가 된 화덕의 왕이다. 신농씨는 처음으로 나무를 깎아 쟁기를 만들고 나무를 구부려 자루를 만들어 농경지법을 가르치고, 백초를 맛보아 처음으로 의약을 만들었다. 또 한낮을 기해 시장을 열어서 필요한 물건을 서로 바꾸게 하는 교역의 법을 가르쳐 민생의 편리를 도모하였으며, 이후 강씨 성의 천자가 8대 520년을 다스렸다."

우리 겨레의 기록인 「태백일사」 [삼한관경본기]에는 신농을 다음과 같이 언급하고 있다.

"그의 한웅 아들 신농[1])은 수많은 약초들을 허로 맛보아 약을 만들었다. 뒤에 열산[2])으로 이사했는데 낮에는 교역하게 하여 사람들로 하여금 편리하게 하였다. 그러나 사실은 우리 한국에서 갈라져 나간 소전씨의 후예들이다. 농사와 의약의 원조라고 불린다."

또 「태백일사」 [신시본기]에는 다음과 같이 언급하고 있다.

"신농은 열산에서 일어났는데, 열산은 열수가 흘러나오는 곳이다. 신농의 소전의 아들이다. 소전은 소호와 함께 모두 고시씨의 방계이다. 대저 당시의 백성들은 정착해서 생업을 이어갔으며, 차츰 크게 되자 곡마약석의 기술도 또한 점점 갖춰져서 낮에는 저자를 이루어 교역하고 되돌아갔다. 유망이 정치를 하면서 급하게 모든 읍의 두 백성들이 제휴하도록 했으나 떠나는 백성들이 많아져서 세상의 도가 매우 어지러워졌다."

그리고 「삼성기전(하)」에는 다음과 같은 구절도 있다.

"뒤에 갈고 한웅이 나서서 염제 신농의 나라와 땅의 경계를 정했다. 또 몇 대를 지나 자오지 한웅이 나셨는데, 귀신같은 용맹이 뛰어났으니 구리로 된 머리와 쇠로 된 갑옷을 입고 능히 큰 안개를 일으키니 온 누리를 다스릴 수 있었고, 광석을 캐고 철을 주조하여 병기를 만드니 천하가 모두 크게 그를 두려워하였다. 세상에서는 치우 천황이라고 불렀으니, 우레와 비가 크게 와서 산과 강을 크게 바꾼다는 뜻이었다."

---

1) 염제 신농씨(기원전 3218~기원전 2698) 중국 삼황 가운데 두 번째 황제라 칭해진다. 하지만 사실은 배달족 한웅의 아들이다. 본래 배달족의 영토였던 중국 지역에 많은 영향을 끼쳤는데, 나중에 그 지역에 살게 된 중국인들이 자신들의 뿌리라고 둘러댄 것에 불과하다.
2) 일명, 여산(厲山)이나 여산(麗山) 또는 수산(隨山)이나 중산(重山)이라고도 불린다. 현재의 위치로 보면 중국 호북성 수현의 북쪽이다. 신농이 일어난 곳으로 열산씨라는 복성도 있다. 염제를 가르키는 대명사로 사용된다.

이러한 기록들로 미루어 볼 때, 신농은 본래 배달족 사람이었으나, 한웅이 세운 배달국의 서쪽 지역을 관할하는 별개의 나라에서 그들을 다스리는 지도자가 된 것이다. 지금 우리는 그들을 일컬어 한족, 다시 말해 중국인이라고 부르고 있는 셈이다. 중국인들은 신농의 이 같은 배달족 뿌리를 부인하기 위해, 신농씨조차도 사람의 형상이 아니라 소의 머리를 한 괴상망측한 동물로 탈바꿈시켜버린 것이다. 이 또한 얄팍한 그들의 변조기법 중의 하나에 속한다.

黃帝甲子星斗 황제께서 육십갑자와 별자리를,

여기서 황제라 함은 황제 헌원[3]을 말한다. 「태백일사」 [삼한관경본기] 에는 황제를 다음과 같이 언급하고 있다.

"소전의 별고에 공손이라고 있었는데, 짐승을 잘 기르지 못하였으므로, 헌구로 유배시켰다. 헌원의 무리는 모두 그의 후손이다."

중국 『사기』에는 삼황오제가 이름과 나라만 다를 뿐 모두 같은 성씨라고 말한다.
"헌원도 삼황의 하나인데, 신농의 별고이다."
그리고 『십팔사략』에는 다음과 같이 기록되어 있다.

"황제의 성은 공손이고 이름은 헌원이며 유웅국의 임금인 소전의 아들이다. 염제신농씨 자손의 덕이 쇠퇴하여 제후들의 반란이 일어났으므로 황제는 창과

---

3) 기원전 3218~기원전 2698년

방패를 써서 정복하였으며 치우의 반란은 지남차를 만들어 탁마의 들에서 싸워 격파한 후 드디어 즉위하여 토덕의 왕이 되었다. 황제는 일월성신의 형상을 살피시고 자세히 관찰하여 처음으로 성관지서를 만들었으며, 국사 대요에게 명하여 북두칠성을 살펴 육십갑자를 만들어 이를 십이월에 배정하였으며, 이후 천하는 잘 다스려졌다. 황제는 재위일백십년에 붕하고 아들이 25명이었다."

여기서 치우 천황과 10년 동안 73번을 싸웠다는 그 유명한 역사적 사건 탁록대전, 바로 그 일을 적고 있다. 그러나『한단고기』에는 황제가 치우에게 번번이 지기만 하다가 나중에는 결국 사로잡히게 되었고, 치우를 배알하여 크게 용서를 빌었고, 돌아가는 길에 배달족 자부선인의 문하에서 가르침을 받아 크게 깨우치게 된다고 기록되어 있다. 「삼성기 전(하)」에는 다음과 같은 기록이 있다.

"한때 천하가 셋으로 나뉘어 서로 대치하고 있었으니, 탁의 북쪽에 대효가 있었고, 동쪽엔 창힐이 있었으며, 서쪽엔 황제 헌원이 있었다. 이들은 서로 군대를 가지고 승리를 차지해보려고 했으나, 아무도 이루지 못했다. 처음 황제 헌원은 치우보다 일어남이 조금 늦더니 싸움마다 이로움이 없자 대효에 의존코자 했으나 이룰 수 없었고, 또 창힐에 의존코자 했으나 그것도 뜻대로 안되었으니 이는 대효와 창힐 두 나라가 모두 치우의 무리였기 때문이다. 대효는 일찍이 (배달국에서) 간지술干支術을 배웠고 창힐4)은 부도符圖의 글을 배웠다. 당시의 제후들이 신하로서 섬기지 않는 자가 없음이 이 때문이다."

「태백일사」 [신시본기]에 다음과 같이 적혀 있다.

---

4) 창힐(蒼頡 혹은 倉頡)은 한자를 창제했다고 전해지는 중국 고대의 인물이다. 배달족 으로부터 부도의 글을 배웠다는 기록을 통해서 볼 때, 중국에서 사용하는 한자의 기원도 사실은 배달족에서 비롯된 것이 틀림없다.

"치우천황께서는 신시의 옛 힘을 받으시고 백성과 더불어 제도를 새롭게 하니, 능히 하늘에 제사지내 삶을 아시고, 땅을 열어 삶을 도모하고, 사람을 발탁하여 삶을 숭상할 수 있었다. 온갖 사물의 원리는 빠짐없이 몸소 살펴보시니 그 덕이 미치지 않는 곳이 없었고, 지혜는 뛰어나지 않음이 없었으며, 힘 또한 갖추지 않은 것이 없으셨다. 이에 백성과 더불어 범 무리들을 따로 떼어서 하삭에 살도록 하고는 안으로는 세상의 변화를 관찰하였다. 유망의 정권이 쇠약하여지니, 군대를 보내어 정벌하였다. 집안과 가문에서 장수될 만한 인재 81명을 골라 여러 부대의 대장이 되게 하고, 갈로산의 쇠를 캐내어 도개, 모극, 대궁, 호시를 많이 만들어 한결같이 잘 다듬더니 탁록을 공격하여 함락시켜서 구혼에 올랐다. 연전연승하는 그 위세는 질풍과 같아서 만군을 겁에 질려 굴복하게 하고 위세는 천하에 떨치더라. 한 해 동안에 대개 9개 제후의 땅을 점령하고 다시 옹호산에 웅거하여 구야로써 수금과 석금을 개발하여 예과와 옹호의 창을 만들어내고, 다시 군대를 정돈하여 몸소 이들을 이끌고 양수를 건너 출진하더니 재빨리 공상에 이르렀다. 공상은 지금의 진류이며, 유망이 도읍했던 곳이다. 이 해에 12제후의 나라를 점령하고 죽이니 쓰러진 시체가 들판을 가득 메우게 되었다. 이에 서토의 백성들은 간담이 서늘해 도망쳐 숨지 않는 자가 없었다. 때에 유망은 소호로 하여금 마주 싸우게 하였으나 대왕은 예과의 옹호극을 휘두르며 소호와 크게 싸우고 또 안개를 일으켜 적의 장병으로 하여금 혼미케 하여 스스로 혼란에 빠지게 하였다. 소호는 대패하여 변방으로 도망치더니 공상으로 들어가 유망과 함께 도망쳐 버렸다. 치우천황은 즉시 하늘에 제사지내 천하의 태평을 맹세하였다. 다시 군대를 진격시켜 탁록을 에워싸 일거에 이를 멸망시켰다. 때에 공손헌원이란 자가 있었으니 토착 백성들의 우두머리였다. 처음 치우천황이 공상에 입성하여 크게 새로운 정치를 편다는 말을 듣고 감히 저 혼자 즉위하여 천자가 될 뜻을 갖고 크게 병마를 일으켜 공격해 와서 더불어 싸우려 했으므로, 치우천황은 먼저 항복한 장수 소호를 보내 탁록에 쳐들어가서 에워싸 이를 전멸시켰다. 헌원은 그래도 굴복치 않고 감히 100번이나 싸워오는지라 치우천황은 9군에 명을 내려 네 갈래로 나누어 출동을 시키고 자신은 보병과 기병 3000을 이끌고 곧바로 헌원과 탁록의 유웅이라는 벌판에서 계속해서 싸우면서 명령을 내려 사방에서 압축하여 참살하니, 그 숫자를 셀 수가 없었고 세지도 않았다. 또 안개를 일으켜 지척을 분간치 못하게 하면서 싸움을 독려하니 적군은 마침내 마음에 두려움을 일으켜 혼란을 일으키고 도망가 숨으려 달아나니, 100리 안에 병사와 말의 그림자도 보이지 않았다. 이에 이르러 연의 회대의 땅을 모조리 점령하고자 하여 곧 탁록에 성을 쌓고 회대지방을 점령하였다. 이에 헌원의 무리들은 모두 다 신하되기를 원하며 조공을 바쳤다. 대저 당시의 서쪽에 살던 사람들은 함부로 활과 돌의 힘을 믿고 갑옷의 쓸모를 알지 못했는데, 치우천황의 법력이 높고 강력함에 부딪혀 마음에 놀랍고 간담이 서늘하여 싸울 때마다 계속 패했다. 치우천황은 더욱더 군대의 힘을 갖추고 4방면으로 진격했던 바 10년 동안 헌원과 싸우기를 73회였으나 장수는 피로의 기색이 없고 군은 물러설 줄 몰랐다. 뒤에 헌원은 여러 차례 싸웠으나 매양 졌으므로 원한은 더욱 더 커졌다. 군대를 일으켜 우리 신시를 본 따 크게 병기와 갑옷을 만들고 또 지남차도 만들어 감히 싸움터마다 출전하는지라 형제와 종당들로 하여금 싸움의 준비에 힘쓰도록 하면서 위세를 떨쳐서 헌원의 군으로 하여금 감히 공격해올 뜻을 품지도 못하도록 하였다. 더불어서 한바탕 크게 싸움이 일어나자 한 무리를 마구 죽여 버린 후에야 비로소 멈췄으니 이 싸움에서 우리 쪽 장수 가운데 치우비라는 자가 있어 불행히도 공을 서둘다가 진중에서 죽게 되었다. 치우천황은 크게 화가 나서 군을 움직여 새로이 투석기를 처음으로 만들어 진을 치고 나란히 진격하니 적진은 종내 저항할 방도조차 없었다. 이에 정예를 나누어 파견하여 서쪽은 예탁의 땅을 지키고, 동쪽은 회대의 땅을 취하여 성읍을 삼게 하고, 헌원의 동쪽 침략의 길을 지키게 하였다."

또 「삼성기전(하)」에는 이런 기록도 있다.

"치우천황께서 염제 신농의 나라가 쇠함을 보고 마침내 큰 뜻을 세워 여러 차례 천병을 서쪽으로 일으켰다. 또 색도5)로부터 병사를 진격시켜 회대의 사이에 웅거하였다. 황제 헌원이 일어나자 즉시 탁록6)의 벌판으로 나아가 황제 헌원을

---

5) 산동성 임치현 동남쪽 여수의 남쪽에 있는 성의 이름이다. 색두라고도 한다.
6) 하북성 탁록현의 동남쪽에 있다.

사로잡아 신하로 삼고, 뒤에 오 장군을 보내 서쪽으로 제곡고신[7]을 쳐 공을 세우게 하더라."

이에 대해 사마천은 『사기』에서 이렇게 적어놓고 있다.

"제후가 모두 다 와서 복종하여 따랐기 때문에 치우가 지극히 횡포하였으나 천하에 이를 능히 벌할 자 없을 때 헌원이 섭정했다. 치우의 형제가 81인이었는데, 모두 몸은 짐승의 모습을 하고 사람의 말을 하며, 구리로 된 머리와 쇠로 된 이마를 가지고 모래를 먹으며 오구장(무기의 일종), 도극(칼과 굽은 창), 태노(활틀을 놓고 화살 돌을 쏘는 무기)를 만드니 그 위세가 천하에 떨쳐졌다. 치우는 옛 천자의 이름이다."

또 갈홍의 『포박자』에는 다음과 같이 적고 있다.

"황제가 청구에 와서 풍산을 지나다가 자부선생을 만나 삼황내문을 받아 만신을 부르고 부렸다."

그리고 『한단고기』 「마한세가(상)」에는 다음과 같은 기록이 있다.

"자부선생께서 칠회제신의 책력을 만들고 삼황내문을 천폐에 진상하니, 천왕께서 이를 칭찬하였다. 삼청궁을 세우고 그곳에 거하니, 공공·헌원·창힐·대요의 무리가 모두 와 여기서 배웠다. 이에 윷놀이를 만들어 이로써 한역을 강연하니 대저 신지 혁덕이 적은 바로 천부의 유의였다."

또한 「태백일사」 [소도경전본훈]에는 다음과 같은 구절이 있다.

"삼황내문경은 자부선생이 헌원에게 주어 그로 하여금 마음을 씻고 의義로 돌아오

---

7) 황제의 증손자이다. 황제가 사로잡혔으나, 그의 후손들이 계속 저항했던 것으로 보인다.

게 한 것이다. 선생은 일찍이 삼청궁에 살았으니 그것은 청구국 대풍산의 남쪽에 있었다. 헌원이 몸소 치우를 배알하였는데 가는 길에 명화를 거치게 되어 소문을 듣게 된 것이다. 경문은 신시의 녹서로 기록되어 세 편으로 나뉘어져 있었다."

치우천황과 황제 헌원에 대한 기록을 놓고 보면 그 상세함에 있어서 비교 자체가 안 되고 있다. 이는 앞에서 살펴본 춘추필법, 중국은 상세하게 표현하고 타국은 대충대충 표현한다는 항목에 의거해서 중국인들이 고의적으로 기록을 삭제한 결과일 것이다. 역사의 진실? 두말할 것도 없이 중국 쪽이 거짓말을 하고 있는 것이다. 기록의 상세함에 있어서 비교가 안 될 정도로 차이가 나는 일과 더불어 한나라를 세운 유방8)이 동이족 사람도 아니면서 천하사를 도모하기 위해 풍패에서 군사를 일으키면서 치우천황에게 제를 올렸던 사실을 되짚어볼 필요가 있다. 황제 헌원에게 죽임을 당한 치우가 사실이라면 당연히 황제 헌원에게 제를 올려야 마땅했을 것이다. 중국의 사가들은 자신들의 치욕을 철저하게 은폐하기로 작정했던 것이다. 당연히 춘추필법에 근거를 둔 행태이다. 유방이 그것을 모를 리가 없었던 것이다. 이러한 양측의 엇갈린 기록을 비교해보면 중국인들의 기록 위조에 대한 버릇이 이미 치우천황 때부터 시작되어 그 이후 5천 년 동안이나 변함없이 습관적으로 진행되어 왔음을 짐작해볼 수 있다. 그리고 이제 습관의 뿌리가 너무 깊어 그들이 변한다는 것은 거의 불가능에 가까운 일이 되어 버렸다. 불치의 병을 앓고 있는 것이다. 그들은 이제 전 세계에서 유일하게 역사를 왜곡하는 야만적 행태를 아예 드러내놓고 자행하는 철면피 같은 염치없는 나라가 되어버렸다.

---

8) 유방(기원전 256~기원전 159) 한나라를 건국하였다.

神堯日月甲辰 갑진년 등극한 신성한 요왕이 일월의 역법을 밝히셨으며,

중국『서경』「요전」에 요왕[9]에 대한 사적이 기록되어 있고, 『십팔사략』에도 그에 대한 기록이 있다.

"제요도당씨는 성은 이도씨요, 이름은 방훈이니 황제 증손자의 아들이다. 요임금은 어질기가 하늘과 같고 지혜가 신과 같으며, 성품의 인자함이 마치 태양을 우러러보는 것과 같았다. 요왕은 화덕의 제왕으로서 즉위 후 평양부(산서성)에 도읍하였는데 궁전의 지붕은 띠풀로 덮었고 그 끝을 가지런히 자르지도 않았으며, 궁전의 층계는 흙으로 만든 세 층계였다. 이 궁전 뜰에 한 포기의 이상한 풀이 났으니, 보름까지는 날마다 잎이 하나씩 나고 보름 후부터는 잎이 하나씩 떨어지는데 작은 달(29일)에는 떨어지지 않고 그대로 말라 버렸다. 그래서 이 풀을 일명 력초라 이름하고 이를 관찰하여 순과 삭을 알아 백성에게 때를 알렸다. 요왕은 천하를 다스리기 500년 동안에 태평성대를 이루었으며 백성들은 계양기를 구가하였다. 만년에는 순에게 정치를 맡기며 하늘에 순을 제위에 오르게 할 것을 고하였으며, 요임금이 붕하시니 순이 즉위하였다."

라고 적고 있다. 중국이 태평성대였다고 자랑하는 요순의 시대이다. 요왕이 자기 자식이 아닌데도 순에게 순순히 왕위를 선위했다고 대대적으로 선전하고 있다. 이 말만 들어보면 대단한 성군임에 틀림없어 보인다. 그럼 이때의 일 만큼은 중국인들이 정말로 진실을 적어놓았을까? 그들이? 십중팔구는 그럴 리가 없을 것이다. 「번한세가(상)」에 적혀있는 다음과 같은 기록을 참고해보자.

---

9) 기원전 2357~기원전 2255.

"단군 왕검은 제요도당과 나란히 군림했다. 요왕의 덕이 날로 쇠퇴하자 저희들끼리 서로 땅을 다투는 일을 쉬지 않았다. 천왕은 마침내 우나라 순에게 명하여 땅을 나누어 다스리도록 병력을 파견하여 주둔시키더니 함께 요왕의 당나라를 치도록 약속하였다. 요왕이 마침내 힘이 부치니 순에 의지해 생명을 보전하고자 나라를 양보하였다. 이에 순왕의 부자 형제가 다시 돌아와 같은 집에 살게 되었으니, 대저 나라를 다스리는 길은 공경스럽게 효도함을 앞세우게 되었다. 9년 홍수를 당해 그 피해가 만백성에게 미치니 단군 왕검은 태자 부루를 파견하여 순과 약속하고 초청하여 도산에서 만났다. 순은 사공인 우를 파견하여 우리의 오행치수법을 배우게 하니, 마침내 홍수를 다스릴 수 있게 되었다."

그러면 그렇지. 역사의 진실은 전혀 다른 이야기를 들려주고 있다. 요왕이 선위한 것은 단군의 압력 때문에 어쩔 수 없이 생명을 보전키 위해 그렇게 한 짓 일뿐, 요왕이 대단한 성군이기 때문에 선위한 것이 결코 아니었다. 당시 순은 동이족 사람으로서 단군의 지휘를 받는 일개 제후의 신분이었다. 기록에 적힌 바를 계속 추적해보자.

"이에 우를 낭야성에 두어서 이로써 구여분정의 뜻을 정하였다. 진국은 천제의 아들이 다스리는 곳이다. 고로 5년마다 순수하는데 낭야[10]에 한 번씩 들른다. 순[11]은 제후이기 때문에 진한에 조근하기를 네 번씩이었다. 이에 단군 왕검은 치우의 후손가운데 지모가 뛰어나 세상에 소문난 자를 골라 번한이라 하고, 정부를 험독에 세우게 하였다."

帝舜七政玉衡 순왕이 칠정옥형을 밝히고,

---

10) 산동성 제성현의 동남쪽에 있는 군(郡) 이름.
11) 순왕은 섭정기간을 제외하면 기원전 2255년부터 기원전 2208년까지 재위하였다.

『서경』「순전」에

"구슬로 만든 혼천의로 천체를 관측하여 일월과 오황의 운행도수를 바로 잡고, 시절과 달을 맞추어 날짜를 바로잡았으며, 도량형을 통일시켰다."

고 적고 있다. 그리고『십팔사략』에는

"제순유소씨는 성은 도씨이고 이름은 중화이니 황제의 5대손이다. 요왕은 순의 높은 덕망을 듣고 …(중략)…순은 이렇게 하여 요왕의 재상이 되고 섭정이 되었다가 요의 뒤를 이어 즉위하여 토덕의 제왕이 되었다. 요는 간신들을 물리치고 유능하고 충직한 신하를 등용하고 9관과 12목을 두어 다스리니 천하백성들은 모두 기뻐하고 공덕을 찬송하였다. 만년에 남쪽을 순재하고 창오의 들에서 병을 얻어 붕하니 재위 61년이다."

라고 적고 있다.

대 우 구 주 현 귀
大禹九疇玄龜 우왕이 귀서구주를 밝혔다.

우는 순의 뒤를 이어 즉위하고 나라의 이름을 하夏라고 하였다. 나라 이름이 여름이란 뜻이니, 어쩌면 당시 하나라 지역이 혹시 열대나 혹은 아열대 기후였을 가능성이 있지 않을까하고 추측해본다. 하 왕조는 우와 그 자손들이 기원전 2208년부터 기원전 1767년까지 약 400여년을 다스렸다.『십팔사략』에는 다음과 같이 기록되어 있다.

"하후씨 우는 이름은 문명이며 곤의 아들이며 황제 헌원의 후손이다. 우는 순으로부터 치수의 명을 받고 노심초사 그 일에 열중하여 8년 동안 집을 떠나 있으면서 혹 집 앞을 지나게 되어도 들어가지 않았으며, 평지에서는 수레를 타고 강을 만나면 배를 타고 진흙길에서는 썰매를 타고 산에서는 나무로 만든 신을 신고 다니면서 조사하여 구주에 아홉 개의 수로를 열고 아홉 곳의 늪에는 제방을 쌓아 수해를 막고 구주의 아홉 산을 측량하여 치수를 완성하였다. 순은 그 공로를 치하하고 우에게 천하를 다스리는 정사를 맡겼으며, 순이 붕하니 그 뒤를 이어 즉위하여 수덕의 제왕이 되었다. 우는 인월로 한 해의 머리로 삼고 몸소 백성들의 모범이 되었으며, 구주의 금을 모아 구정을 만들어 상제와 천신에게 제향하였다. 만년에 남방을 순회하다가 회계산에 이르러 병을 얻어 붕하였다. 우왕이 황하를 치수할 때 낙수에서 신구가 등에 글을 지고 나오니 곧 낙서이며, 이를 보시고 아홉 가지의 큰 규범을 밝히니 바로 홍범구주이다. 우왕은 홍수를 다스릴 때 낙서의 이치를 근본으로 하여 제방을 쌓음으로써 치수하였다."

고 한다. 정역본문에서 우왕이 귀서구주를 밝혔다고 명시된 내용으로 미루어볼 때, 천지의 이치를 확철대오하여 성인의 경지에 오른 지인조차 도 우왕의 시절에 낙수에서 거북이가 낙서를 등에 지고 나온 것으로 인식하고 있음을 알 수 있으니, 기록의 힘이 이렇게 무서운 것이다. 아무리 잘못된 기록일지라도 천 년을 묵으면 정설로 변하는 힘을 가질 수 있다. 중국인들의 못된 버릇이 그래서 무서운 것이다. 고구려와 발해를 자기 나라 역사로 각색하고 있는 작금의 실정이 다시 천 년이 지나면 진짜 중국의 역사로 탈바꿈 되어 있을지도 모르는 것이니 이 어찌 무서운 일이 아니겠는가. 정신 똑바로 차리지 않으면, 이제 고구려 와 발해도 중국의 역사로 바뀌고야 말 것이다. 한편 이후 하나라와 조선의 교류 관계는 『한단고기』에 수차례 등장한다. 「단군세기」에는 다음과 같은 기록이 있다.

"기원전 2133년, 무자년, 둥근 구멍이 뚫린 조개 모양의 돈을 만들었다. 가을 8월에는 하나라 사람이 찾아와서 특산물을 바치고 신서神書를 구해 갔다.… (중략)… 기원전 2119년 임인년 하나라 왕 상相이 백성들에게 덕을 잃어버리니 단제께서는 식달에게 명하여 람·진·변 3부의 병력을 이끌고 가서 이를 정벌하도록 하였다. 천하가 이를 듣고는 모두 복종하게 되었다.…(중략)… 기원전 1990년 우서한 단제께서 옷을 바꿔 입으시고 몰래 국경을 나서서 하나라의 정세를 살피고 돌아와 크게 관제를 고쳤다."

殷廟可以觀德 은나라 종묘는 덕을 크게 보이셨고,
(은 묘 가 이 관 덕)

은나라의 탕왕은 하나라 폭군 걸왕을 정벌하여 그를 멸하고 은 왕조[12]를 창업하였다. 『십팔사략』에는 다음과 같이 기록되어 있다.

"은왕 탕은 성은 자씨요, 이름이 복이니 황제의 후손이다. 탕왕은 현명한 신하 이윤을 얻어 마침내 무도한 폭군 걸왕을 정벌하였는데 천하의 제후들이 탕왕을 추대하여 천자가 되니 금덕의 제왕이며 한 해의 머리를 축월로 삼았다."

우리들은 흔히 하나라 혹은 은나라에 대한 역사 이야기는 접할 수 있었어도, 그 당시의 우리나라에 대한 역사나 당시의 중국과 우리나라의 관계에 대한 이야기는 그 어디에서도 배울 수가 없었다. 이것이 바로 오늘날 우리나라에서 행해지고 있는 역사 교육의 엄연한 현실이다. 다행히 『한단고기』에는 은나라와 조선의 관계를 엿볼 수 있는 기록들이 많이 남아있다. 「단군세기」에 기원전 1666년 을해년, 조선의 인구가 모두 1억 8천만 명이었다고 기록하고 있다. 당시의 조선은 실로 엄청난 대국이었던 것이다. 「단군세기」에 다음과 같은 구절이 있다.

---

12) 기원전 1767~기원전 1122년

"기원전 1767년, 갑오년, 주와 현을 나누어 정하고 직책의 한계를 정하였다. …(중략)… 이 해 겨울에 은나라 사람이 하나라를 정벌하니 하나라 걸왕이 구원을 청하였다. 이에 홀달 단제께서 읍차인 말량으로 하여금 구한의 군대를 이끌고 가서 싸움을 돕게 하니, 은나라의 탕왕이 사신을 보내 사죄하였다. 이에 말량에게 어명을 내려 군사를 되돌리게 하였는데, 하나라 걸왕은 조약을 위배하고 병사를 보내 길을 막고 약속을 깨려고 하였다. 이에 은나라 사람들과 함께 하나라 걸왕을 정벌하기로 하여 몰래 신지 우량을 파견하여 견의 군대를 이끌고 가서 낙랑과 합쳐서 진격하여 관중의 빈과 기의 땅에 웅거하며 관청을 설치하였다. …(중략)… 기원전 1661년, 경진년, 은나라 왕 소갑이 사신을 보내 화친을 구했다. …(중략)… 기원전 1337년 은나라 왕 소을이 사신을 보내 공물을 바쳤다. …(중략)… 기원전 1291년 경인년 은나라 왕 무정이 귀방을 쳐 이기더니 또 대군을 이끌고 색도 영지 등의 나라를 침공하였으나 우리에게 대패하여 화해를 청하며 조공을 바쳤다.… (중략)… 기원전 1285년 병신년 11월 몸소 구한의 군사를 이끌고 여러 차례 싸워 은나라 서울을 격파하고 곧 화친하였으나 또다시 크게 싸워 이를 쳐부쉈다. 이듬해 2월 이들을 추격하여 황하주변에서 승전의 축하를 받고 변한의 백성들을 회대의 땅으로 옮겨 그들로 하여금 가축을 기르고 농사를 짓게 하니, 나라의 위세가 떨쳐졌다. …(중략)… 기원전 1266년 을묘년 때에 남국이 매우 강성하여 고죽군과 더불어 여러 적들을 쫓고 남으로 이동하여 엄독골에 이르러 그곳에 머물렀으니 은나라 땅에 매우 가까웠다. 이에 여파달로 하여금 병사를 나눠 진격하여 빈 기에 웅거하도록 하면서 그곳의 유민과 서로 단결하여 나라를 세워 여라 칭하고 서융과 함께 은나라 제후들 사리를 차지하고 있도록 하였으니 남씨의 위세가 매우 성하여 황제의 교화는 멀리 항산 이남의 땅에 까지 미치게 되었다.… (중략)… 기원전 1237년 갑신년 아홉 단제의 숙부인 고불가에게 명령하여 낙랑골을 통치하도록 하고, 웅갈손을 보내 남국의 왕과 함께 남쪽을 정벌한 군대가 은나라 땅에 여섯 읍을 설치하는 것을 살펴보게 하였는데, 은나라 사람들이 서로 싸우면서 결판을 보지 못하니 마침내 병력을 진격시켜 공격하여 이를 쳐부수었다. 가을 7월 신독을 주살하고 수도로 돌아온 뒤 포로들을 석방하도록 하였다. …(중략)… 기원전 1236년 을유년 남국의 임금 금달이 청구의 임금, 구려의 임금과 주개에서 회합하고 몽고리의 병력을 합쳐 가는 곳마다 은나라의 성책을 부수고 깊숙이 오지로 들어가 회대의 땅을 평정하더니 포고씨를 엄으로, 영고씨를 서 땅에 방고씨를 회 땅에 각각 임명하니, 은나라 사람들은 우리의 위세를 우러러보며 두려워하여 감히 접근하지를 못하였다."

위에서 기원전 1236년경 이러한 우리 측 기록에 대해 중국의 『설원』이라는 책에 실린 기록을 참고해볼만 하다.

"은나라 탕왕이 하나라 걸왕을 치고자 하니, 이윤이 가로대 '치지 마십시오. 조공의 양을 줄여 그의 거동을 보고 치십시오.'라고 하였다. 걸왕이 노하여 군사를 일으키니 이윤이 가로대 '정벌할 때가 아닙니다. 저쪽이 아직도 구이의 군사를 일으킬 수 있으니 이는 잘못이 우리에게 있음이로소이다.'라고 하니 탕왕이 마침내 걸왕에게 사죄하고 다시 조공을 바쳤다. 이듬해에 다시 조공을 바치지 않으니 걸왕이 구이의 군사를 동원하려 했으나 구이의 군사가 움직이지 않으므로 이윤은 '됐습니다. 치십시오.'라고 하였고 탕왕이 걸왕을 쳐 남쪽으로 도망치게 하였다."

여기서 등장하는 구이가 바로 조선이다. 이윤이 정세를 살피는 주요 변수로 말하고 있는 구이, 즉 조선이 당시 중국의 정세를 쥐락펴락하고 있었다는 확고부동한 증거이다. 조선은 그들의 다스림에 조금이라도 문제가 생기면, 즉각적인 행동을 개시하여 문제를 해결해주는 그런 나라였다. 오늘날의 용어로 말하자면 '팍스 코리아나'[13]였던 셈이다.

箕聖乃聖 기자는 곧 성인이시니,

周德在茲二南七月 주나라의 덕이 2남과 7월에 있다.

---

13) 한반도와 만주 일대의 고인돌이 약 4만기에 달한다. 이는 전세계 고인돌의 약 50% 수준의 방대한 량이다. 이 정도면 가히 고인돌의 종주국이라 할 만하지 않을까? 대체 고대에는 무슨 일이 벌어지고 있었던 것일까?

82 ●

이러한 조선과 중국, 두 나라의 관계가 주나라[14] 때에는 어떠했을까?
다음과 같은 기록이 있다.

"기묘년[15] 은나라가 망했다.…(중략)… 9년 뒤 무자년, 주나라 왕 의구가 사신을
보내 신년을 축하했다.… (중략)…기원전 943년 무인년 주나라 사람이 공물을
바쳤다.…(중략)… 대략 기원전 910~기원전 905년 사이의 어느 해, 청구의 다스림
을 둘러보시고 돌에 치우천왕의 공덕을 새겼다. 서쪽으로는 엄독골에 이르러
제후국의 여러 한汗들과 만난 후 병사들을 사열하고는 하늘에 제사지내고 주나라
와도 수교를 맺었다.…(중략)… 기미년, 기원전 902년에 상장군 고력을 파견해
주나라를 치게 하였다. 기원전 895년 병인년 주나라의 이공伊公[16]이 사신을
보내와 특산물을 바쳤다.…(중략)… 기원전 818년 계미년 주나라 사람이 와서
호랑이와 코끼리의 가죽을 바쳤다."

하나라와 은나라의 경우는 미우나 고우나 간에 어쨌든 조선과 상당한
교류가 있었던 것으로 보이지만, 어찌된 일인지 주나라가 들어선 이후에
는 교류가 예전만 같지 못함을 느낄 수 있다. 상호 교류에 관한 기록의
절대량이 줄어든다. 이는 왕조의 성격에 그 원인이 있었던 것이 아닐까

---

14) 기원전 1046년~기원전 256년. 견융이 침략하여 기원전 771년 유왕이 살해되고
   제후에 의해 옹립된 평왕이 호경(鎬京, 현재의 시안 시 부근)에서 부도(副都)
   낙읍(洛邑, 현재의 뤄양 시)으로 수도를 옮기게 되는데, 이를 기준으로 이전을
   서주(기원전 1046년~기원전 771년), 이후를 동주(기원전 770년~기원전 256년)라고
   구분한다. 동주는 다시 춘추시대(기원전 770~476)와 전국시대(기원전 475~221)로
   나뉜다. 춘추시대에는 작은 제후국들 간에 쟁탈전이 벌어졌으며, 전국시대에 들어
   서는 몇몇 강대한 제후국이 작은 제후국들을 병합하면서 패권을 둘러싸고 격렬한
   전쟁을 벌였다. 결국 이들 제후국 가운데 하나였던 진(秦)나라가 통일제국(기원전
   221~206)을 세웠다.
15) 기원전 1062년, 혹은 기원전 1002년이 기묘년에 해당한다.
16) 기원전 895년은 서주의 제9대 이왕(기원전 924~기원전 828) 때이다. 따라서 이공은
   이왕(伊王)을 지칭한다.

추정해본다. 은나라를 다스리던 위정자들은 동이족 사람들이었다. 하지만 주나라 왕조는 동이족 사람들이 아니라 서이족[17] 사람들이었다. 때문에 서로 교류가 잘 되지 않았던 것이 아닐까? 주나라 무왕이 은 왕조를 멸하고 기자에게 하늘의 도를 물었을 때 기자는 무왕에게 홍범구주를 전하였다. 홍범은 낙서의 원리를 바탕으로 천지의 대법 즉 정치와 도덕의 근본 법칙을 밝힌 것이라 한다. 위에서 주나라의 덕이 2남과 7월에 있다고 함은 다음과 같이 정리할 수 있다. 여기서 2남이란 용어는 『시경』에 나오는 것인데, 주남과 소남의 두 가지를 말한다. 따라서 2남은 문왕의 덕화를 칭송한 시를 말한다. 문왕은 은나라의 제후로서 폭군 주의 박해를 받아 유리의 옥에 유폐되었을 때 문왕팔괘도를 그렸다. 복희씨의 자연역을 이어받아 문왕이 64괘의 이름을 짓고 괘사를 달았다. 문왕의 아들 무왕이 기원전 1122년에 주 왕조를 창업하고 문왕으로 추존되었다. 그리고 7월이라 함은 빈풍칠월장이란 주공의 성덕을 기리는 시에서 나오는 바로 그 7월을 말한다. 무왕의 동생인 주공은 64괘 384효의 효사를 달아 문왕에 이어 주역의 기틀을 마련하였다. 무왕이 죽고 무왕의 아들 성왕(재위 기원전 1114~기원전 1077)이 즉위하였을 때, 왕이 아직 어렸으므로 왕숙인 주공이 섭정을 하며, 주의 예악과 문물제도를 확립하고 많은 치적을 남겼다. 500년 후 공자는 주공을 이상적인 성인으로 숭앙하고 흠모하게 된다.

---

17) 서이족(西夷族)은 삼위산 서쪽으로 갈라져간 민족을 말한다. 반고는 서이족 즉, 배달민족의 한 갈래이고 요왕도 서이족으로 추측된다. 요왕의 뒤를 이은 순왕은 동이족 사람이었다. 서이족은 하북으로 이동하지 않았던 동이족으로 추측되며 흉노와 가깝게 살았다. 서이족이 은을 멸하고 주를 세웠고, 주나라 때부터 동이족과 섞여 살며 하나의 나라를 세웠다. 서이족은 후에 진을 건국하였는데 기록에 진을 제외한 6국은 진을 오랑캐라고 불렀다고 한다. 진나라도 나머지 6국을 오랑캐라고 불렀으므로, 서로 다른 민족임을 서로가 알고 있었던 것이다.

84 •

　한편 지금 문구에서 언급되고 있는 2남7월에는 종래에는 잘 알려져 있지 않지만, 필자가 연구한 바에 의하면 매우 중대한 지인의 포석이 그 근저에 깔려있다. 정역을 연구하던 옛 사람들이 이를 미처 깨닫지 못했기 때문에 정역의 속내를 깨우치는데 한계를 느낄 수밖에 없었던 것이다. 나중에 자세히 소개하게 되겠지만, 위의 그림 한 가운데에 2天 7地라고 명명되어 있는 그 부분이 결코 그냥 우연히 적어놓은 것이 아니라는 말씀이다. 그러한 중대한 사실을 지금 2남7월이란 문구에서 은근히 드러내주고 있는 것이다. (필자가 보기에는 너무도 노골적으로 드러내주는 것으로 보이고 있지만, 독자들과의 눈높이를 맞추기 위해서 '은근히'라고 표현한 것이다.) 놀랍게도 바로 이와 같은 방식이 지인께서 정역의 본문을 엮어나가는 중대한 기법 중의 하나라고 할 수 있다. 따라서 상당히 눈치가 빨라야 정역을 풀어낼 수가 있게 된다. 나중에 그것을 피부로 절감하게 될 것이다.

麟兮我聖乾坤中立 기린 같으신 성인 공자께서 하늘과 땅 사이에 우뚝 서서
上律下襲襲于今日 상률하습[8] 하셨기에 오늘날까지 도를 잇게 되었도다.

　기원전 552년 노나라에서 태어나 기원전 479년까지 공자가 살아있을

때 당시 조선을 다스리던 이는 제39대 두흘 단군(재위 기원전 545년~기원전 510년), 제40대 달음 단군(재위 기원전 510년~기원전 492년)과 제41대 을차 단군(재위 기원전 492년~기원전 422년) 등이다. 이때에 조선과 중국 간에 어떤 교류가 있었는지에 대하여 적어놓은 기록을 별로 찾아볼 수 없지만, 공자는 말년에 군자들이 살고 있는 구이의 나라에 가서 살고 싶다고 간절하게 말한 바가 있다. 공자가 살던 그 당시만 하더라도 공공연하게 조선은 군자가 사는 나라라고 인식되고 있었던 것이 틀림없다. 비록 공자가 꿈꾸던 일은 실제로는 일어나지 않았지만 말이다. 공자는 말년에 노나라에서 인과 예로써 3천 명의 제자를 가르쳤다. 사마천의 『사기』 「공자세가」에 전하기를,

"공자께서 만년에 주역을 좋아하여 위편이 세 번이나 끊어지도록 역을 읽고 또 읽어 십익을 저술하였다."

라고 한다. 공자는 문왕과 주공이 남긴 『주역』을 읽는 동안 그들의 깊은 경지에 존경심이 저절로 우러러 나왔던 것이다. 『논어』에는 '술이 부작 신이호고'라고 해서, 공자가 『주역』의 본문은 단 한 글자도 뜯어 고치지 않고 「십익」으로 보충 설명하는 데에 그쳤음을 알려준다. 이렇게 공자에 의해 「십익」이 추가되면서 『주역』이 완벽한 경전으로 탈바꿈할 수 있게 되었다.

---

18) 『중용』에 '仲尼祖述堯舜憲章文武上律天時下襲水土'라는 구절이 있다. 그 뜻을 해석하면 '중니, 즉 공자는 요임금과 순임금을 계승하고 주나라 문왕과 무왕의 법도를 밝혔으며, 위로는 천시를 법으로 따랐고, 아래로는 물과 흙의 이치를 따랐다.' 라고 하였다.

2 태극과 무극

　먼저 연원을 깊이 살피신 성현께서 이제 본격적으로 본문을 써내려가기 시작하신다. 그리고 그 첫 번째 문장이 감탄사로 시작한다. 이제부터 끝없는 숫자들과 생전 처음 들어보는 알 수 없는 용어들의 향연이 펼쳐진다. 『천부경』에서도 많은 숫자들이 나왔지만 그나마 81자를 넘어서지 않는 것이었다. 하지만 정역에 등장하는 글자의 수는 그와는 비교가 안 될 정도이니, 평생 입산수도하고 평생 주역만 탐구하는 이들조차도 이 끝없는 향연을 감당해낼 재간이 없을 정도로 정역은 어렵고도 어렵다. 필자가 본격적인 정역 풀이에 들어가기 전에, 앞에서 그토록 서론을 길게 뽑아놓을 수밖에 없었던 이유가 바로 여기에 있다. 너무도 어려워서 충분히 내공을 쌓아둘 필요가 있었던 것이다. 밑도 끝도 없이, 그리고 전혀 뜬금없이 생뚱맞게 등장하는 수리들과 생전 처음 들어보는 용어들을 모두 이해한다는 것이 과연 가능한 일일까? 정역이 우리 앞에 나타난 지도 벌써 어언 두 갑자가 지난 셈이지만 아직도 그 오의가 드러나지 않고 있으니…. 우리도 이제 그 끝없는 수수께끼의 바다에 뛰어들어야 한다. 필자는 앞에서 『천부경』을 풀어내기 위해서 『정역』을 동원한 바 있었고, 이제 『정역』을 풀어내기 위해서 『천부경』을 동원하려고 한다. 긴 항해를 하는 동안 좋은 길잡이가 되어 줄 것이다.

嗚呼今日今日 아아, 오늘 오늘이여.
六十三七十二八十一 63, 72, 81. (도합 216[19])이 된다.)

아아, 오늘, 오늘이여. 이 짧은 문구 안에 들어 있는 오늘이란 것은 대체 언제를 의미하는 오늘일까? 그리고 숫자들이 이어진다. 따지고 보면 63 · 72 · 81, 이들의 의미를 알아내기 위해서 필자가 그 어려운 『천부경』을 집어 들지 않을 수 없었던 것이다. 이 숫자들을 해체해보면 7×9와 8×9와 9×9가 나온다. 공통의 수 9를 제외하면 결국 7 · 8 · 9가 나오는데, 필자가 조사한 바로는 이렇게 7 · 8 · 9가 연이어 등장하는 경문은 이 지구상에 『정역』을 제외하곤 오직 단 하나, 『천부경』이 있을 뿐이었다. 다행히 우리는 제2권에서 7 · 8 · 9가 뭔지에 대해 어느 정도 예습을 해놓았다. 이들은 바로 낙서의 숫자 45를 의미하는 숫자였다. 그리고 알다시피 낙서의 45란 숫자는 하도의 55라는 숫자와 대대를 이루면서 땅을 의미하기도 한다. 한편 63 · 72 · 81이 합해서 나오는 216은 『주역』에서 건지책이라고 부른다. 그리고 144는 곤지책이라고 부르는데, 이 둘을 합하면 360이라는 숫자가 된다. 사실 216이란 숫자를 만드는 방법은 여러 가지가 있을 수 있다.

$$9 \times (7+8+9) = 9 \times 24 = 216 \qquad (1)$$
$$6 \times 6 \times 6 = 9 \times 36 = 216 \qquad (2)$$

이 중에서 어찌하여 (1)의 방법만을 언급하는지에 대해, 필자의 소견으로는 216이란 숫자 그 자체보다는 그 216이란 숫자를 만드는 7 · 8 · 9에 방점을 찍어둔 것으로 보인다. 지인은 낙서를 선천으로 보고, 하도를 후천으로 보는 관점을 정역 본문의 여러 곳에서 피력한다. 가령 앞으로

---

19) 『주역』「계사전」 9장에 언급된 건책수.

88　•

나오게 될 [선후천정윤도수]라는 시에서 다음과 같이 말한다.

先天體方用圓 선천은 체가 방이고, 용이 원이다.

여기서 방方이라 함은 낙서를 의미하고 원圓이라 함은 하도를 의미하는데, 선천은 분명히 낙서를 체로 하고, 하도를 용한다고 명백하게 표현해주고 있다.

后天體圓用方 후천은 체가 원이고, 용이 방이다.

또한 후천은 체가 하도이고 용이 낙서라는 문구를 넣어서, 선천과 후천이 서로 대대가 되는 것임을 분명히 한다. 그런데 알고 보면 7·8·9는 비단 216만 만들 수 있는 것이 결코 아니다.

　(7+8+9) × 9 (건괘의 수) = 216　　(3)
　(7+8+9) × 6 (곤괘의 수) = 144　　　(4)

이처럼 7·8·9 에다가 6을 곱하면 얼마든지 144라는 숫자도 만들 수 있다. 그럼에도 불구하고 위에서 유독 (3)만을 언급한 것에는 지인의 의도가 담겨있는 것이 분명하다. 그 의도가 무엇일까? 우선 지인은 7·8·9를 낙서를 표상하는 상징물로 들고 나온 것 같다. 그리고 하필이면 곤도坤道, 즉 땅을 상징하는 6을 곱한 것이 아니라, 건도乾道, 즉 하늘을 상징하는 9라는 숫자를 곱하고 있는데, 여기서 9는 명백하게 선천을 상징하는 숫자이다. 따라서 낙서도 선천의 체를 상징하고, 9라는 숫자도 선천을 상징한다. 그러므로 여기서 말하는 오늘이란 것은 선천의 어느 날 혹은 선천의 마지막 날에 해당하는 그 오늘로 볼 수 있을 것 같다.

一^일乎^호一^일夫^부 하나이니 일부로다.

擧^거便^변无^무極^극十^십 손을 다 펴면 곧, 무극 10

十^십便^변是^시太^태極^극一^일 10은 곧, 태극 1

一^일无^무十^십无^무體^체十^십无^무一^일无^무用^용 1 없으면 10은 무체, 10 없으면 1은 무용이다.

合^합土^토居^거中^중五^오皇^황極^극 십十과 일一을 합해 토土가 되니, 중앙의 황극 5이다.

  지인이 가르치던 당시에는 주로 손가락 10개를 사용해서 무극과 태극 등과 같은 어려운 개념들을 최대한 쉽게 문하의 제자들에게 설명했던 것으로 보인다. 정역 본문에 손가락에 대한 언급들이 여러 번 등장한다. 그리고 최근까지 출간된 정역을 다루는 문헌들의 대부분에 소위 수지상수이론이란 것으로 정역 본문을 설명하려는 시도들이 많이 보인다. 사제 간에 직접 얼굴을 맞대고 설명을 하던 당시에는 열 개의 손가락이야말로 가장 소통하기 쉬운 간편한 도구였을지도 모른다. 하지만 이제 책으로 수지상수를 설명한다는 것은 오히려 이해를 어렵게 만드는 커다란 장애요소가 되고 있다. 또 적지 않은 세월이 흘러버려 이제는 수지상수라는 것 자체가 제대로 전승되고 있는지조차 의심스러운 실정이 되었다. 하여 필자는 소통하기 어려운 수지상수 대신에 가능하면 십일도 등을 통해서 설명을 하려고 한다.

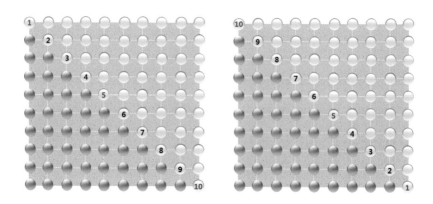

좋은 방편이 될 것으로 확신하고 있기 때문이다. 주지하는 바와 같이 오른쪽 그림의 대각선에 쓰인 있는 숫자들은 오른쪽 세로축을 기준으로 셀 수 있는 흰 돌의 개수를 나타낸다. 여기서 1이 바로 태극이다. 그리고 10이 무극이다. 그리고 중앙에 있는 5가 바로 황극이다. 그런데 십일도의 숫자는 어느 한 가지로 고정되어 있는 것이 아니라, 위의 두 그림과 같이 두 가지로 병기될 수 있다는 것에 묘한 특징이 있다. 왼쪽 그림의 대각선에 쓰인 숫자들은 천정의 가로축을 기준으로 셀 수 있는 흰 돌의 개수를 나타내는데, 오른쪽과 왼쪽 그림을 서로 비교해보면, 1태극 이었던 것이 어느새 10무극으로 바뀌어 있고, 10무극이었던 것이 어느새 1태극으로 바뀌어 있다. 우주의 본체를 이루는 무극과 태극 간의 관계를 이보다 더 간명하게 표현하는 것은 절대적으로 불가능할 것이다. 앞에서 의 두 그림은 서로 체용 관계를 이루면서 10무극이 1태극으로 어떻게 전환되고, 서로가 서로에게 어떻게 체용의 근간을 이루게 되는 지를 명확하게 표현해주고 있다. 이 그림을 보고 있으면, 우주의 양 끝단이 어떻게 서로가 서로에게 연결될 수 있는 지를 잘 이해할 수 있게 해준다. 그리고 끝없는 우주의 순환…. 십일도가 보여주는 기적, 우주가 끝없이

순환하는 모습이 보인다. 오호라….

地載天而方正體 땅은 하늘을 싣고 방정하니 바탕인 몸이 되며,

天包地而圓環影 하늘은 땅을 둥그렇게 감싸고 있는 그림자이다.

大哉體影之道 크도다! 체영의 도

理氣囿焉神明萃焉 이기가 그 안에 있고 신명이 그 안에 모여 있다.

天地之理三元 천지의 이치는 삼원

위의 십일도에서 하늘은 흰색 돌이다. 그리고 땅은 푸른색 돌이다. 땅은 하늘을 싣고 방정하니 바탕인 몸이 되고, 하늘은 땅을 둥그렇게 감싸고 있는 그림자이다. 이러한 하늘과 땅 사이에 만물이 깃들어 있으니, 그 체영의 도가 지극히 크다고 표현한 것이다. 천지의 이치가 삼원이라는 것도 앞서 본 십일도에서 잘 나타나 있다. 태극·황극·무극이 바로 삼원이다.

元降聖人示之神物 하늘에서 성인을 내리시고 신물을 보이시니,

乃圖乃書 이것이 곧 용도와 귀서이다.

圖書之理后天先天 용도와 귀서의 이치는 후천과 선천,

天地之道旣濟未濟 천지의 도는 기제와 미제

龍圖未濟之象而倒生逆成先天太極 용도는 미제의 상, 도생역성이니 선천 태극

龜書旣濟之數而逆生倒成后天无極 귀서는 기제의 수, 역생도성하니

후천 무극

五居中位皇極 5는 중앙에 위치하니 황극이다.
<small>오 거 중 위 황 극</small>

    이제 장황하게 설명하지 않아도, 우리는 이 대목을 너무나 익숙하게 잘 알고 있다. 충분한 예습을 통해서 손쉬운 입문을 할 수 있게 된 것이다. 하늘은 천부경과 십일도 만으로도 부족하다고 느끼셨는지, 때가 되면 복희씨와 주 문왕 같은 성인을 내려주시기도 하고, 또 때가 되면 용도와 귀서 같은 신물을 보내주기도 했었다. 이제 또 하나의 신물, 정역팔괘도가 약 120년 전에 이 땅에서 태동하였다. 이제 이 부분을 집중적으로 파헤쳐보려고 하는 것이다. 위에 언급되어 있는 문구들 중에서 그나마 잘 이해가 되지 않는 부분이 있다면, 아마도 수화기제와 화수미제 같은 용어들일 것이다. 이 또한 앞으로 설명이 될 예정이니, 여기서 미리 골머리를 앓을 필요가 전혀 없다고 하겠다.

易逆也極則反 역은 거스르는 것이니 궁극에 이르면 거꾸로 돌아선다.
<small>역 역 야 극 즉 반</small>

土極生水 토가 궁극에 이르면 수를 생하고
<small>토 극 생 수</small>

水極生火 수가 궁극에 이르면 화를 생하고
<small>수 극 생 화</small>

火極生金 화가 궁극에 이르면 금을 생하고
<small>화 극 생 금</small>

金極生木 금이 궁극에 이르면 목을 생하고
<small>금 극 생 목</small>

木極生土 목이 궁극에 이르면 토를 생하고,
<small>목 극 생 토</small>

土而生火 토는 화를 생한다.
<small>토 이 생 화</small>

    사실 극즉반에 대한 이론도 이미 충분한 예습을 통해서 잘 숙지하고

있는 바이다. 양이 궁극에 이르면 음으로 돌변하는 것이 이른바 극즉반의
원리이다. 오늘날 디램(DRAM) 반도체소자가 바로 이 원리를 통해서
0과 1을 쓰는 메모리가 될 수 있는 것이다. 지인의 설명에 의하면, 이러한
극즉반 원리는 음양관계에서만 그런 것이 아니라, 오행관계에서도 똑같
이 적용된다고 한다. 토극수가 극에 달하면 토생수가 된다는 것이다.
비록 토가 화의 생을 받는 것이지만, 그것이 극에 달하면 거꾸로 토가
화를 생하기도 한다. 이것이 극즉반의 응용이다. 나중에 펼쳐지게 될
정역의 수상도數象圖를 놓고 이 극즉반의 묘리를 되새겨보면 좋을 듯하다.

金火互宅倒逆之理 금화가 서로 집을 삼는 것이 도역의 이치이니,
嗚呼至矣哉无極之无極 아아, 지극하다. 무극의 무극 됨이여.

이 또한 지금은 아무리 설명을 해도 알아들을 수 없는 문구에 해당한다.
나중에 금화문이 열리고 나서, 이 부분을 되새겨보면 저절로 그 의미를
체득할 수 있게 될 것이다. 금화가 어떻게 서로 집을 삼게 된다는 것인지,
무극이 어찌해서 지극하게 된다는 것인지, 또 금화와 무극이 어떻게
서로 연관되는 것인지를 알 수 있게 될 것이다. 지금은 그저 이런 것이
있다는 정도로만 넘어가도 별 문제가 없을 것이다.

夫子之不言 공자는 말하지 않았다.
不言而信夫子之道 말하지 않아도 믿는 것은 공자의 도일지니.
晚而喜之十而翼之 공자 만년에 십익을 정리하여
一而貫之儘我萬世師 하나로 관통하셨으니 참으로 만세의 스승이시다.

아~ 또 다시 공자가 등장한다. 무극에 대해서는 단 한마디도 하지 않았던 공자이건만, 말없는 말로써 공자가 무극을 말했다는 것을 믿지 않을 수 없는 이유가 바로 공자의 「십익」이라는 것이다. 무극이란 개념은 진희이가 처음 말한 것이 아니고, 주돈이가 처음 말한 것이 아니고, 사실은 공자가 말한 것이라고 지인은 믿어 의심치 않고 있다. 공자는 지인을 만나서 더할 나위 없이 기쁘고, 지인은 공자를 다시 알게 돼서 기쁘다 할 것이다. 도둑은 도둑이 알아보고, 성인은 성인이 알아보는 법이 아니겠는가!

천지 도수

지금까지는 주로 잠시 몸 푸는 시간들이었다면 이제부터는 실전이다. 하늘의 수가 4이면 땅의 수는 6이 된다고 한다. 이렇게 하늘과 땅의 수는 그 합이 10이 된다고 한다. 하늘과 땅의 수리적 관계를 잘 표현해주고 있다. 다음의 본문에선 천지 도수가 10에서 그치는 수리적 관계를 간결하게 알려주고 있다.

天四地六 천 4이면 지는 6 이고,

天五地五 천 5이면 지는 5 이며,

天六地四 천 6이면 지는 4 이다.

天地之度數止乎十 천지의 도수는 10 에서 그친다.

천지도수를 합하면 10이 된다? 기왕이면 이를 좀 더 쉽고 명쾌하게 이해할 수 있도록 도와주는 다른 묘안이 없을까? 천지도수의 수리적 관계를 가장 적절하게 표현해줄 수 있는 최적의 이미지가 바로 십일도이다. 지금 이 십일도에서 천정과 바닥에 적혀있는 숫자를 읽어주

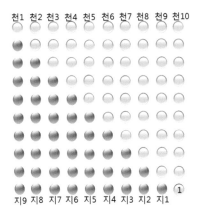

기만 하면 지금 본문의 글귀들이 대체 무엇을 염두에 두고 적어놓은 것인지를 단박에 알아차릴 수 있게 된다. 이제 십일도에서 보면 그 누가 보더라도 명명백백하게 천4와 지6이 정말로 한 줄로 대응되어 있고, 천6과 지4가 정확하게 한 줄로 대응되어 있는 것이다. 따라서 정역과 십일도가 하나의 이치로 서로 완벽하게 연결되어 있다는 결정적인 증거이고, 정역과 천부경이 서로 연결되어 있다는 증거이기도 하다.

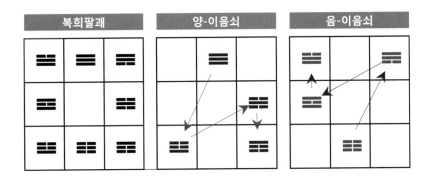

그런데 이렇게 별로 복잡해보이지도 않는 단순한 하늘과 땅의 수리적 관계 속에 의외로 매우 중대한 사실이 하나 비장되어 있다.

제1권에서 하도와 낙서가 동전의 앞면과 뒷면의 관계에 있는 거라고 말하긴 했지만, 구체적으로 어떤 증거로 그렇게 말할 수 있는지에 대해선 그다지 심도 있게 논의된 바가 없었다. 이제 그것을 면밀하게 살펴볼 차례다. 복희팔괘도는 이미 앞에서 살펴본 바와 같이 하도에서 나온 것이다. 지금 그것을 수리적으로 좀 더 면밀하게 살펴볼 필요가 있다.

"와우! 어떻게 이런 수리적 원리가 숨어 있을 수 있는 거야? 그동안 내가 뭘 보고 있었던 거지! 이런 게 있는지도 모르고…."

이런 말이 튀어나오게 될 지도 모른다. 흔히 복희팔괘도는 자연역(自然易)이라고 일컬어진다. 복희씨가 설사 하도라는 그림을 굳이 가지고 있지 않더라도 석삼극과 일생이법의 원리만 깨우치면 저절로 생겨날 수밖에 없는 자연적인 만물의 생성 이치가 고스란히 담겨 있는 팔괘도이기 때문이다. 그런데 그것을 유심히 들여다보게 되면 그 안에서도 그림과 같이 음과 양이 서로 완전히 대칭을 이루고 있음을 볼 수가 있다. 위의 그림에 표시된 소위 양－이음쇠와 음－이음쇠라는 용어는 일반적으로 통용되는 것은 아니지만, 지금 방금 필자가 처음으로 이름을 붙여본 것이다. 아무도 이를 언급한 바 없지만, 나름 중요한 부분이고 이름이 필요해졌기 때문이다. 복희팔괘도가 음괘와 양괘들이 서로 이탈하지 않고 견고하게 팔괘도를 구성해낼 수 있는 원동력이 바로 이 두 가지 이음쇠가 서로 상당히 견고하게 맞물려 있기 때문으로 볼 수도 있다. 그런데 이러한 두 이음쇠의 작용은 비단 지금 복희팔괘도에서만 발견되는 것이 아니라, 홍국기문의 일가팔문에서도 똑같은 원리가 발견된다.

이 이음쇠 이론이 아니라면 도저히 일가팔문의 구성 원리를 이해할 수가 없는 것이다. 일가팔문의 구성 원리는 이미 제2권에서 자세히 소개한 바가 있다.

이제 하도와 낙서의 수리적 연결고리를 찾아보기로 한다. 지금부터 이들 양괘와 음괘에다가 숫자를 배정해보려고 한다. 그리고 숫자 배정 원칙은 다음과 같다.

1. 양괘들의 서열을 매긴다.
2. 대대(待對)가 되는 양괘와 음괘의 합은 무극의 숫자인 10이 된다.

이 두 가지의 간단한 원칙에 따라 숫자를 배정해보기로 하자. 먼저 제1원칙은 팔괘의 서열이다. 「설괘전」 제 10장에 다음과 같은 구절이 있다.

건 천 야 고 칭 호 부　곤 지 야 고 칭 호 모
乾天也故稱乎父　坤地也故稱乎母

건은 하늘이라 아버지라고 일컫고, 곤은 땅이라 어머니라고 일컫고,

진 일 색 이 득 남 고 위 지 장 남　손 일 색 이 득 녀 고 위 지 장 녀
震一索而得男故謂之長男　巽一索而得女故謂之長女

진은 한번 구해 남자를 얻으니 장남, 손은 한번 구해 여자를 얻으니 장녀라 일컫고,

감 재 색 이 득 남 고 위 지 중 남　이 재 색 이 득 녀 고 위 지 중 녀
坎再索而得男故謂之中男　離再索而得女故謂之中女

감은 재차 구해 남자를 얻으니 중남, 이는 재차 구해 여자를 얻으니 중녀라 일컫고,

간 삼 색 이 득 남 고 위 지 소 남　태 삼 색 이 득 녀 고 위 지 소 녀
艮三索而得男故謂之少男　兌三索而得女故謂之少女

간은 삼차 구해 남자를 얻으니 소남, 태는 삼차 구해 여자를 얻으니 소녀라 일컫는다.

 여기서 우리들은 손쉽게 팔괘들의 서열관계를 파악할 수 있다. 그중에서도 특히 양괘들의 서열 관계를 따지면, 건괘·진괘·감괘·간괘의 순서라는 것은 지극히 자명하다. 따라서 이 순서대로 숫자를 배정할 수 있다. 그리고 제2원칙은 방금 앞에서 다룬 바와 같이, 하늘이 7이면 땅은 3이 되는 수리 원칙을 그대로 적용한 것이다. 복희팔괘도 자체가 따지고 보면 태극 이전의 무극에서 시발된 것이기에 부증불감의 원칙에 의해 10무극이 될 수밖에 없는 것이다. 8괘의 숫자들을 정음정양의 짝이 되는 것들끼리 서로 다 더하면 당연히 무극이어야 마땅하다. 이제 두 가지 원칙에 의거해서 하나씩 배정을 시작해보자. 팔괘 중에서 서열이 가장 높은 것은 당연히 하늘이니 건괘(☰)이다. 그러니 제1원칙에 따라 건괘에다가 1을 배정한다. 그리고 제2원칙에 따라 자동적으로 곤괘(☷)는 9가 된다. 건괘 다음의 서열은 당연히 장남인 진괘(☳)이다. 진괘에다가 2를 배정하고, 손괘(☴)에다가 8을 배정한다. 그 다음은 중남인 감괘(☵)에 3을 배정하고, 자동적으로 이괘(☲)는 7이 된다. 마지막으로 소남 간괘(☶)는 4이고, 소녀인 태괘(☱)는 6이다. 이들을 도표로 나타내 보면 다음과 같을 것이다.

양	☰	1	☳	2	☵	3	☶	4
음	☷	9	☴	8	☲	7	☱	6

 이제 준비가 완료되었다. 모든 재료들이 준비되었으니 이제 버무리기만 하면 끝이다. 복희팔괘도에다가 숫자들을 대입만 하면 된다. 아주

간단하다. 다음의 그림을 보면, 양괘는 생수들로 구성되어 있고, 음괘는 성수들로 구성되어 있음을 볼 수 있다. 이러한 생수와 성수의 구성관계를 보자마자 『소학』「효행편」에 나오는 구절이 저절로 떠오른다.

<ruby>父<rt>부</rt></ruby><ruby>生<rt>생</rt></ruby><ruby>我<rt>아</rt></ruby><ruby>身<rt>신</rt></ruby><ruby>母<rt>모</rt></ruby><ruby>鞠<rt>국</rt></ruby><ruby>吾<rt>오</rt></ruby><ruby>身<rt>신</rt></ruby>

이 말의 뜻은 매우 쉽다. 아버지는 내 몸을 낳으시고, 어머니는 내 몸을 기르셨다가 된다. 요즘 사람들은 어머니가 낳으시고, 아버지가 기르시는 것으로 생각할 수도 있겠다.

양-이음쇠의 수리		
	1	
		3
2		4

음-이음쇠의 수리		
6		8
7		
	9	

복희팔괘 수리		
6	1	8
7		3
2	9	4

하지만 역을 공부한 우리 선현들은 그 반대가 맞는 거라고 알려준다. 이처럼 수리적으로 음괘와 양괘가 생·성수로 구성되어 있으므로 음양이 서로 도와 만물을 낳고 또 기를 수가 있었던 것이다. 그리고 우리는 지금 방금 하늘 도장 하나를 구했다. 이 하늘 도장은 어디에 쓰는 것일까? 바로 땅에다 찍는 데에 쓰는 것이다. 그런데 여기에도 원칙이 있다. 하늘과 땅은 무극에서 온 하나의 짝이기 때문에 역시 하늘과 땅의 수는 합해서 10무극이 되어야 한다는 점이다. 그러니까 하늘이 8이라면 땅에는 2라는 숫자가 찍힌다. 10의 보수 개념을 떠올리면 될 것이다.

그렇게 하면 다음의 그림이 나온다. 어디서 많이 보던 것이라는 생각이 들 수밖에 없게 된다. 바로 낙서의 수리가 된 것이다! 숫자가 비워져 있는 중궁에다가 5라는 숫자를 갖다 꽂아주기만 하면 영락없는 낙서이다. 이 시점에서 중궁에 어찌해서 5가 들어가야 하는지를 곰곰이 생각해

4	9	2
3		7
8	1	6

보면, 앞장에서 필자가 거론했던 이른바 '15 지향설'이라는 것을 다시 한 번 떠올리게 되지 않을 수 없을 것이다. 오직 그 가설만이 중궁에 5가 들어가야 하는 이유를 설명해줄 수 있게 된다. 그리고 다른 한편으로는 사실 낙서의 수리 배열이 거북이가 등짝에 짊어지고 나왔다는 말들을 하지만, 이렇게 알고 보면 사실은 거북이 같은 신물조차도 필요 없었던 것이다. 바로 복희팔괘도에서 얼마든지 낙서를 만들어 쓸 수가 있었던 것인데, 사람들의 지혜가 여기에 미치지 못했는지, 몹시도 답답해하던 하늘이 급기야는 거북이까지 보내게 되었던 것이었으리라!

그런데 이러한 결론에 이르기까지 동원된 건괘가 1이고, 곤괘가 9라고 보는 다소 엉뚱해 보이는 이런 특이한 수리 구성은 과연 문헌적 근거를 가지고 있는 것일까? 아니면 필자의 엉뚱한 상상력이 만들어낸 기상천외

4	9	2
3	5	7
8	1	6

한 창조물일까? 국내 제1호 상수학 박사라고 9시 뉴스에서도 방영된 바 있었던 윤태현 박사가 저술한 『주역과 오행연구』라는 책에서 납갑과 관련된 언급을 살펴보다가 중국의 강신수라는 학자가 새로운 납갑설을 주장하면서 이와 똑같은 수리 배열을 사용했었다는 사실을 알게 되었다.

그뿐만이 아니라 조사해본 결과 복희팔괘와 낙서의 수리가 모종의 상관관계가 있다는 것에 주목한 이들이 의외로 꽤 있었다는 것을 알 수 있었다. 옥제호씨는 『역학계몽통석』에서 이르기를

"선천복희팔괘에서 건괘와 태괘는 9 · 4에서 생하고 이괘와 진괘는 3 · 8에서 생하고 손괘와 감괘는 2 · 7에서 생하고, 간괘와 곤괘는 1 · 6에서 생하니, 그 괘가 낙서의 자리수와 더불어 정확하게 부합한다."

라고 말하였다. 그리고 양도성은 이르기를

"낙서의 수에서 홀수는 정방에 있고, 짝수는 모퉁이에 있는 것은 양을 높이는 것이다. 팔괘를 배합할 때도 각각 그 류類를 좇으니 건은 순양이 되고 9를 배합하니 9는 양이 극도로 발전한 수이다. 하도의 2 · 7에 해당하니 2와 7을 합하면 9가 되지 않는가. 그러므로 건괘를 용구하고 부른다. 곤은 건의 짝이 되어 순음이 되고 그 짝은 1이 되니 양은 남고 음은 부족하며 또한 하도의 천1의 본래 자리이다. 9와 1로 수의 시종을 삼고 건곤으로 괘의 음양을 정한다면 여섯 자식은 모두 계산할 수가 있다."

라고 말하였다. 그는 또한 덧붙여 말하기를,

"건이 첫 번째로 곤과 사귀면 진을 얻기에 건 다음이 진이며, 9 다음이 8이 되고
건이 두 번째로 곤과 사귀면 감을 얻기에 진 다음이 감이며, 8 다음이 7이

되고

건이 세 번째로 곤과 사귀면 간을 얻기에 감 다음이 간이며, 7 다음이 6이 되고

곤이 첫 번째로 건과 사귀면 손을 얻기에 곤 다음이 손이며, 1 다음이 2가 되고

곤이 두 번째로 건과 사귀면 이를 얻기에 손 다음이 이이며, 2 다음이 3이 되고

곤이 세 번째로 건과 사귀면 간을 얻기에 이 다음이 간이며, 3 다음이 4가 된다.

괘가 생겨난 순서대로 그 수를 얻고, 수의 위치로 그 괘를 순서 한다고 이를 것이다.”

라고 하였다. 따라서 필자의 상상력이 만들어낸 엉뚱한 창작물이 아니라, 이미 많은 저명한 상수학자들이 필자와 비슷한 생각을 했었다고 말할 수 있다. 다만 이를 하도와 낙서의 연결고리라고 지적했던 이들이 없었을 뿐이고, 이러한 견해는 필자가 지금 처음으로 제기하고 있는 바이다. 아무튼 이로써 마지막 연결고리가 완성되었다. 스토리 전개는 이렇게 된다. 태초에 아무 것도 없는 무無가 있었다. 그런데 그 무無가 언젠가 그 끝을 보게 된다. 그것이 무의 궁극인 이른바 무극이다. 무극의 무대는 복희와 여와가 노닐던 꿈같은 하늘 세상, 즉 하도의 세상이다. 꿈만 같던 시간이 흐르고 흘러 문득 하도의 중앙에서 복희와 여와의 사랑이 결실을 맺는다. 그러자 이번에는 일시무시일의 하나가 생겨난다. 그 하나가 생기자마자 석삼극과 일생이법에 의해 급기야는 복희팔괘도가 자동적으로 만들어진다. 그리고 복희팔괘도라는 하늘 도장을 땅에다가 퍽하고 찍으니, 이번에는 낙서의 수리 배열이 생겨났다. 문왕이 복희팔괘도에 요리조리 숫자를 배치하고 그것을 시계방향으로 움직여서 낙서의 번지수에다 배달시켜 다시 배열해놓고 보니 문득 이번에는 문왕팔괘도가 생겨났다. 이와 같이 무無에서부터 문왕팔괘도까지 일사천리로

쭉 이어지는 스토리가 된다. 그리고 이제, 그 다음을 논의할 차례가 된 것이다. 다음에 등장할 히어로는 정역팔괘도이다. 진짜 주인공은 항상 마지막에 등장하는 법, 그리고 마지막 피날레를 화려하게 장식해줄 것이 틀림없을 것이다. 그 길고도 길었던 우리들의 여정은 마침내 해피엔 딩이 될 것이다. 콩 심은데 콩이 나고, 팥 심은데 팥이 나는 것이 또한 거역할 수 없는 엄연한 이치이다. 우리를 만든 최초의 씨앗이 다름 아닌 무극의 희열이었으니, 그 열매도 당연히 무극의 희열이 되어야 함이 마땅할 것이다. 그러니 종래에는 모두에게 희망이 있을 수밖에 없는 것이다. 이를 믿어 의심치 말아야 한다. 그 과정은 비록 수백억가지 에 달하고, 돌고 도는 험난하고도 고단한 과정일 순 있겠지만, 수백억 번을 돌고 돌아서라도 결국 기어이 도달하는 그 궁극의 도달점은 마침내 해피엔딩이 될 것이 틀림없다. 모두들 대우주, 아~아 무극의 그 따스한 어머니 품으로 돌아가게 될 것이다. 복음이 따로 있는 것이 아니라, 이것이 진정한 우주의 복음이 아닐까?

씨줄과 날줄

무극대도의 꿈을 저마다 가슴 속 한 켠에다 고이 묻어두기로 하고, 이제 또 다시 실전으로 돌아가기로 한다. 아래에 매우 짧은 문장이지만, 의외로 정역팔괘도 전체의 틀을 풀어낼 수 있게 해주는 중요한 실마리가 들어 있는 구절이 등장한다.

十紀二經五綱七緯 10과 5는 기강이고, 2와 7은 경위이다.

이 대목의 뜻을 풀이하면, 정역팔괘도의 기강이 10과 5이고, 또 정역팔
괘가 성립되게 하는 씨줄과 날줄이 2와 7임을 밝히고 있다. 앞에서
2남 7월에서도 2와 7의 중요성을 잠깐 언급한 바가 있다. 2와 7이 경위라는
것을 우리가 살고 있는 지구에 비유해보자면 위도와 경도라는 좌표가
정해져 있기에 지구상 그 어떤 지점이라도 경·위도의 한 좌표로 확정할
수 있는 것과 마찬가지로, 2와 7이라는 경위로 인하여 정역팔괘의 배열이
지인이 밝히신 바와 같이 확정될 수 있게 된다. 대체 어떤 이치로 그렇게
된다는 것인지, 그 극적인 내용에 대해서 살펴볼 것이다. 정역팔괘라는
것이 아무런 논리적 체계도 없이 초우주적 계시에만 의존하여 작괘된
것이라고 생각한다면 대단히 큰 오산이었음을 절감하게 될 것이다.
그 이면에는 일련의 명백한 수리적 이치가 밑바탕 되어 있음을 볼
수 있게 된다. 지금 아래에 있는 그림은 최초에 출간된 정역팔괘도,
원본의 모습 그대로이다. 그런데 그 배열을 자세히 들여다보면 각 괘상마
다 숫자들이 더도 덜도 아니고 딱 하나씩 배정되어 있는 것이 보인다.
마치 팔괘의 수호신이라도 되는

듯이 자리를 차지하고 있다. 가
령 곤괘(☷)의 경우 5가 붙어 있
고, 건괘(☰)의 경우 10이 붙어
있다. 게다가 중앙에 있는 2와
7이라는 녀석들은 또 천天이라
는 글자와 지地라는 글자까지 주
렁주렁 매달고 있다. 마치 수호

신이라도 되는 양…. 조화옹의 말씀이고 성현께서 정하신 것이니 그냥

무조건 외워야 하는 물건들일까? 도체를 깊이 깨달은 이들만이 심득할 수 있는 차원이 다른 신성한 부호들일까? 혹여 지금도 이렇게 생각하고 있다면 더 이상 이 책을 읽고 있으면 안 된다. 무조건 외우면서 공부하는 일은 고리타분한 옛날 방식이고, 이제 새로운 시대를 맞이하여 절대적으로 지양되어야 할 일이다. 이치를 궁구하면서 공부하고 수양하는 새로운 시대가 되었다. 지금부터 필자는 하늘이 부여한 천부적 도구, 우리들 몸통 위에 부착되어 있는 두뇌를 사용하여, 그것이 발휘해내는 합리적이며 이성적인 사고를 바탕으로 정역을 풀이해나갈 것이다. 단 여기서 말하는 소위 합리적이고 이성적인 사고란 것은 수리 역학적 원리에 입각한 것임을 분명히 해둔다. 물리적 원리나 화학적 원리가 아니라는 말이다. 요새 말하는 과학적 원리나 수학적 원리도 아니다. 우리들 주위를 사시사철 항상 감싸고 있는 이 오묘한 우주를 이해하는 또 하나의 이성적 방법이 아주 오래전부터 우리들 주위, 좀 더 자세히 말해 우리가 살고 있는 이 한반도 주위에 생생하게 존재하고 있었고, 그 원리가 지금도 엄연히 작동되고 있음을 이번 기회를 통해 세인들이 널리 체감할 수 있게 되기를 바라마지 않는다. 그 원리는 지극히 현묘하여 천지유형과 천지무형의 끝을 관통할 수 있게 해주며, 물질문명의 극치를 달리게 되면서 오히려 인간이 존중받지 못하고, 인간이 인간에게 소외당하고, 물질적 가치나 재화창출력 고저로만 평가받는 작금의 차마 눈뜨고 볼 수 없는, 참담한 지경으로까지 치닫게 된 인류가, 이 모순으로 가득 찬 어둠의 터널을 탈출하여 마침내 새로운 공동 번영의 길로 도약할 수 있도록 대안을 제시해주기도 할 것이고, 세상을 살아가면서 인류가 필요로 하는 삶의 지혜를 무한정으로 제공해주는 무한 샘물이 되어주기도 할 것이다.

　실없는 소리는 이쯤에서 각설하기로 하고 다시 본론으로 돌아가 보자. 지금 이 순간 주어진 과제는 의외로 아주 단순하다. 단지 주렁주렁 매달려 있던 그것들의 정체성이 무엇인지를 알고자 하는 것이다. 이것이 지금부터 넘고자하는 바로 그 고개이다. 여간한 맷집이 아니고선 엄두도 내지 말아야 할 험한 녀석이다. 하지만 이제 이것을 제대로 한번 짚어볼 수 있는 절묘한 시점이 도래하였다. 성현께서 이르시길 10과 5는 기강이고 2와 7은 경위라고 선언하신다. 멋들어진 문장이다. 2와 7이 경위이다. 그러니까 좀 더 풀어보자면 2가 씨줄이고, 7이 날줄이라고 한다. 지구본의 위도와 경도를 연상해보면 쉬울 것이다. 헌데 문제는 그 다음에 있다. 이걸 어떻게 써 먹어야 씨줄과 날줄이 된다는 것

7 **1**	3 **5**	9 **9**
8 10	**2** 7	5 **3**
4 4	**10** 8	6 2

일까? 어떻게 해야 위도와 경도로 사용할 수 있게 되는 것일까? 거기에 대한 언급이 전혀 없다.

　"설마? 어딘가에는 단서가 있겠지?"

분명히 있다. 하지만 적어도 지금은 아니다. 아쉬움이 남지만, 현재로선 단 한 발짝도 더 내디딜 수가 없다. 더 많은 단서가 필요한 것이다. (이미 필자는 정역 본문 전체를 두루두루 살펴본 바이므로, 전지적 작가의 시점에 입각해서 바로 위쪽에 보이는 도표가 앞으로 전면에 나서게 될 거라는 점만 간략히 언급하고 앞으로 나아갈 것이다.)

戊位度順而道逆 戊의 자리는 도(度)는 순행하고 도(道)는 역행하니,

度成道於三十二度 도수는 32도에서 성도(成道)

后天水金太陰之母 후천이며 수금(水金), 태음의 어머니(母)

己位度逆而道順 己의 자리는 도(度)는 역행하고 도(道)는 순행하니,

度成道於六十一度 도수는 61도에서 성도

先天火木太陽之父 선천이며 화목(火木), 태양의 아버지(父)

太陰逆生倒成 태음은 역생도성하니

先天而后天旣濟而未濟 선천이면서 후천이고 기제이면서 미제

一水之魂四金之魄 1수의 혼(魂), 4금의 백(魄)

胞於戊位成度之月初一度 戊의 자리가 성도하는 월초1도에서 포(胞)

胎於一九度養於十三度 9도에서 태(胎), 13도에서 양(養),

生於二十一度度成道於三十 21도에서 생(生), 도수는 30도에서 성도

終于己位成度之年初一度 己의 자리가 성도하는 년초 1도에서 끝나고,

復於戊位成度之年十一度 戊의 자리가 성도하는 년 11도에서 회복한다.

復之之理一八七 회복하는 이치는 1, 8, 7

五日一候十日一氣十五日一節 5일은 1후, 열흘은 1기, 15일은 1절,

三十日一月十二月一朞 30일은 1개월이고, 12개월은 1기이다.

太陽倒生逆成 태양은 도생역성하니,

后天而先天未濟而旣濟 후천이면서 선천이요, 미제이면서 기제

칠 화 지 기 팔 목 지 체
七火之氣八木之體 7화의 기, 8목의 체

포 어 기 위 성 도 지 일 일 칠 도
胞於己位成度之日一七度 己의 자리가 성도하는 날 7도에서 포,

태 어 십 오 도 양 어 십 구 도
胎於十五度養於十九度 15도에서 태, 19도에서 양,

생 어 이 십 칠 도 도 성 도 어 삼 십 육
生於二十七度度成道於三十六 27도에서 생, 36도에서 성도

종 우 무 위 성 도 지 년 십 사 도
終于戊位成度之年十四度 戊의 자리가 성도하는 년 14도에서 끝나고,

복 어 기 위 성 도 지 년 초 일 도
復於己位成度之年初一度 己의 자리가 성도하는 년초 1도에서 회복된다.

복 지 지 리 일 칠 사
復之之理一七四 회복하는 이치는 1, 7, 4

십 오 분 일 각 팔 각 일 시 십 이 시 일 일
十五分一刻八刻一時十二時一日 15분은 1각, 8각은 1시, 12시 는 1일.

천 지 합 덕 삼 십 이
天地合德三十二 천지가 덕을 합하니 32

지 천 합 도 육 십 일
地天合道六十一 지천이 도를 합하니 61

일 월 동 궁 유 무 지
日月同宮有无地 일월은 유무지에서 동궁하고,

월 일 동 도 선 후 천
月日同度先后天 월일은 선후천이 동도이다.

삼 십 육 궁 선 천 월 대 명 후 천 삼 십 일
三十六宮先天月大明后天三十日 36궁 선천 달이 후천 30일을 크게
밝힌다.

사 상 분 체 도 일 백 오 십 구
四象分體度一百五十九 사상분체도 159[20]

일 원 추 연 수 이 백 일 십 육
一元推衍數二百一十六 일원추연수 216[21]

후 천 정 어 선 천 수 화
后天政於先天水火 후천은 선천에서 정사하니 수와 화

---

20) 무극61+황극32+일극36+월극30 = 159
21) 『주역』「계사상전」9장에 언급된 건책수이기도 하다.

先天政於后天火水 선천은 후천에서 정사하니 화와 수

 상당히 긴 문장이 이어지고 있다. 그런데 아쉽지만 이렇게 긴 문장들 속에도 필요로 하는 단서가 들어있지 않다. 따라서 지금 여기 있는 문구들에다가 그 어떤 출중한 문사가 나서 현란하게 포장할지라도 단지 수박의 겉껍질만 열심히 핥게 되는 셈이 된다. 구문 풀이, 그 이상의 확대 해석은 전혀 의미가 없으므로 이 부분도 나중을 기약하기로 한다. 다만 한 가지 언급해둘 것은 바로 여기서 등장하는 문구들이 나중에 언급될 일제강점기의 차경석이란 인물에게 기사년 · 기사월 · 기사일에 마치 무슨 큰일이라도 일어날 것 같은 이미지를 만들어내게 했던 단초가 들어있다는 점이다. 차경석은『정역』을 근거로 모월모일모시에 천지개벽이 일어나 자신이 세상을 구제하는 새 나라의 왕으로 등극하게 될 거라고 수백만에 달하는 일반 백성들을 크게 호도했었다. 일제 36년간의 식민지 치하에서 실제로 그런 일이 이 조선 땅에서 버젓이 벌어졌었다는 것을 나중에 알게 될 것이다.

3 금화1송

 지금부터 살펴볼 이른 바 금화송(金火頌)이라 하는 것은 제1송에서 제5송까지로 되어 있고, 말 그대로 금金과 화火를 칭송하는 내용이다. 정역 전체를 놓고 볼 때 상당한 비중을 차지한다고 말할 수 있다. 본서

맨 뒤에 따로 부록으로 실어놓은 정역 전문을 참고하면서 읽어내려
간다면 전체의 맥락을 파악하는데 도움이 될 것이다. 제4권 부록 244페이
지부터 금화송이 실려 있다. 그런데 금화라는 게 대체 무엇이기에 이렇게
거창하게 칭송까지 해야 하는 것일까? 정말 중요한 내용들이 요소요소에
숨겨져 있고, 성현께서 특히 지극정성으로 공을 들여 구성해놓은 부분이
다. 정역을 풀어낼 수 있는 중요한 실마리들은 모두 이 속에 들어 있다고
해도 과언이 아닐 정도이다. 동아시아에서 역易이란 것은 과장을 조금
보태 너스레를 한번 떨어보면, 상수학의 역사가 동아시아의 역사인지,
동아시아의 역사가 상수학의 역사인지, 그것이 헷갈릴 정도로 서로
떼려야 뗄 수가 없는 상호 불가분의 관계를 맺고 있다. 특히 중국을
비롯하여, 한국, 일본이 바로 그 문화권이다. 하지만 근세 이후 어느
시점부터인가 중국·일본과 한국이 확연히 구분되는 뭔가가 있는데,
그것이 바로 금화이다. 언제부터인가 한국에서는 금화교역, 금화문,
금화문명 등등 금 오행과 화 오행의 특별한 상호관계에 관한 역학용어가
하나의 기초 상식인 양 회자되고 있는데, 이는 아마도 이 땅에 정역이
등장한 이후에 벌어지게 된 사태가 아닌가 싶다. 이러한 한국의 실정과
비교해 최근까지도 중국이나 대만, 홍콩, 일본 등지에서 금화교역이란
용어 자체가 언급되는 예를 들어본 일이 없으니 말이다. 이렇게 알든
모르든 간에 정역의 영향은 지대하다. 이 땅에서 정역을 부정하는 사람조
차도 기실 알고 보면 금화를 논하고 있고 후천을 논하고 있으니, 부지불식
간에 모두 지대한 영향들을 받고 있는 셈이다. 아무튼 대단한 금화교역이
고 대단한 금화문이다. 그런데 정역 본문 몇 번 훑어보고 대충 이거,
이렇게 감感으로 넘겨짚고서 얘기하는 금화는 아쉽지만 진짜 금화가
아니다. 금화문이 이 땅에서 하나의 상象으로써 포착된 것이 어느새

두 갑자 이전의 일이지만 아직 그 어떤 세인도 접근하지 못한 오묘한 비경으로 남아 있는 게, 또한 바로 금화문이기도 한 것이다. 이런저런 말들은 요란한데 기실 알고 보면 전혀 실체가 드러나지 않았다. 성현께선 이 금화송의 여기저기에 중요한 것들을 감추어 놓으셨고, 이제부터 우리는 신나는 보물찾기 모드에 돌입할 것이다.

聖人垂道金火明 성인이 도를 드리우니, 금화가 밝아진다.
將軍運籌水土平 장군이 운주하니 수토가 평정된다.

　성인이 도를 드리우니 금화가 밝아진다? 무슨 말인지는 아직 뚜렷하지는 않으나 그리 어려운 말은 또 아닌 것 같으므로 일단 넘어간다. 다음 문장이 진짜 문제이다. 장군이 운주하니 수토가 평정된다? 장군이 무언가를 돌리고 헤아린다? 그 결과 수토가 평정된다? 평정되는 수토水土란 것은? 혹시 반란군이나 외적을 말하는 것일까? 자고로 예로부터 장군들이 전쟁터에서 운주했다는 그것이 과연 무엇이었을까? 두말할 것도 없이 그것은 바로 기문둔갑, 두 자로 줄여서 기문이라는 술수였다. 작전을 짜거나, 퇴로를 찾거나, 진격로를 찾거나, 진영을 갖추거나, 매복을 두거나, 도망을 가거나 등등 역사에 이름을 남긴 유능한 장군들은 하나같이 틈만 나면 두 손을 이용해 둔갑반을 포국하기에 바빴다. 기문은 일찍이 하·은·주 시대에 이미 용병술로써 활용되고 있었는데, 그 응험이 놀라와 비기秘技로서 전승되어 왔다. 즉 알고 싶다고 해서 아무나 쉽사리 알 수 있는 그런 물건이 아니었다. 싹수가 보였던 유능한 인물들만 은밀히 발탁되어 배울 수 있었다. 은나라 말기 주 문왕의 책사였던 강태공이 당시 난해한 기문 일천여국을 72국으로 정리한 인물이었고,

한나라 유방의 책사였던 장량이 그것을 다시 18국으로 정리한 인물이었다. 그리고 위·촉·오 천하삼분책을 제시한 촉나라의 제갈량[22]이 기문을 완성한 대가였다고 전해진다. 기문奇門이 한 번씩 세상에 나타날 때마다 글자 그대로 기이한 문이 열리면서 기이한 일들이 생겼으니, 새로운 나라가 건국되거나, 세상을 놀라게 하거나, 천하의 대세가 바뀌는 일들이 벌어졌다. 비교적 최근에는 주원장[23]이 중원에서 몽고를 몰아내고 명나라를 건국할 때 기문의 대가 유백온이 책사로서 위력을 떨친 바가 있다. 중국의 황제들을 비롯한 위정자들은 이렇게 놀라운 기문을 과연 좋아했을까? 그들은 유능한 책사가 제 손안에 머물며 둔갑반의 위력을 떨칠 때는 당연히 쌍수를 들어 환영했지만, 일단 천하를 얻고 나면 생각이 확 달라졌다. 기득권을 손에 쥐게 된 순간부터 그들은 변화를 두려워했다. 그들은 영원히 그 자리를 누리고자 했고 혹 자신이 수명을 다하더라도 한번 수중에 넣은 그 기득권을 대대손손 자신의 후손들에게만 물려주기를 원했다. 따라서 당연히 제 눈으로 직접 확인한 둔갑반의 위력을 몹시 두려워했고, 천하를 손안에 쥐게 되면 가장 먼저 하는 일이 소문난 술수가들을 은밀히 손봐주는 일이었다. 생각이 바뀌는 시점을 정확히 포착해야 자신의 생명을 보존할 수 있었으므로 유능한 책사들은 눈치도 빨라야 했다. 난세가 되면 바람과 같이 나타났다가 때가 되면 어느 새 바람과 같이 사라지고, 다시 나타났는가 싶다가는 또 다시 사라지고, 이것이 기문의 운명이었다. 『사기』「유후세가(留侯世

---

22) 제갈량(181~234) 28세에 유비로부터 삼고초려의 례를 받고 유비의 전략가로 활동하였다.
23) 주원장(1328~1398) 몽고를 몰아내고 명나라를 건국하였다.

家)」에 실려 있는 에피소드이다.

　중국 전국시대 한나라 재상 가문의 후손이었던 장량[24]이 조국을 멸망시킨 원수를 갚기 위해 진시황을 박랑사에서 척살하려다 실패하였다. 그리고 장량은 진시황의 수배령을 피해 하비현으로 도망쳤다. 어느 날 그는 시간을 내 하비현에 있는 이교泥橋[25] 위를 산책하고 있었는데, 초라한 삼베옷을 입은 한 노인[26]과 마주쳤다. 노인은 장량의 곁을 지나가다가 일부러 자기 신발을 벗어 다리 아래로 떨어뜨리고는 장량에게 말했다.

"젊은이, 신발 좀 주워 주게."

장량은 너무 어처구니가 없어서 무시하려다가 노인의 백발을 보고는 억지로 화를 참으며 다리 아래로 내려가 신발을 주워 왔다. 그러자 노인은 발끝을 들면서 말했다.

"신겨 주게."

장량은 이왕 주워 왔으니 끝까지 도와주자고 생각하고 화를 참으며 무릎을 꿇고 신발을 신겨 주었다. 그런데 그 노인은 신발을 다시 벗어 다리 아래로 떨어뜨리고 신겨 주기를 여러 번 더 시켰고 장량은 여러 번을 똑같이 시키는 대로 했다. 그리고 마지막으로 장량이 노인의 신발을 신겨 주자 허허 웃으며 자리를 옮겼다. 얼마쯤 가던 노인이 넋을 잃고 바라보는 장량에게로 다가와서는 말했다.

"너 이놈 참으로 가르칠 만 하구나. 닷새 뒤 새벽에 여기서 다시 만나세."

기이하게 여긴 장량은

"그러겠습니다."

하고 대답하자 노인은 사라졌다. 장량은 더 자세히 묻고 싶었지만 노인은 이미 멀리 가 버리고 없었다. 닷새째 되는 날 새벽, 장량이 서둘러 다리에 도착했지만 벌써 와서 기다리고 있던 노인이 화를 내며 꾸짖었다.

---

24) 장량(張亮, ?~기원전 186), 자는 자방(子房), 시호는 문성(文成)
25) 진흙으로 만든 다리
26) 그 노인은 황석공(黃石公)이라고 전해진다.

"노인과 약속을 하고서 늦게 나오다니, 이게 무슨 짓이냐?"고 하며 뒤돌아 몇 걸음 가다가 돌아보며 말했다.

"닷새 뒤 새벽에 다시 만나세."

닷새 뒤 날이 밝아 닭이 막 울 무렵, 장량은 급히 다리로 뛰어갔지만 벌써 와 있던 노인이 날카롭게 꾸짖었다.

"또 늦게 오다니, 어찌 된 거냐?"

"닷새 뒤 새벽에 다시 만나세."

금방 닷새가 지나갔고 장량은 한밤중에 어둠을 더듬으며 다리에 노인보다 먼저 도착했다. 한참 뒤 도착한 노인은 몹시 기분이 좋은 듯 말했다.

"암, 그래야지."

그러고는 품속에서 책27) 한 권을 꺼내서 건네주며 말했다.

"이 책을 읽어 통달하면 제왕의 스승이 될 수도 있다네. 10년이 지나면 자네는 큰 공을 세우게 될 걸세. 13년 뒤에 제수濟水 북쪽에서 나를 만날 수 있을 것인데, 곡성산穀城山 아래 누런 돌덩이黃石 하나를 발견하거든 바로 나인 줄 알게나."

말을 마친 노인은 아득히 사라져 버렸다. 동틀 무렵 책을 펴 보니, 놀랍게도 그것은 이미 세상에서 자취를 감추었다던『태공병법太公兵法』진본이었다. 장량은 밤낮으로 그 책을 궁리하고 익힌 끝에 병법의 묘리를 깨달아 전략에 능통한 군사 전문가가 되었으며, 한고조 유방을 도와 한나라를 일으키는 데 크게 기여했다.

한나라 유방이 마침내 버거운 경쟁자였던 초나라 항우를 가까스로 물리치고 천하를 평정할 수 있었다. 그리고 그의 곁에서 으뜸가는 공을 세웠던 장량이 제일 먼저 한 일은 무엇이었을까? 도망이었다. 남들은 축제 분위기에 빠져, 어떤 부귀영화를 누리게 될 지를 머릿속에 그리고 있을 무렵에 장량은 누군가에게 쫓기는 사람처럼 허둥지둥 사라지는 길을 택했다. 장량은 유방에게 도를 닦아 신선이 되고 싶다는 핑계를

---

27) 한나라의 창업공신인 장량이 황석공으로 부터 받은 비서(秘書)는 강태공의 병법이 비전(秘傳)된 것으로 전해지며, 이 비서를『태공병법』이라고 한다.

대고는 바람과 같이 사라졌고, 그리하여 훗날 한신과 같은 토사구팽의 능욕을 면할 수 있었다. 그런데 기문이란 것이 중국에서만 비전되었던 것일까? 역사를 가지고 얼마나 장난질들을 많이 해놓았는지 오도되고 뒤틀려 버려서 이제 고대의 일은 그 무엇 하나 확실한 것이 없게 되었지만, 한국에서도 분명히 기문이 대를 잇거나 사제 간의 은밀한 전수를 통해 대대로 전승되어 오고 있었던 것만은 분명하다. 게다가 더욱 놀라운 점은 한국의 기문은 중국의 것과 약간 다른 점이 있다는 사실이다. 한국에선 중국에는 없는 홍국수라는 것이 운용된다. 스마트폰으로 비유하자면 중국제보다 기능이 하나 더 추가되어있는 셈이다. 이는 한국에서 독자적으로 홍국수 운용법이 후대에 자생했거나, 아니면 기문둔갑의 다른 술법은 중국에 알려주면서도 유독 홍국수 운용법 만큼은 빼놓았던 것으로 보인다. 어느 쪽이 진실인지는 확인할 길이 없으나, 이른바 홍국수라는 것이 지금까지 오직 우리에게만 있어 왔다는 이 사실만큼은 불을 보듯 명확한 일이다.[28] 홍국수를 포국하는 방법은 먼저 아래와 같이 감명하고자 하는 이의 사주를 세우고, 각각의 천간지지 부호에 배당된 숫자들을 도표에서 찾아 대입하면 된다. 비록 홍국수가 지극히 단순해보이지만, 단순할수록 한층 더 강력해지는 법이다.

---

28) 화담이나 토정이 정리했다고 하는 홍연진결에 홍국수가 전해지고 있다. 아마도 누군가 화담이나 토정의 이름에 가탁한 것으로 보인다.

10천간	甲 갑	乙 을	丙 병	丁 정	戊 무	己 기	庚 경	辛 신	壬 임	癸 계
홍국수	1	2	3	4	5	6	7	8	9	10

12지지	子 자	丑 축	寅 인	卯 묘	辰 진	巳 사	午 오	未 미	申 신	酉 유	戌 술	亥 해
홍국수	1	2	3	4	5	6	7	8	9	10	11	12

이것이 역학에 있어서 중요한 근간의 하나란 것을 알게 되면 또 한 번 놀라지 않을 수 없게 된다. 이렇게 묘한 게 어찌하여 우리에게만 있었던 것일까? 이런 의문이 들지 않을 수 없게 될 것이다. 가령 아래에 예시된 명식에서 볼 때, 년간 병丙에 해당하는 숫자는 위의 도표에서 3이고, 년지 오午에 해당하는 숫자는 위의 도표에서 7이다.

時	日	月	年				
己	壬	壬	丙	6	9	9	3
酉	寅	辰	午	10	3	5	7

천간을 모두 더하면, 06 + 9 + 9 + 3 = 27 (9로 나누면 나머지 9, 이를 천반수라 함)
지지를 모두 더하면, 10 + 3 + 5 + 7 = 25 (9로 나누면 나머지 7, 이를 지반수라 함)

이런 식으로 숫자들을 찾아 모든 간지에 대입한다. 그 결과는 바로 사주 명식의 바로 옆에 표시된 바와 같다. 그리고 9로 나누어 천반수와 지반수를 구한다. 이렇게 간단한 방법으로 얻은 천반수와 지반수를 아래 도표에서 보이는 바와 같이 낙서의 중궁에다가 그대로 입궁시킨다. 그런 다음에는 중궁에 배치된 천반수와 지반수를 토대로 해서, 나머지 궁에도 천반수와 지반수를 배치하게 된다. 그리고 여기에도 어떤 정해진 엄연한 법도가 반드시 있기 마련이고, 그에 입각한 자세한 배정 순서는 다음과 같다.

1. 중궁 지반수는 먼저 1궁으로 출궁하고, 이후 낙서를 순행하면서 진일보한다.
2. 중궁 천반수는 먼저 9궁으로 출궁하고, 이후 낙서를 역행하면서 진일보한다.

홍국기문 천반수 포국				홍국기문 지반수 포국		

홍국기문 천반수 포국
중궁 천반수 9 → 9궁에 9+1=10

4	9 ①	2
5 1	**10** 6	7 9
3	5	7
6 10	**9** **7**	2 4
8	1	6
1 5	8 8	3 3

홍국기문 지반수 포국
중궁 지반수 7 → 1궁에 7+1=8

4	9	2
5 1	10 6	7 9
3	5	7
6 10	**9** **7**	2 4
8	1	6
1 5	8 **8** ①	3 3

　가령 중궁의 천반수가 제일 먼저 9궁으로 출궁하면서 천반수 10이 배정된다. 이후 낙서의 궁수를 역행해가면서 같은 방식으로 계속 진일보한다. 가령 9궁에 10을 넣는다. 그 다음으로 8궁에는 1을 넣는다. 이 경우 천반수 10 다음에 11을 넣어야 할 차례이지만, 11은 사용하지 않으므로 11 대신에 1을 사용한다는 점을 주의해야 한다. 그리고 그 다음 7궁에는 2를 넣는 식이다. 6궁에는 3을 넣는다. 5궁에는 4가 들어가지만 중궁에는 굳이 이를 기입하지 않고 은복수로 숨겨둔다. 4궁에는 3을 넣는다. 3궁에는 2를 넣는다. 2궁에는 1을 넣는다. 1궁에는 10을 넣는다.

낙서궁:　9리궁　8간궁　7태궁　6건궁　5중궁　4손궁　3진궁　2곤궁　1감궁
천반수:　10 → 1 → 2 → 3 → 4 → 5 → 6 → 7 → 8

이렇게 해서 천반수 포국이 모두 완료되었으면 다음에는 지반수를 포국해보기로 한다. 중궁의 지반수 7이 제일 먼저 1궁으로 출궁하면서 지반수 8이 배정된다. 이후 낙서의 궁수를 순행해가면서 같은 방식으로 계속 진일보하는데, 가령 1궁에 8을 넣는다. 그리고 2궁에는 9를 넣는다. 3궁에는 10을 넣는 식이다. 4궁에는 11을 넣어야 할 차례이지만, 11은 사용하지 않으므로 대신에 1을 넣는다. 그 다음 5궁에는 2가 들어가지만 이를 굳이 기입하지 않고 은복수로 숨겨둔다. 6궁에는 3을 넣는다. 7궁에는 4를 넣는다. 8궁에는 5를 넣는다. 9궁에는 6을 넣는다.

낙서궁: 1감궁   2곤궁   3진궁   4손궁   5중궁   6건궁   7태궁   8간궁   9리궁
지반수: 8 → 9 → 10 → 1 → 2 → 3 → 4 → 5 → 6

이렇게 천·지반수를 모두 넣어주면 이로써 홍국수 포국이 완료된다. 이후 이것을 어떻게 운용하는 지는 이 책의 범주를 넘어서는 것이므로 관련되는 전문서적을 참고하면 될 것이다.

홍국 기문 천반수 포국		
중궁 천반수 9 → 9궁에 **9+1=10**		
4 ⑥ **5** 1	9 ① **10** 6	2 ⑧ **7** 9
3 ⑦ **6** 10	5 ⑤ **9** 7	7 ③ **2** 4
8 ② **1** 5	1 ⑨ **8** 8	6 ④ **3** 3

홍국 기문 지반수 포국		
중궁 지반수 7 → 1궁에 **7+1=8**		
4 ④ 5 **1**	9 ⑨ 10 **6**	2 ② 7 **9**
3 ③ 6 **10**	5 ⑤ 9 **7**	7 ⑦ 2 **4**
8 ⑧ 1 **5**	1 ① 8 **8**	6 ⑥ 3 **3**

지금 천·지반수의 포국방법을 굳이 이렇게 상세히 설명하는 까닭이 무엇일까? 지금 기문에 대한 공부라도 시작해보자는 뜻일까? 결코 그런 것이 아니다. 정역을 이해할 수 있는 수리와 밀접한 관련이 있기 때문에 부득이하게 설명하고 있는 중이다. 오히려 엄청나게 귀찮은 일에 속하지만, 굉장히 중요한 부분이 있기 때문에 요령부득으로 그리하고 있을 뿐이니 이점 오해가 없었으면 한다. 아무튼 이제야 비로소 정역의 수리에 대한 이야기를 본격적으로 할 수 있게 되었다. 앞에서 건너뛸 수밖에 없었던 2·7이 씨줄과 날줄이란 구절을 이제 다시 떠올릴 필요가 있다. 당시엔 힌트가 부족한 상황이었지만, 지금은 필요로 했던 바로 그것이 드디어 우리 눈앞에 등장하였다.

十紀二經五綱七緯 10과 5는 기강이고, 2와 7은 경위이다.
將軍運籌水土平 장군이 운주하니 수토가 평정된다.

그 문장과 더불어 앞에서 장군운주 운운하던 문장을 서로 연결해보면, '장군이 2·7이라는 씨줄·날줄을 움직이니 수토가 평정된다.'는 말이 성립된다. 쉽게 말하자면 가령 지구를 놓고 볼 때 경·위도의 어느 한 기준점(현재 런던이 경·위도의 중심이다.)을 중심으로 경·위도를 일정한 간격으로 펼쳐나가다 보면 결국 지구상의 모든 위치에 대한 경위도 좌표가 확정된다. 바로 그 이치와 똑같은 것이다.

정역팔괘 지반수 배정 (1)

4 7 1	**9** 3 5	**2** 9 9
3 8 10	**5** 2 **7**	**7** 5 3
8 4 4	**1** ① 10 **8**	**6** 6 2

정역팔괘 지반수 배정 (2)

4 ④ 7 **1**	**9** 3 5	**2** ② 9 **9**
3 ③ 8 **10**	**5** **2** **7**	**7** 5 3
8 4 4	**1** ① 10 **8**	**6** 6 2

다른 것이 있다면 여기선 런던 대신 중궁의 2·7이 그 기준점이 된다는 것뿐이다. 중궁에다가 2·7을 넣어보자. 그리고 대장군이 되어 그것을 펼쳐보도록 한다. 아래에 있는 도표를 보면서 살펴보면 훨씬 이해가 쉬울 것이다. 중궁을 보면 천반수 2와 지반수 7이 있지만, 아무거나 먼저 해도 상관이 없으므로 편의상 이번에는 지반수를 먼저 포국해보기로 하자. 중궁 지반수 7이 가장 먼저 1궁으로 나오는 데, 그냥 나오는 게 아니라 숫자가 하나 더해져 7보다 1이 많은 8이 나온다. 그런 과정을 궁이 바뀔 때마다 반복한다. 가령 1궁에 8이 들어간 다음에 이어서 2궁에는 9가 기입된다. 3궁에는 10이 기입된다. 그리고 4궁에는 1이 기입된다. 여기서 11이 들어가는 것이 순서이지만, 11은 사용하지 않으므로 1이 들어간 것이다. 그리고 4궁에 이어서 다음 차례는 중궁인 5궁에 숫자가 들어가야 한다. 적어도 기문 포국에서는 그랬다. 하지만 지금 정역에서 포국할 때에는 중궁에는 아무 것도 넣지 않고, 다음 6궁의 차례로 건너뛰는 것이 핵심이면서 중요한 요령이 된다. 이것만 주의하면

된다. 이 정도 난이도라면 그리 어려운 것은 없다고 할 수 있을 것이다.

정역팔괘 지반수 배정 (3)			정역팔괘 지반수 배정 (4)		
4　④	9	2	4	9　⑧	2
7	3	9	7	3	9
1	5	9	1	**5**	9
3	5	7	3	5	7　⑥
8	**2**	5	8	**2**	5
10	**7**	3	10	**7**	**3**
8	1	6　⑤	8　⑦	1	6
4	10	6	4	10	6
4	8	**2**	**4**	8	2

　그리고 지금 이 대목에서 제2권 화담 선생께서 일가기문을 배정하는 과정 중에 중궁에만큼은 아무것도 배정하지 않고 건너뛰었던 그 일을 기억해낸 독자가 있다면 집중력 있는 독서에 대해 칭찬해주고 싶다. 바로 그와 똑같은 맥락에서 포국이 이루어진다고 이해하면 될 듯하다. 중궁에 은복수를 두어야 할 때와 두지 않아야 할 때를 구분하는 원칙 같은 그 무언가가 있었던 것 같다. 계속 진도를 나가보기로 한다. 6궁에는 2가 들어간다. 그리고 7궁에는 3이 들어간다. 그리고 8궁에는 4가 들어간다. 마지막으로 9궁에는 5가 들어간다. 이렇게 해서 9개의 궁에 지반수를 모두 하나씩 넣을 수 있었고 이로써 포국이 완료되었다. 그 다음 순서로써 천반수를 포국해보기로 한다. 천반수도 지반수와 마찬가지로 시작은 어디까지나 중궁에 있는 7을 기준으로 삼아야 한다. 그래야 이치에 합당할 것이다.

정역팔괘 천반수 배정 (1)		
4	9 ① **3**	2
7	5	9
1		9
3	5 **2**	7
8	7	5
10		3
8	1	6
4	10	6
4	8	2

정역팔괘 천반수 배정 (2)		
4	9	2
7	3	9
1	5	9
3	5 **2**	7 ③ **5**
8	7	3
10		
8 ② **4**	1	6 ④ **6**
4	10	2
	8	

천반수도 지반수와 마찬가지로 궁을 옮길 때마다 숫자가 하나씩 증가한다는 점을 기억해두자. 그러나 낙서의 궁을 옮겨가는 궁의 순서는 역순이다. 이를테면 지반수는 1궁 다음에 2궁이었다면, 천반수의 경우는 4궁 다음에 5궁이 되는 것이 아니라 4궁 다음에 3궁이 된다는 점이 다르다. 무엇보다도 가장 먼저 중궁의 천반수 2가 처음 9궁으로 나가야 한다. 이때 천반수 2가 그냥 나가는 게 아니라 3이라는 숫자가 나간다. 그 다음에는 역순으로 나간다고 했으니, 8궁에 숫자를 넣게 된다. 8궁에 4를 넣는다. 그리고 7궁에 5를 넣는다. 그리고 6궁에 6을 넣는다. 그 다음에 5궁 차례지만, 이번에도 중궁은 건너뛰고 4궁에다가 7을 넣는다. 마찬가지로 이것만 주의하면 된다.

정역팔괘 천반수 배정 (3)

4 ⑤	9	2
7	3	9
1	5	9
3	**5**	**7**
8	2	5
10	7	3
8	**1**	6 ④
4	10	6
4	8	2

정역팔괘 천반수 배정 (4)

4	9	2 ⑦
7	3	9
1	5	9
3 ⑥	**5**	**7**
8	2	5
10	7	3
8	1 ⑧	**6**
4	10	6
4	8	2

그 다음에는 이제 3궁으로 8이 들어가게 된다. 그리고 2궁으로 9가 들어간다. 마지막으로 1궁으로 10이 들어간다. 이렇게 해서 모두 아홉 개의 궁에다가 천반수 포국을 완료할 수 있게 되었다.

정역의 원본 수리

7	3	9
1	5	9
8	2	5
10	7	3
4	10	6
4	8	2

방금 포국을 끝낸 수리

7	3	9
1	5	9
8	2	5
10	7	3
4	10	6
4	8	2

그리고 이제 방금 배정을 마친 천·지반수가 모두 표기된 그림이 바로 위에서 오른쪽이다. 반면 왼쪽은 『정역』의 원문에 표기되어 있던 바로 그 정체불명의 숫자들이다. 이 두 가지를 서로 비교해보면 이제 느낌이 올 것이다. 그 정체불명의 숫자들의 기원이 바로 이것이다! 중궁에는 2·7이 들어있어 경위, 즉 씨줄과 날줄의 중심이 되어주고 있고, 10과 5는 각각 9궁과 1궁, 즉 남북의 정위를 차지하고 있으면서 지구의 남극과 북극처럼 지구 전체의 기강을 잘 잡아주고 있는 형상이다. 정역 본문에 나온 말이 틀린 데가 하나도 없는 것이다.

독서백편의자현, 다른 고서들은 수백 번이나 수천 번을 읽으면 간혹 문장의 뜻이 저절로 나타나는 일이 생기기도 하는가보다. 그런데 어찌된 일인지 정역은 그게 잘 안 된다. 고도로 암호화되어 있기 때문이다. 사실 암호란 표현도 그다지 정확한 표현은 아니다. 하지만 도무지 그 함의를 알아들을 수가 없으니 그보다 더 근접한 표현을 찾기도 어렵다. 아무튼 상황이 이러함에도 어떻게 겨우 조금 짐작하게 된 것을 가지고 크게 부풀리는 일이 비일비재하다. 더욱 가관인 것은 아예 정역의 수리가 잘못되었다고 주장하면서 제 맘대로 고쳐 쓰는 사태까지 벌어지고 있으며, 그것도 모자랐는지 이젠 정역 이후, 제4의 팔괘도를 논하는 지경에까지 이르고 있다. 심히 우려되는 상황이 아닐 수가 없다. 또 다른 한편에선 정역을 너무 읽어 전문을 통째로 외우게 되었고, 심지어는 거꾸로도 줄줄 외울 수 있게 되었다고도 한다. 와~우, 정말이지 경의를 표하고 싶어진다. 대단한 열의와 대단한 정성이 아닐 수 없다. 하지만 실마리를 궁리해보는 쪽이 조금더 효율적인 시간 사용법이 아니었을까? 가령 비유컨대 수박이란 것이 딱딱한 껍질을 깨고 속을 열어야 비로소 붉은 색 과육의 농익은 단맛을 맛볼 수 있는 것과 같이 정역도 껍질만 핥아가지고는 진정한 참맛을 느껴볼 수가 없다. 돌이켜보면, 유일한 길은 은밀히 감춰진 것이 무엇일까를 숙고해보는 데에 있었던 것이다. 그래야 미지의 문이 열리도록 설계되어 있었던 것이다. 지인께선 정역 속에다가 세인들이 잘 볼 수 없도록 비밀의 정원을 은밀히 비장해두셨고, 마침내 그 속으로 들어갈 수 있는 큰 관문 하나가 열리게 되었다. 알고 봤더니, 주렁주렁 매달려있던 숫자들이 사실은 중요한 무언가를 말해주고 있었던 것이다. 이제부터는 그 숫자들이 이끄는대로 모든 것을 내맡긴 채 한 걸음 한 걸음 조심스럽게 나아가 볼 필요가 있을 것 같다.

農夫洗鋤歲功成 농부가 호미를 씻으니 일세의 공덕이 이루어진다.

다음에 이어지는 문장은 이제 농부가 호미를 씻는다고 한다. 그래야 일세의 공덕이 이루어진다고도 한다. 여기서 뜬금없이 주역의 호미를 찾아 물로 씻어 오라고 한다면 누구든지 갑자기 어리둥절해질 수밖에 없을 것이다. 그러나 지금부터 실제로 그 일을 해야만 한다. 조금 어처구니없다고 느껴질 수도 있지만 실제로 호미를 찾아야 하고 그리고 심지어는 그것을 물로 씻기까지 해야 한다. 정확히 지금부터 우리가 해야 할 일이 무엇인가? 우리는 지금까지 정역팔괘 옆에 붙어있던 숫자들의 정체를 파악했다. 그리고 그 다음에 할 일은 정역팔괘배열 자체가 어떻게 성립된 것인지를 찾아보아야 할 차례이다. 그리고 그 과정에 필요한 중요한 도구, 즉 바로 호미라는 것을 찾아야 한다. 소위 상수학에서 말하는 호미는 두 말할 것도 없이 팔괘나 10간이나 혹은 12지지일 가능성이 높을 것이다. 아무튼 그것이 뭔지는 잘 몰라도 그것을 찾아

물로 씻어오면 그만이다. 그런데 문제는 농기구에도 여러 수십 가지가 있듯이 상수학에도 따지고 보면 여러 수십 종의 도구들이 있다는 것이다. 가령 팔괘만 놓고 보더라도 복희팔괘도가 있고 문왕팔괘도도 있다. 더 나아가 경방이나 위백양의 납갑도 있고, 자미두수나 기문에서 사용하는 팔괘 배열도 있다. 따라서 문제가 결코 쉽지만은 않은데, 일일이 하나씩 전부 다 거론할 수도 없고, 갈 길이 너무 멀고 먼 관계로 본론만 얘기하기로 한다.

	정역에서 말하는 호미, 천부팔괘							
1	2	3	4	5	6	7	8	9
☷	☳	☵	☶	☴	☲	☶	☱	☰

바로 위의 도표가 천부팔괘이다. 이것의 위력은 제2권 천부경을 탐구하면서 충분히 살펴보았던 바이다. 그런데 이제 정역을 풀어보면서 또 다시 이것을 사용하게 되었으니 이 어찌 기이한 인연이 아닐 수가 있겠는가! 이것의 연원이 어쩌고저쩌고 하는 것은 이 책의 범주를 넘어선다. 역易의 역사에서는 어느 것 하나 명징한 것이 없다는 것만 기억하면 된다. 수천 년 혹은 수만 년 동안이나 만년설이 내려 하얗게 눈으로 뒤덮인 남극 대륙을 떠올리면 좋을 듯하다. 그 밑에 뭐가 있는 지는 아무도 모른다. 과거 동아시아에서는 흔적도 없이 사라지는 것을 제일의 미덕으로 삼았던 빛나는 전통(?)이 있었다. 이러한 전통이 무려 수천 년 동안이나 면면이 이어져 왔다. 그러다보니 이 바닥에 있는 것들을 조금만 자세히 들여다보게 되면, 대체 누가 만들었고, 어떻게 성립되었

고, 어디에 쓰고, 어디에는 쓰지 않는 것인지, 또 어떤 의미를 갖는 것인지, 그 어느 것 하나 명징한 것이 없다는 것을 알게 된다. 암튼 지금 등장한 천부팔괘는 주역과 관련된 책이면 그리 어렵지 않게 찾아볼 수 있는 것들이다. 따라서 전혀 특이할 것도 없는 지극히 평범한 도구에 속한다. 그런데 이 천부팔괘를 그냥 사용하는 것이 아니라 물에 씻어야 한다고 하였다.

"팔괘를 물에 씻는다고?"

누군가가 굳이 이렇게 묻는다면 이것이 바로 정역 본문에 비장된 또 하나의 비밀이면서 또한 열쇠이기도 하다고 답변해야 할 것 같다. 호미라는 문구에다 비밀을 감추어 두었으니 비밀을 봉인해둔 자물쇠인 것이고, 호미를 인지한 순간 그 비밀의 문을 열 수 있게 되는 것이니 동시에 열쇠이기도 한 것이다. 『정역』은 그야말로 딱 아는 만큼만 보이도록 설계되어 있다. 『정역』의 전문을 줄줄이 암송할 수 있게 되었다 하더라도, 정작 호미를 찾아야 한다는 사실을 인지해내기는 결단코 쉽지 않은 일에 속한다. 딱 아는 만큼만 보이기 때문이다. 하물며 그 호미를 물에 씻는 일이야 더 말할 나위가 있겠는가? 아무튼 물로 씻어야 하는데, 여기서 물이란 상수학에서 1과 6이다. 다시 전지적 작가의 관점에 입각해서, 쭉 조사를 해보니 1과 6 중에서 호미를 씻기 위해 성현께선 1, 즉 하나[29]라는 상수를 사용한 것으로 확인되었다.

---

[29] 1은 오행으로 水이지만, 또한 1태극이기도 하다. 다른 수에 1을 더한다는 것은 1태극을 가미한다는 의미가 들어 있는 것으로 보인다. 다만 어떤 경우에 태극을 가미하고, 어떤 경우에 가미하지 않는지 이러한 구분의 경계는 사실 분명하지 않다. 또한 태극을 가미했을 때, 상수가 어떤 의미를 부여받게 되는지에 대해서도 분명하지 않다. 이에 대한 후속 연구가 필요한 부분이다.

농 부 세 서 세 공 성 農夫洗鋤歲功成								
1	2	3	4	5	6	7	8	9
☷	☳	☵	☶	☱	☲	☴	☰	☰
2	3	4	5	6	7	8	9	10

　조금 더 쉽게 말하자면 모든 수에 1을 더하는 방식이었다. 굳이 비유를 한다면, 마치 호미를 흐르는 물에 씻으면, 호미에 물이 묻어나는 것과 같다고 할 수 있겠다. 호미에 물이 묻으니, 호미와 물이 하나가 된 것이다. 이를 상수학에서는 1을 더하는 방식으로 표현하고 있는 것이다. 원래 팔괘에 배정되어 있던 각 숫자들에다가 1을 더한 결과가 바로 파란색으로 표시된 숫자들이다. 그리 어려운 것이 아니니 금방 이해했을 것으로 믿는다. 왜 그렇게 하는 거냐고? 단지 전해주고 있는 입장이다. 사실 좀 요상하게 생각되기는 한다. 이렇게 1이란 것을 더해서 문제를 해결하는 전혀 다른 신비한 이야기가 『탈무드』에 실려 있어, 그것을 잠시 감상해보기로 한다.

　　옛날에 한 사람이 이제 곧 죽음을 앞두고 되었다. 그는 마지막으로 세 아들을 불러 17마리의 낙타를 남겨주면서,
　　"장남이 낙타의 2분의 1, 둘째가 3분의 1, 그리고 막내가 9분의 1을 가져라. 단 낙타를 한 마리도 죽여서는 안 된다."
　　라고 유언을 남기고는 이내 눈을 감았다. 장례를 치른 아들들은 아버지의 유언대로 낙타를 나누려고 했다. 그런데 며칠 밤 며칠 낮을 꼬박 새면서 씨름을 해보았지만 도무지 낙타를 유언대로 나눌 수 있는 방법이 없었다. 공교롭게도 유산으로 남긴 낙타 17마리는 짝수가 아니라 홀수였으므로 죽이지 않고는 유언대로 나눌

수 있는 방법이 없었고, 설사 낙타 한 마리를 죽이더라도 유언대로 정확히 나눌 수도 없었다. 유언이 잘못된 것은 아닐까? 세 아들들은 할 수 없이 그 마을에서 가장 지혜가 많기로 소문난 랍비를 찾아가 도움을 청하기로 했다. 랍비는 삼형제의 말을 듣고는 조금 생각을 하더니, 이내 이렇게 말했다.

"내가 낙타 한 마리를 보내주지. 그러면 모두 18마리가 되네. 장남이 절반을 가지라고 했으니까 9마리를 갖게. 둘째는 3분의 1을 가지라고 했으니 6마리를 갖고, 막내는 9분의 1을 가지라고 했으니 2마리를 갖도록 하게. 그러면 세 사람이 가진 낙타가 모두 17마리가 되지? 그리고 마지막 남은 1마리는 원래 내 것이었으니, 내가 도로 찾아가겠네."

라고 말했다. 삼형제는 랍비의 놀라운 지혜에 입을 다물 수가 없었다고 한다.

이처럼 낙타 한 마리만 더 하면 쉽게 해결되는 문제였으나, 이 놀라운 해법을 생각해낸다는 것은 아무나 쉽게 할 수 있는 일이 아님이 분명하다. 왼쪽 뇌로만 생각하는 것이 아니라 오른쪽 뇌로도 생각할 줄 알아야만 이 문제를 푸는 것이 가능할 것 같다. 후천세상에서는 이 랍비와 같은 놀라운 지혜가 활짝 펼쳐지는 환상적인 세상이 되었으면 하는 바램을 가져본다. 아무튼 그렇다고 치고, 지금 정역에서 팔괘에다가 1을 더한 것처럼 다른 역리에서도 1을 더해 사용하는 또 다른 사례가 있을까? 놀랍게도 Yes, it is. 있다! 이런 식으로 1을 더하여 사용하는 대표적인 사례가 바로 그 유명한 토정비결이다. 토정비결을 쉽게 생각하는 경향이 있지만, 그 내용을 투철히 들여다보면 사실 쉽게만 생각할 수 있는 물건이 결코 아니다. 토정비결에서 사용된 수리를 살펴보면 한 가지 독특한 면이 감지된다. 가령 사주팔자의 네 기둥 중에서 생년·생월·생일만 사용되고 생시는 사용되지 않는다. 그리고 생년의 수리는 천간지지를 막론하고 생월의 수리에 더하기 1을 해서 사용한다는 점이 독특하다. 지금 정역의 본문대로 말하자면 말 그대로 물로 한 번 씻어서 쓰고 있는 것이다. 아마도 찾아보면 더 많은 유사사례들이 곳곳에 산재해있을지도 모른다. 앞으로 더 많은 연구가 필요한 부분이다.

정역팔괘 배정원리(1) 먼저 간괘를 8에다가 대입		
7 1 ☴	3 5 ☷	9 9 ☶
8 10 ☳	2 7 ☲	5 3 ☱
4 4 ☵	10 8 ☰	6 2 ☴

정역팔괘 배정원리(2) 다른 팔괘들도 같은 방식으로 대입		
7 1 ☴	3 5 ☷	9 9 ☶
8 10 ☳	2 7 ☲	5 3 ☱
4 4 ☵	10 8 ☰	6 2 ☴

아무튼 이렇게 물로 씻은 호미를 위의 그림과 같이 직접 대입해보는 것이다. 먼저 간괘(☶)를 보자. 앞 페이지 도표에서 간괘(☶)에는 2와 8이란 숫자 두 개가 배정되어 있는데, 여기서 8만을 취하고 2는 과감히 버리기로 한다. 그리고 간괘(☶)를 8이라고 쓰인 곳에다가 대입한다. 아주 간단하다. 똑같은 방법으로 이어 태괘(☱)는 3, 감괘(☵)는 4, 이괘(☲)는 5, 진괘(☳)는 6, 손괘(☴)는 7의 중궁, 곤괘(☷)는 9, 건괘(☰)는 10, 이렇게 배정하면 왼쪽의 그림이 된다. 그리고 이제 이쯤 되면 뭔가 느낌이 강하게 오게 될 것이다. 지금 이 순간 바로 여기서 아무런 느낌이 느껴지지 않는다면 지금 이 책을 집중해서 보고 있는 것이 아닐 것이고,

마땅히 찬바람이라도 쐬고 다시 살펴보아야 한다. 그러면 반드시 찌릿찌릿 하는 게 저절로 느껴지게 될 것이 틀림없다. 그런데 막상 이렇게 팔괘를 모두 대입해놓고 자세히 살펴보니, 뭔가 이상한 점들이 한두 가지가 보인다. 오른쪽 그림에서 가장 먼저 손괘(☴)가 엉뚱하게도 중궁에 들어가 있는 것이 보인다. 그리고 곤괘(☷)와 이괘(☲)는 서로 자리가 뒤바뀐 것처럼 보인다. 원래 중궁에다가 팔괘를 배정할 수는 없는 노릇이므로, 중궁의 손괘(☴)는 마땅히 비워있는 4궁으로 입궁해야 할 것이다. 여기서 데자뷰 현상, 즉 기시감이 들지 않는다면 이 또한 매우 이상한 일이라 할 것이다. 마땅히 문왕팔괘 때의 일이 저절로 떠올라야 정상이라 할 수 있다. 그때와 상황이 어쩌면 이렇게 똑같더란 말인가! 그렇게 하고나면 이제 아래의 (3)번 그림이 된다.

정역팔괘 배정원리(3)		
중궁에 있던 손괘가 4궁으로 출궁		
☴	☵	☷
☳		☱
☶	☲	☵

정역팔괘 배정원리(4)		
곤괘와 이괘가 자리를 바꿈		
☴	☷	☵
☳		☱
☶	☵	☲

그리고 이것으로 끝나는 것이 아니라, 아직 할 일이 한 가지 더 남아있다. 문왕팔괘를 만들던 과정을 다시 떠올려보자. 주 문왕이 성현에게

빚진 것이 한 가지 있는 것이다. 그것이 무엇일까? 한 번 더 꼬아줘야 하는 것이다. 이른바 구이착종이다. 낙서의 9궁과 2궁은 항상 서로 자리를 바꿔주어야 하는가보다. 이것이 바로 문왕팔괘와 정역팔괘에 일관되게 내재되어 있는 또 하나의 법칙인 것으로 보인다. 그 결과가 바로 위의 (4)번 그림이다. 그리고 마지막으로 숫자들을 모두 지우면, 아래에서 볼 수 있는 바와 같이 정역팔괘의 모습이 나타난다. 마치 수많은 사연이 담겨있는 연못가의 잔물결이 덧없는 시간과 함께 흔적도 없이 사라져버린 것 같이, 전혀 아무 일도 없었다는 듯이 시치미를 뚝 떼고 있는 모습이다.

복희팔괘			문왕팔괘			정역팔괘		
☵	☰	☱	☴	☶	☷	☰	☴	☱
☲		☳	☲		☱	☲		☶
☶	☷	☴	☷	☳	☰	☳	☵	☷

　　막상 이렇게 나란히 배치해놓고 보니 겉으로는 태연자약해보이지만, 하나같이 예사롭지 않은 출생의 비밀을 지니고 있다. 방금 소개한 정역팔괘의 출생이 그렇고, 약 3천 년 전에 성립된 문왕팔괘, 또 그 앞쪽 3천 년 전에 성립되었을 복희팔괘, 이들이 모두 기막힌 곡절을 저마다 지니고 있다. 어찌하여 이 세 가지 팔괘들이 모두 하필이면 극동지역에서 출현하고 있는 것일까? 풍부한 동식물이 생생하게 살아 숨 쉬는 저 생명의 대륙 아프리카도 아니고, 거대한 아마존 강물이 유유히 흐르면서

지구의 허파 역할을 해내는 남아메리카도 아니고, 선민사상으로 똘똘
뭉쳐 있으면서 동시에 성경의 역사를 고스란히 간직하고 있는 이스라엘
도 아니고, 유구한 역사와 더불어 신비한 피라미드를 수도 없이 보유한
이집트나 멕시코도 아니고, 수 천년동안이나 서구 세계를 지배했었던
그리스나 거대한 로마 제국도 아니고, 성자와 종교의 나라 인도도 아니
고, 세계의 지붕을 이고 있으면서 살아 있는 붓다의 나라라고 일컬어지는
티베트도 아니고, 근세기 수백 년간을 호령하고 있는 서구 유럽이나
미국도 아니고, 그 많은 나라들을 놔두고 어찌하여 유독 동쪽 끝인지
말이다. 정말 이상스럽고 정말 신비롭기가 그지없다. 그 이유는 잘
모르겠지만, 『역경』이 살아 숨 쉬고 있는 이 동아시아에는 숙명적인
무언가가 있는 게 틀림없는 것 같다. 새로운 역이 출현한다는 것은
어쩌면 자신의 진가를 알아주는 밝은 눈, 그것이 최우선적으로 전제되어
야 하는 것이고 그래서 극동지역이 선택되었던 게 아닐까?

畵工却筆雷風生 화공이 붓을 물리니, 우레와 바람이 일어난다.

이제 일이 끝났으니 붓을 물려야 한다. 성현께서 그림 잘 그리는
화공이 붓을 물리니 우레와 바람이 일어난다고 말한다. 여기서 화공은
바로 지인 자신을 말하는 것으로 보인다. 여기서 우레는 진괘(☳)를
말하고 바람은 손괘(☴)를 말한다. 8개의 괘상 중에서도 유독 움직임을
상징하는 괘상들이 바로 진괘와 손괘이다. 진괘는 스스로 움직이는
상象이다. 자동으로 움직인다는 말이다. 동력이 어디서 나서 움직이는
것일까? 아마도 진괘의 괘상 속에는 고성능 배터리라도 들어 있는
게 틀림없다. 아무튼 스스로 막 움직이려고 난리이다. 능동적으로 들썩

134 •

들썩, 이것이 바로 진괘가 표상하는 바이다. 손괘는 진괘와 정반대의 물상을 상징한다. 자기는 움직이려는 마음이 조금도 없는데도 불구하고 어쩔 수 없이 수동적으로 움직일 수밖에 없다. 잠시도 쉴 틈이 없이 이리로 끌려갔다가 저리로 끌려갔다가 이렇게 하염없이 이리저리 끌려 다니는 형상이 바로 손괘이다. 그래서 손괘를 가장 적절하게 표현할 수 있는 물상이 바로 바람이다. 바람이란 것은 스스로 움직이고 싶어서 움직이는 현상이 아니다. 나 저리로 가고 싶어! 그렇게 해서 가는 것이 아니란 말이다. 기압 차이에 의해 어쩔 수 없이 이리로 끌려가고 저리로 끌려가고 그렇게 하다가보니 결과적으로 바람이 발생하는 것뿐이다. 선현들은 바람의 이러한 특징을 정확하게 포착하고 있었던 것이다. 진괘와 손괘가 정반대를 표상하면서 이렇게 절묘하게 짝 지워져 있는 것과 똑같이 모든 팔괘들은 반드시 음양이 서로 한 짝을 이룬다.30) 화공각필뇌풍생, 화공이 붓을 물리니 제일 먼저 움직임을 상징하는 팔괘들이 움직인다는 말이다. 문왕팔괘의 배열에서 정역팔괘의 배열로

---

30) 태괘는 골짜기를 상징한다. 세상에서 가장 큰 골짜기는 바다이다. 그래서 바다도 바로 태괘로 표현된다. 골짜기하고 정반대되는 물상은 산이다. 그래서 산은 간괘로 표현된다. 산과 바다, 간괘와 태괘가 좋은 한 짝이 된다. 물은 감괘이고, 불은 이괘이다. 또한 달도 감괘이고, 태양은 이괘로 표현된다. 하늘은 건괘로 표상되고, 땅은 곤괘로 표상된다. 건괘의 의미는 끝없는 발산, 끝없는 분열과 확산을 상징한다. 우주 공간이 바로 건괘이다. 우주는 끝없이 팽창해나가고 있고, 지금도 끝없이 외연을 넓히고 있는 중이다. 그리고 그 뒤에 남는 것은 진공, 텅 빈 공간들이 끝없이 펼쳐진다. 이 모두가 건괘가 표상하는 바이다. 곤괘는 그 반대이다. 끝없는 수축, 빽빽하게 꽉 차 있는 물상, 바로 지구와 같은 행성들이 곤괘이다. 고밀도와 중력이 바로 곤괘이다. 이렇게 팔괘들은 각기 서로 반대되는 물상들끼리 대대관계를 이룬다. 하나씩 따로 보는 것이 아니라, 항상 한 짝의 관계로 물상들을 파악하는 것이 팔괘를 이해하는 첩경이 된다.

바뀌는 모습을 머릿속에 떠올려보면 좋을 것이다.

德符天皇不能名 덕이 천심과 황심에 부합하니, 딱히 뭐라 부를 수 없다.

그 덕이 천심과 황심에 부합한다고 한다. 여기서 천심이 무엇이고 황심은 무엇일까? 하늘의 마음과 황제의 마음일까? 아~ 정말 어려운 말이다. 도저히 현재의 상태로는 설명하기가 어려우니, 일단 다음 기회로 미루어 두기로 한다.

喜好一曲瑞鳳鳴 기뻐 한곡 부르니 상서로운 봉황이 울고,
瑞鳳鳴兮律呂聲 상서로운 봉황이 우니 율려의 소리이다.

중국을 비롯한 주변국들에서 아무리 떠들어대도 사실 봉황과 용은 배달민족이 전매특허를 보유하고 있는 상상의 동물들이다. 봉황은 지금도 대한민국 대통령을 상징하는 영물로 사용된다. 예로부터 장차 성인이 나타나거나 길한 일이 있을 때, 하늘이 봉황을 보내서 조짐을 미리 알려주었던 것이다. 그 봉황이 운다고 하는 것은 더할 나위 없는 길상이다. 앞으로 상서로운 일이 일어나게 됨을 알려주는 것이다. 상서로운 봉황이 우니 율려의 소리로다. 여기서 봉황이 튀어나오게 된 것은 대체 어떤 象에서 비롯된 것이고, 율려란 말이 튀어나오게 된 것은 또 어떤 象에서 비롯된 것일까? 지인의 시심이 동하여 그냥 막 튀어나오는 것들일까? 아~ 정말 어렵다. 이 또한 현재 상태로는 도저히 설명이 어려우니 나중을 기약하기로 한다.

4 금화2송

금화1송에서 정역팔괘를 풀어내는 핵심 실마리들이 숨겨져 있었다면, 그 뒤에 이어지는 금화2송에서는 정역팔괘가 성립되어야 하는 보다 근본적인 것들에 대한 보충 설명이 주를 이룬다. 기초를 튼튼히 하자는 의미가 그 속에 있는 것 같다. 그리고 선후천 교체라고 하는 엄청나게 중대한 소식에 대한 비결이 은 밀히 담겨있기도 하다. 가장 먼 저 정역팔괘가 성립된 근본 원 인이라 할 수 있는 금화교역의 이치가 하도와 낙서의 두 도상 에서 이미 교역의 상象으로 나 타나 있었던 것임을 밝히고 있 다. 하도와 낙서의 두 수상이 표현해주는 금화교역의 이치

가 마침내 정역팔괘에 이르러 금화문이란 형태로 완성되고, 그 금화문을 이루는 재료들 또한 바로 금화교역의 이치에 바탕을 두는 것임을 천명하고 있다. 지금부터 하나하나 자세히 들여다보기로 한다.

吾皇大道當天心 내 황극의 대도가 천심과 짝으로 마주하고
_{오 황 대 도 당 천 심}

여기서 황극은 당연히 숫자 5를 말한다. 그 5황극이 천심을 마주한다는 지금 이 대목은 천심의 정체를 알아볼 수 있는 결정적인 단서가 된다.

위의 그림에서 보노라면 5황극은 남쪽에 해당하는 낙서 9궁에 위치한다. 위에 있는 정역팔괘의 수상을 살피면 어렵지 않게 이해가 될 것이다. 따라서 우리는 천심이란 것이 낙서 9궁과 마주대하고 있는 바로 낙서 1궁에 있는 것임을 직감적으로 느낄 수 있다. 북쪽에 위치한 낙서 1궁에는 어떤 것이 들어있는 것일까?

德符天皇不能名 덕이 천심과 황심에 부합하니, 딱히 뭐라 부를 수 없다.

조금 전에 등장했던 이 구절, 천심과 황심. 그리고 정역팔괘의 수상. 그리고 지금 거론하고 있는 황극의 대도 운운. 이들을 놓고 기민하게 머리를 굴려보면, 소위 황심이란 것이 이른바 5황극을 말하는 것이고, 천심이란 것은 이른바 10무극을 말하는 것이라고 느낄 수 있게 된다. 바보가 아닌 이상⋯. 이 정도는 쉽게 눈치를 챌 수 있어야 정역을 해독할 수 있는 최소한의 자격이 부여된다. 매순간 퍼즐을 채워 가는데 주어지는 단서가 그리 많지가 않기 때문이다. 자, 이제는 말할 수 있게 되었다. 앞 페이지 팔괘 그림에서 건괘의 주변을 자세히 살펴보아야 한다. 건괘에 10이 배정되어 있고, 이것이 바로 천심이다. 소위 하늘의 마음이란 것은 10무극을 일컫는 용어이다. 그러니 무극대도가 그냥 대도가 아닌 것이다. 천심, 즉 하늘의 마음을 지니게 된 것을 일컬어 10무극대도라고 하는 것이다. 동시에 건괘의 반대편에 있는 곤괘에 배정된 5황극이 바로 황심이기도 하다.

氣東北而固守 기는 동과 북을 견고히 지키고
理西南而交通 리는 서와 남에서 서로 사귀어 통한다.

이 두 구절을 비교해보면 기氣와 리理가 대대를 이루고 있고, 동북과 서남이 대대를 이룬다. 또한 동북은 고수하고 서남은 교통한다고 하였으니, 내용 면에서도 고수와 교통이 서로 대대를 이룬다. 이는 하도와 낙서를 언급한 것이다. 하도를 보면, 북쪽에 1·6이 있고 동쪽에 3·8이 있다. 또한 낙서에도 북쪽에 1·6이 있고, 동쪽에 3·8이 있다. 반면에 남서의 상황은 다르다. 하도를 보면, 남쪽에 2·7이 있고 서쪽에 4·9가 있는데 반해서, 낙서에는 남쪽에 4·9가 있고 서쪽에 2·7이 있는 것이다. 바로 이 점을 지적해주고 있는 것이다. 서로 뒤바뀌어 있으니 교통인 것이고 교역인 것이다. 지극히 기초적인 상식[31]인데, 막상 이렇게 한자로 그럴싸하게 적어놓고 보니 뭔가가 좀 있어 보인다. 이것이 바로 한자가 지닌 독특한 매력이 아니겠는가!

경 금 구 이 기 영
庚金九而氣盈 경금 9는 기가 가득 차 있고

정 화 칠 이 수 허
丁火七而數虛 정화 7은 수가 비어 있다.

---

31) 제1권에서 살펴보았던 음양역불역이란 개념을 떠올려보아야 한다. 바로 그 개념을 지인께서는 이런 식으로 표현을 해놓은 것이다.

이 두 개의 문구를 보면 경과 정이 대대를 이루고 있고, 9와 7이 대대를 이루고 있다. 또한 기와 수가 대대를 이루고, 그 기가 차 있는 것과 그 수가 비어있는 것이 역시 대대를 이룬다. 표현된 것은 그렇지만 속 내용까지 들여다보면, 경庚과 정丁은 숫자로는 4와

2를 나타내고 있기도 하다. 숫자를 그렇게 배당할 수 있는 문헌적 근거는 바로 정역에 실려 있는 십간원도수란 그림이라고 할 수 있다. 십간원도수에서 보면 경금에 4가 배당되어 있고, 정화에 2가 배당되어 있다. 또한 마찬가지로 9와 7은 간지로는 신辛과 병丙을 나타내고 있기도 하다. 단 두 개의 문장으로 병정丙丁과 경신庚辛, 그리고 2·7화와 4·9금을 모두 표현하고 있는 셈이다. 따라서 매우 효과적으로 문자를 절약하였다고 볼 수 있다. 즉 9경금과 4신금은 모두 금이다. 금 오행은 (기가) 가득 차있다고 표현한 것이다. 또한 정화와 2의 병화는 모두 화이다. 화 오행은 (수가) 비워져 있다고 표현한 것이다. 이 두 문구는 금화3송에서 등장하게 될 금화문의 재료들을 미리 선보이고 있는 것이다. 금화3송에서 상세하게 다룰 것이다.

理金火之互位 금화가 서로 자리를 바꾸는 이치가
리 금 화 지 호 위

經天地之化權 천지의 화권을 경영한다.
경 천 지 지 화 권

하도와 낙서의 두 도상이 합작으로 만들어내는 금화교역의 이치가 결국 천지의 화권을 경영하게 된다고 밝히는 대목이 바로 이 부분이다.

정역팔괘에서 금화문이 대단히 중요한 위상을 차지하는데, 바로 그렇게 금화문을 형성하게 된 이유가 금화호위에 있는 것임을 알려주고 있다. 즉 하도와 낙서의 두 도상에서는 단지 조짐이 있었지만, 정역팔괘에서는 금화호위의 상이 명명백백하게 백일하에 현현되면서 금화문이라고 하는 하나의 결정체로 재탄생하게 되는 것이다. 금화문이 곧 천지의 화권을 경영하게 되는 셈이고, 이렇게 중요한 금화문에 대해선 금화3송에서 자세히 다루도록 한다. 그리고 화권이란 단어는 자미두수에서 사용하는 용어이다. 이 또한 필자가 제2권에서 굳이 자미두수에 대한 소개를 빼놓을 수가 없었던 연유이기도 하다. 화권이란 말 자체는 권한이나 권리, 권력을 의미한다고 생각하면 될 듯하다.

風雲動於數象 바람과 구름이 수와 상에서 움직이고,
歌樂章於武文 노래와 음악이 문과 무에서 빛난다.

여기서 바람은 손괘(☴), 구름은 감괘(☵)를 나타낸다. 그리고 문文은 리괘(☲)를 무武는 진괘(☳)를 나타낸다. 정역팔괘의 네 귀퉁이, 즉 사우방(四隅方)에 있는 팔괘들을 모두 호명한 것이다. 그럼 사정방에 있는 팔괘들은 어찌하여 호명하지 않고 있는 것일까? 의문일 것이다. 이런 의문이 들어야 정상이다. 그런데 이미 호명하였다.

"뭐라고? What? …? …?"

무슨 말일까? 대체 언제 호명했다는 말일까? 바로 앞에서 이미 금화호위를 언급하였고, 이 금화로 이루어진 금화문이 바로 사정방(四正方)이었던 것이다. 지금은 이해가 잘 안가겠지만 이제 곧 알게 될 것이다. 금화3송을 기약하기로 한다.

^{희 황 하 지 일 청}
喜黃河之一淸 황하가 한번 맑아짐이 기쁘고,

^{호 일 부 지 장 관}
好一夫之壯觀 일부의 장관이 좋도다.

여기서 황하가 한번 맑아짐이 기쁘다는 말은 성인이 나오니 기쁘다는 말과 같은 의미이다. 예로부터 성인이 세상에 나오면 누런 황하의 흙탕물이 3년 동안 맑아진다는 말이 있었다고 한다. 이는 흙탕물과 같이 혼탁한 이 세상이 한번 일신하여 청명하게 맑아지게 됨을 비유한 것이라 볼 수 있을 것이다. 우리는 이제 곧 성인이 이 세상에 오게 됨을 보게 될 것이다. 아니, 어쩌면 지인께서 곧 바로 그 성인일 수도 있다. 지인으로 인해 세상이 한번 일신하게 되는 셈이 아닌가! 그리고 '희황하지일청'이란 말에는 또한 재밌는 유머 감각이 드러나 있기도 하다. 우리말로 그냥 읽어보면 '희황하지, 일청'이란 말은 '휘황찬란하지 않냐? 일청아!'가 되는 것이다. 여기서 일청은 또한 권종하의 호이기도 하다. 그는 지인의 첫 번째 제자였다. 그리고는 '호일부지장관', '일부의 장관이 좋도다.'라고 읊고 있으니, 이는 '일청아, 너만 좋은 게 아니라, 나도 좋구나! 너무나 장관이다. 장관이야!'라고 말하는 것과 같다. 장관이란 말 앞에는 큰 대大자가 하나 빠져 있고, 따라서 그냥 장관이 아니라 '대장관이다. 대장관이야!'라고 읽어야 한다. 어째서 이렇게 말할 수 있는 것일까? 느낌? 아니다. 괘상의 이치가 그렇다는 것이다. 장관이란 말은 그냥 나온 게 아니다. 뇌천대장(䷡)과 풍지관(䷓)을 줄인 말이다. 나중에 다시 나온다.

142

풍 삼 산 이 일 학
風三山而一鶴 삼산의 한 마리 학이 일으키는 바람
화 삼 벽 이 일 관
化三碧而一觀 삼벽의 일관이 일으키는 변화

   삼산三山과 삼벽三碧이 대대를 이루고, 일학과 일관이 대대를 이루고
있다. 또한 일학이 일으키는 바람과 일관이 일으키는 교화가 대대를
이루기도 한다. 여기서 삼산이라 함은 직역을 하자면 3개의 산 또는
3이란 이름을 가진 산이다. 또 삼벽이라 함은 세 개의 푸른 옥돌 혹은
3이란 이름을 가진 푸른 옥돌을 말한다. 약간 애매한데 좀 더 콕 집어서
말하자면, 삼산[32]의 한 마리 학이 일으키는 바람이란 바로 정역팔괘의
간괘(☶)를 말하는 것이다. 간괘가 자리를 움직이니 엄청난 바람이
일어나는 것이다. 그리고 삼벽은 태괘(☱)를 말한다. 아래의 그림을
보면 어찌하여 간괘(☶)에다가 3이란 숫자를 붙였고, 또 어찌하여 또
태괘(☱)에다가도 3이란 숫자를 붙였는지가 명확해진다. 문왕팔괘에서
3궁에는 본래 진괘(☳)가 들어있지만, 장차 정역팔괘에서는 그 자리에
간괘(☶)가 오도록 예정되어 있다. 그러므로 이를 일컬어 삼산이라
한 것이다. 그리고 정역팔괘의 배열이 이루어질 때, 태괘자리에는 숫자
3이 배정되는 것이다. 그러므로 삼벽이라 한 것이다.

---

32) 예로부터 중국에서는 발해만 동쪽에 있다는 봉래산(蓬萊山), 방장산(方丈山), 영주
   산(瀛洲山)을 가리켜 삼신산이라고 불렀다. 진시황과 한 무제가 불로초를 구하려고
   이 삼신산으로 수천의 동남동녀를 보냈다고도 한다. 한국에서는 봉래산이 금강산,
   방장산이 지리산, 영주산이 한라산이라고 보았다.

문왕팔괘		
4 ☴	9 ☲	2 ☷
3 ☳		7 ☱
8 ☶	1 ☵	6 ☰

정역팔괘		
1 ☴	5 ☶	9 ☲
8 ☳	2天 7地	3 ☱
4 ☵	10 ☷	6 ☰

    삼벽의 일관에서 관觀은 황새[33]를 뜻하는 관鸛과 동음이니, 곧 황새를 의미하기도 한다. 한 마리의 학과 한 마리의 황새가 풍화, 즉 바람도 일으키고 변화도 일으키는 것이다. 더욱 자세히 말하자면, 바람은 한 마리의 학이 일으키고, 교화 또는 변화는 황새가 일으키는 것이다. 여기에는 성현께서 비장해두신 비결이 숨겨져 있다. 어찌 보면 한 마리의 학이 바로 지인을 뜻하고, 변화를 일으키는 황새는 앞으로 황하를 한번 맑게 해줄 새로운 성인을 의미할 수도 있겠다. 어찌하여 이렇게 말할 수가 있는 것일까? 먼저 『주역』의 구성을 살펴보면 선천을 뜻하는 상경上經은 중천건괘(☰)로부터 시작하고, 후천을 뜻하는 하경下經은 택산함괘(☶)로부터 시작한다. 이것은 선천이 마무리되고 후천이 시작될 때는 바로 간괘와 태괘의 합덕에 의해 이루어지는 것임을 의미하는 것이다. 더군다나 지금 현재까지 거론된 정역팔괘의 수상을 살펴보면,

---

33) 운곡 김주성 선생이 저술한 『정역집주보해』에서 주장된 바이기도 하다.

아직 십일귀체의 수상에서 나타나는 적적백백의 상을 이루기 전의
모습이다. 후천이 아직 본-궤도에 올라서지 않은 모습이니, 이것이야말
로 후천의 여명기라는 결정적인 증거가 되는 것이다. 시점을 잘 살펴보아
야 한다. 지인을 상징하는 삼산의 간괘(☶)는 아직 문왕팔괘의 시대에
해당하여, 단지 3의 자리로 옮기기로 예정되어 있을 뿐, 아직 옮겨간
것이 아니다. 그리고 삼벽의 태괘(☱)는 정역팔괘를 배정한 초창기일
뿐이다. 아직 십일귀체의 수상이 완성되지 않은 상태이기 때문이다.
분명 시간대에 있어서 미묘한 차이가 있다. 지금 당장 잘 이해가 되지
않는다면, 이 책을 한번 일독한 후에 다시 이 구절을 들여다보면 그때는
분명하게 이해할 수 있게 될 것이다. 또한 간괘(☶)에는 그침(止)의
의미가 있고, 태괘(☱)에는 입(口)의 의미가 있다. 한 마리의 학이 『정역』
을 그려냈으나 그침을 선택한다. 그리고 훗날 우리 민족이 그토록 애타게
기다리고 기다리던 한 마리의 황새(미륵불)가 지인의 입이 되어 지인이
말하지 않은 진리의 말씀들을 들려주게 될 것이다. 또한 바로 이 부분에
대해 놀랍게도 2500년 전의 공자가 「설괘전」 제6장에서 다음과 같이
말해주고 있다.

故水火相逮 고로 물과 불이 서로 미치고 따르며,

雷風不相悖 우레와 바람이 서로 거스르지 아니하며,

山澤通氣然後 산택이 기(氣)를 통한 뒤에야

能變化旣成萬物也 능히 변화하여 만물을 이루는 것이다.

이를 통해 정역팔괘가 성립되기 시작하는 선·후천 전환기에 일어나
는 일의 진행 순서가 대략 어떠한 지를 짐작해볼 수 있다. 즉 물과

불이 서로 따르게 되고, 우레와 바람이 서로 거스르지 아니하게 되고, 산과 못이 서로 통기한 연후에야, 비로소 능히 변화가 일어나게 되고, 그래야만 비로소 만물을 이루게 된다! 공자의 「설괘전」제6장에선 변화라고 하였고, 지인은 금화2송에서 방금 두 본문의 맨 앞 글자만 따로 떼어서 볼 때 교화라고 하지 않고 풍화라고 표현한 셈이 되지만, 그 뜻은 매 한 가지이다. 그리고 그 결과는 바로 능히 변화하여 마침내 만물을 이루는 것이다. 쉽게 말하자면, 일이 되게 만든다는 말이다.

觀於此而大壯 뇌천대장에서 풍지관하니,

뇌천대장(䷡)은 진괘(☳)와 건괘(☰)가 합한 것이고, 풍지관(䷓)은 손괘(☴)와 곤괘(☷)가 합한 것이다. 따라서 앞에서 먼저 살펴본, '장관이다. 장관이야!' 라고 하는 감탄 어구語句도 결국 역리적으로 풀어볼 수 있게 되는 셈이다. 다시 말해 황하에 대한 언급 자체를 다음과 같이 풀어볼 수 있을 것이다. 황하는 강의 이름이니, 감괘(☵)이다. 문왕팔괘의 감괘는 감궁에 있다. 그리고 그 감괘의 자리는 원래 복희팔괘로는 곤괘(☷)가 있었던 자리이다. 곤괘 자리에 감괘가 들어선 셈이니, 이것이 바로 누런 황하이다. 누런 흙 위에 강이니, 당연히 누런 황하가 되는 것이다. 그리고 황하가 맑아진다고 함은 감괘의 자리에 금을 상징하는 건괘가 들어선 것이다. 금은 또한 맑음을 의미하기도 한다. 이것이 바로 흙탕물이 맑아지는 상象인 셈이다. '장관이야, 장관이야!' 라고 감탄한 것도 따지고 보면, 건괘와 그를 보필하는 진괘가 합쳐서 뇌천대장 괘를 이루고, 곤괘와 그를 보필하는 손괘가 합쳐서 풍지관괘를 이루는 것을 말한다고 볼 수 있다. 뇌천대장괘에서 장이 나오고, 풍지관괘에서

관이 나오니, 결국 장관이 되는 것이다. 여기서 장관도 그냥 장관이 아니라, 사실은 대장관이 되어야 더욱 올바른 표현이 된다고 할 수 있겠다.

禮三千而義一 예절은 삼천 가지나 뜻은 하나.

예절은 3천 가지에 달하나 그 뜻은 하나이다. 이것도 말 뜻 그 자체로만 보자면 어려운 말이 아니다. 흔히 예의범절이라 함은 나라마다 다르고, 지방마다 다르고, 문화마다 다르고, 종교마다 다르고, 집집마다 다르고 다 다르다. 하지만 그 뜻은 한 가지이다. 상대를 존중하는 것이다. 그것이 3천 가지에 달하는 예의범절의 의미이다. 또한 공자는 평소 인仁과 예禮를 특히 강조하였고, 그의 제자들이 3천명[34]에 이르렀다고 했으니, 따라서 공자를 염두에 두고 있었을 가능성이 크다. 즉 공자를 계승한다는 의미가 담겨 있기도 하다.

그러나 이렇게 비교적 단순해 보이는 이 문구에도 역리적으로 짚고 넘어가야 할 부분이 있는 것 같다. 예禮는 오행으로 화火이고, 의義는 금金이다. 오행의 작용으로 보아 화극금이 일어나는 것이니, 바로 선천과 후천의 교차점에서 벌어지는 일을 은밀히 드러내고 있다. 본래 하도를 살펴보면 화에서 토를 생하고, 토에서 금을 생하면서 오행의 상생이 일어나야 한다. 이것이 하도에 나타나있는 본체적인 특성이다. 하지만

---

34) 『십팔사략』에 공자의 제자에 대해 말하기를, 弟子三千人(제자삼천인) 身通六藝者 七十二人(신통육례자칠십이인), 즉 제자 3000인 중에 몸소 육례에 통하는 자가 72인이었다고 적혀있다.

이는 어디까지나 본체적 특성이 그
렇다는 것이고, 실제 벌어지는 현
상적 작용은 중궁의 토가 드러날
수 있는 것이 아니므로, 실제로 현
실에서 체감하는 바로는 반드시 화
극금이 일어나게 되는 것이다. 이
를 잘 이해해야 한다. 화극금이 일
어나는 근본적인 이유도 알고 보면

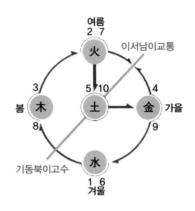

상생을 위한 것, 즉 열매가 보다 실하게 맺힐 수 있도록 하고자 함이다.
그야말로 죽이기 위한 무지막지한 상극이 아닌 것이다. 제대로 여물지
않을 열매들을 쳐주지 않으면 나무에 있는 모든 열매 전체를 전부
다 못 쓰게 되기 때문에 어쩔 수 없이 될 성 싶은 것들만 남겨놓고
나머지 것들은 쳐주어야 하는 것이다. 하도의 도상에서 볼 때 1·6에서
2·7까지는 선천이다. 그리고 2·7에서 1·6까지는 후천이다. 일 년으로
보자면 봄·여름은 선천이고, 가을·겨울은 후천이다. 따라서 선·후천
의 전환기에서 화극금의 작용이 필연적으로 일어나게 되는 것이라
말할 수 있다. 가령 동양은 목木이고, 서양은 금金이다. 선·후천 교체기
에 도달하게 되면 특히 호되게 두드려 맞는 쪽은 아무래도 동양보다는
서양이다. 따라서 누구에게는 종말이지만, 누구에게는 개벽이 되기도
하는 것이다. 하도의 그림이 그토록 단순하지만 우주의 섭리에는 한
치의 소홀함이란 것이 있을 수 없는지라, 실제로 벌어지는 현상 속에서는
피를 토하고 뼈를 저미게 되는 엄중함이 그 속에 있는 것이다. 우주의
섭리가 그러하다.

5 금화3송

  금화1송에 정역팔괘를 풀어내는 중요한 실마리들이 숨겨져 있었다면,
금화2송에는 정역팔괘가 성립되어야 하는 보다 근본적인 이유들에
대한 보충 설명이 주를 이루었고, 또한 선후천이 교체하는 것에 대한
중대한 비결이 담겨 있기도 했다. 그 뒤에 이어지는 금화3송에는 또
어떤 내용이 들어 있는 것일까? 점점
갈수록 재미가 더해진다. 곧 이어
금화3송에선 이제 마침내 후천으로
전환이 완료되어, 오래도록 온 인류
가 간절히 염원해왔던 그 유토피아
가 우리 곁으로 다가오는 것을 그려
낸다. 또한 정역팔괘를 구성하는 괘
상 하나하나가 자세히 설파된다. 제

3의 역인 정역팔괘를 구성하는 각각의 팔괘에 담겨있는 조화묘용의
극치가 유감없이 드러나는 동시에 지인의 경지에서 느껴지는 풍류의
감흥 또한 유감없이 표출된다. 우주를 바라보는 웅대한 스케일과 더불어
심오함의 극치를 보여주니 바로 여기가 금화송의 하이라이트라고 할
수 있을 것이다. 시작부터가 예사롭지가 않다.

北窓淸風 북쪽 창가의 맑은 바람
暢和淵明無絃琴 도연명[35]의 줄 없는 거문고에 화답한다.

상기의 두 문장을 직역해보자. 북창의 맑은 바람이 도연명의 무현금에 창화한다. 말이 좀 어렵다. 창화라는 말은 '화답한다. 장단을 맞춘다.' 정도로 의역이 가능하다. 북창청풍의 북창이란 말은 지인께서 처음 사용한 말은 아니고, 예로부터 도연명의 무현금과 북창을 연관 지은 글귀들이 더러 있었다. 하지만 여기서의 북창청풍은 정역팔괘도의 북쪽에 자리하고 있는 건괘(☰)를 염두에 두고 쓴 말이다. 건괘가 오행으로 금기金氣에 속하기 때문에 발음상 무현금의 금琴과 통하고, 금청金淸의 의미를 담고 있기도 하다. 지인께서 이제 제일 먼저 정역팔괘도의 건괘(☰)를 바라본 것이다. 그곳 북쪽 창가에 맑은 바람이 불어오니 이제 도연명의 무현금이 부럽지 않다. 도연명은 거문고에 줄이 필요 없었지만, 지인은 이제 무현금조차 필요치 않다. 북쪽 창가로 들어오는 맑은 바람, 북쪽의 창이 거문고가 되고 그 창으로 바람이 들어오면서 저절로 연주가 된다. 그것을 들을 수 있도록 지인이 귀를 열어놓고 마음을 열어놓고 있으니 단지 그것으로 충분하다. 다른 그 무엇도 더 이상 필요치 않다. 오묘한 자연이 빚어내는 천상의 소리를 들으며, 조용히 도연명의 무현금에 화답할 뿐이다.

---

35) 도연명(陶淵明) (365~427년) 중국 위진남북조시대에 살았던 동진의 시인이다. 자는 원량(元亮), 본명은 잠(潛), 자를 연명(淵明)이라고도 한다. 오류(五柳) 선생이라고 불리며, 시호는 정절(靖節)이다. 심양 사람. 동진 초기의 군벌의 대인물 도간(陶侃)의 증손이다. 하급 귀족의 가난한 가정에서 태어났고, 부친은 일찍 사망했다. 명리를 멀리하고 자연과 더불어 유유자적 무현금을 만지면서 명시들을 지었다고 한다. 도연명은 자신의 무현금을 두고, "거문고의 흥취만 알면 되었지, 어찌 줄 위의 소리가 필요하랴."라고 말했다고 한다.

150 •

東山第一三八峰次第登臨 동쪽 산 제일의 3·8봉에 다음 차례로 올라
가니
洞得吾孔夫子小魯意 공자께서 노나라를 작다고 하신 뜻을 알겠다.

동쪽에 있는 제일의 봉우리는 당연히 산 중의 산이라고 할 수 있는
간괘(☶)이다. 문왕팔괘에서는 낙서 8궁에 있던 간괘가 이제 정역팔괘에
서는 낙서 3궁으로 자리를 옮겼기에 삼팔봉이라고 부른 것이다. 『맹자』
의 성심장에 나오는 구절이다.

孟子曰 맹자가 이르기를
孔子登東山而小魯 공자가 동산에 올라 노나라가 작다고 여기셨고
登泰山而小天下 태산에 올라 천하를 작다고 여기셨다.
姑觀於海者難爲水 고로 넓은 바다를 본 자는 다른 것을 물로 보기 어렵고
遊於聖人之門者難爲言 성인의 문하에서 배운 자는 다른 말들이 말 같아 보이기
가 어렵다.

공자가 대도를 통하고 동산에 올라보니 자신의 도를 담기에 노나라라
고 하는 그릇이 너무 작고, 중국이라는 천하조차도 너무 작다고 느껴졌다
고 했다. 이제 지인이 후천 무극의 대도를 통하고 삼팔봉에 올라 보니,
과연 무극의 대도를 담기에 오히려 후천의 지구가 작다고 느껴지니,
공자의 말씀에 십분 공감이 되더라고 표현하고 있다. 무극 대도란 것의
정체가 어떤 것이기에 오히려 담을 그릇이 작다고 느껴지는지에 대해
추론해볼 수 있는 단서 될 만한 얘기들이 이어진다.

脫巾掛石壁 모자를 벗어 바위벽에 걸어놓고

이 구절은 후천으로 바뀌면서 발생되는 건괘의 변화를 언급하는 부분이다. 탈건에서의 건巾은 건乾과 동음이므로 당연히 건괘(☰)를 상징하고, 『주역』「설괘전」에서 건위수乾爲首라고 언급한 바 있으므로 건괘는 머리를 나타내기도 한다. 머리에 쓰고 있던 모자를 벗는다는 의미는 문왕팔괘에서는 6궁, 즉 건궁의 높은 자리에 앉아 정사를 주관하였던 건괘가 정역팔괘에서는 정사를 맡는 고위직에서 물러나 1궁, 즉 감궁의 쉬는 자리로 옮겨 퇴휴하는 것을 '탈건괘석벽'이라 한 것이다. 그렇다면 여기서 모자를 벗어놓는 바위벽에서 바위벽이란 대체 무엇일까? 공자가 『주역』「설괘전」에서 감괘(☵)에 대해 이르기를,

坎者水也 正北方之卦也 勞卦也 萬物之所歸也 故曰勞乎坎

이라고 하였다. 풀이하자면 감괘는 물이니 정북방의 괘이고, 수고를 위로하는 괘이니, 만물이 돌아가는 바이기 때문에 고로 노호감이라 한다는 뜻이다. 따라서 감궁, 즉 1궁이라는 자리는 만물이 활동을 멈추고 돌아가 잠자거나 쉬면서 수고를 위로하는 자리라는 것을 의미한다.

여기서 잠깐 짚고 넘어갈 것은 문왕팔괘 1궁에는 감괘가 있었기에 1궁을 당연히 감궁이라고 불렀지만, 정역팔괘가 나오면서 이제는 감궁이라 부르기에 무리가 생겼다. 이제부터는 1궁이라고 불러야 할 것 같다. 이름은 달라져도 의미는 존속되므로 1궁의 의미는 여전히 잠자고 쉬는 자리이다. 아이작 뉴턴이 말한 관성의 법칙이 작용하는 것이라고 이해하면 좋을듯하다. '탈건괘석벽'이란 문왕팔괘에서 6궁에 자리하던

문왕팔괘에서의 건괘 위치
건괘가 6궁 자리에 있다.

정역팔괘에서의 건괘 위치
건괘가 1궁, 진괘가 6궁으로 들어간다.

4 손궁	9 리궁	2 곤궁
☴	☲	☷
3 진궁	5 중궁	7 태궁
☳		☱
8 간궁	1 감궁	6 건궁
☶	☵	☰

4	9	2
☴	☲	☶
3	5	7
☳		☱
8	1	6
☶	☰	☷

건괘가 자신의 권위를 상징하는 모자를 새로이 6궁 자리를 이어받는
정역팔괘의 진괘에게 물려주고, 건괘 자신은 잠자고 쉬는 1궁의 자리로
퇴휴退休, 즉 은퇴하여 쉬게 됨을 설명해주고 있으므로, 위에서 말하는
소위 바위벽이라 함은 6궁의 자리를 의미한다. 그리고 그 자리를 새로
이어받는 것은 당연히 진괘(☳)가 된다. 따라서 위의 문장은 진괘(☳)에
게 자리를 물려주는 건괘(☰)를 언급하는 모양새다. 한편 이백36)의
하일산중(夏日山中)이라는 시에 나오는 '탈건괘석벽'이라는 시구가 금화
3송에 그대로 차용되고 있음도 참고할 만하다. 여기서 하일산중이란
'여름 날 산 속'이란 뜻이다.

---

36) 중국 당나라 시인 이백(李白; 701~762년). 자는 태백(太白), 호는 청련거사(靑蓮居
士). 촉나라 쓰촨 성 출생이다. 두보와 함께 중국 역사상 가장 위대한 시인으로
꼽힌다. 이 두 사람을 합쳐서 이두(李杜)라고 칭하고 이백을 시선(詩仙)이라 부른다.
현재 약 1100여 수의 시들이 남아 있다.

<ruby>嬾<rt>난</rt></ruby><ruby>搖<rt>요</rt></ruby><ruby>白<rt>백</rt></ruby><ruby>羽<rt>우</rt></ruby><ruby>扇<rt>선</rt></ruby> 백우선 부치기도 귀찮아서

<ruby>裸<rt>나</rt></ruby><ruby>祖<rt>단</rt></ruby><ruby>青<rt>청</rt></ruby><ruby>林<rt>림</rt></ruby><ruby>中<rt>중</rt></ruby> 발가벗고 푸른 숲 속으로 들어가네.

<ruby>脫<rt>탈</rt></ruby><ruby>巾<rt>건</rt></ruby><ruby>掛<rt>괘</rt></ruby><ruby>石<rt>석</rt></ruby><ruby>壁<rt>벽</rt></ruby> 망건 벗어 바위벽에 걸어두고

<ruby>露<rt>로</rt></ruby><ruby>頂<rt>정</rt></ruby><ruby>灑<rt>쇄</rt></ruby><ruby>松<rt>송</rt></ruby><ruby>風<rt>풍</rt></ruby> 드러난 이마는 솔바람으로 씻네.

천하의 이태백이 한 여름을 만나 몹시도 무더웠던 것 같다. 여기서 백우선이란 것은 새의 하얀 깃털로 만든 고급 부채를 말하는데, 그걸 부치기도 귀찮을 정도로 더웠다는 것이다. 마침 아무도 보는 사람도 없으니 체면치레나 가식 같은 것은 모두 벗어 던져버리고 순수한 상태로 돌아간다. 체면 같은 것은 울창한 숲이나 지키라고 하자. 망건은 그 옛날 선비에게 있어 필수적인 의례의 하나인데, 그것까지 벗어 바위에 걸어두고 이마를 훤히 드러내고 솔바람에 땀을 씻어내니 세상에 이보다 더 시원할 수가 있겠는가!

문왕팔괘에서의 곤괘 위치		
곤괘가 2궁 자리에 있다.		
4 손궁 ☴	9 리궁 ☲	2 곤궁 ☷
3 진궁 ☳	5 중궁	7 태궁 ☱
8 간궁 ☶	1 감궁 ☵	6 건궁 ☰

정역팔괘에서의 곤괘 위치		
곤괘가 9궁으로, 손괘가 4궁에		
4 ☴	9 ☷	2 ☶
3 ☲	5	7 ☱
8 ☳	1 ☵	6 ☰

남망청송가단학
南望靑松架短壑 남쪽을 바라보니 푸른 소나무 짧은 골짜기에 걸리고

여기서 남쪽은 낙서 아홉 개의 궁중에서 9궁의 자리를 의미한다.
그리고 짧은 계곡의 청송은 정역에서 곤괘(☷)를 보필하여 정사하는
손괘(☴)를 말한다. 『주역』 설괘전에 손위목(巽爲木)이라 하였으므로,
목은 나무이고 색깔은 푸른색에 해당하기 때문에 손괘를 푸른 소나무에
비유한 것이다. 짧은 골짜기는 곤괘(☷)의 형상이 가운데가 끊어진
음괘 세 개가 모인 것을 두고 비유적으로 묘사한 것이다. 마치 가운데가
모두 끊어진 곤괘의 형상이 골짜기를 연상시키는 것이다. 한편 '남망청송
가단학'이란 이 문구 또한 유명한 시인의 시구를 차용한 것인데, 이번에
는 당나라의 시성으로 일컬어지는 두보[37]의 '조추고열퇴안상잉(早秋苦
熱堆案相仍)'이란 시에 나오는 구절이다.

두보가 지은 시의 제목을 우리말로 의역해보면, '초가을 더위에 서류
뭉치마저 쌓이는데…,' 정도의 의미가 될 것이다. 이태백과 더불어 가히
쌍벽을 이룬다는 시성 두보의 시를 잠시 감상해보도록 하자.

칠월육일고염증
七月六日苦炎蒸 칠월 육일 날, 더위에 지쳐
대식잠찬환부능
對食暫餐還不能 음식을 보고도 잠시도 먹지 못하였다.
상수야래개시갈
常愁夜來皆是蝎 밤에도 모두가 전갈이라 항상 근심하는데

---

^{황 내 추 후 전 다 승}
況乃秋後轉多蠅 하물며 가을 뒤에 더욱 전갈이 많아짐에랴.

^{속 대 발 광 욕 대 규}
束帶發狂欲大叫 관복을 졸라매니 발광하여 크게 소리치고 싶은데

^{부 서 하 급 래 상 잉}
簿書何急來相仍 공문서는 어찌나 급하게 이어지는지 답답하다.

^{남 망 청 송 가 단 학}
南望靑松架短壑 남쪽으로 푸른 솔이 골짜기에 걸친 것 바라보니

^{안 득 적 각 답 층 빙}
安得赤脚踏層冰 어찌 해야 능히 맨발로 두꺼운 얼음을 밟아 볼까.

공무에 시달리는 하급 관원의 괴로움이 잘 표현되어 있다. 양력 8월경쯤의 늦더위마저 그를 도와주지 않는다. 거추장스러운 관복마저 미치고 환장할 정도로 그를 괴롭히지만 두꺼운 얼음을 맨 발로 밟아보는 상상을 하면서 간신히 참아낸다. 참 어렵게 산다. 그러한 와중에도 멋진 시 한편을 뚝딱 만들어내니 감탄스럽기 짝이 없다. 이 사람 정말 대단하다! 결과적으로 '남망청송가단학'은 진괘에게 자리를 물려주는 건괘의 상황과 대비하면서, 푸른 소나무라고 하는 손괘(☴)에 포인트를 주는 곤괘(☷)의 상황을 청송이 걸려있는 짧은 계곡으로 묘사한 모양새다. 이처럼 역대 최고의 두 시성으로 일컬어지는 이백과 두보의 시구를 멋지게 활용하면서, 정역팔괘의 남북 상황을 맛깔나게 정리하였다. 이백과 두보는 알았을까? 자신의 싯구들이 이렇게도 활용될 수 있다는 것을?

^{서 새 산 전 백 로 비}
西塞山前白鷺飛 막힌 산 앞 서쪽으로부터 백로가 날아든다.

다음에는 동서의 상황이 이어진다. 막힌 산 앞에 서쪽으로부터 백로가 날아든다고 하는 것은 백로로 상징된 태괘(☱)가 맞은 편 동쪽의 간괘(☶)를 향하여 날아드는 형상으로 표현한 것이다. 지금 관찰자는 동쪽에 있다. 간괘의 상이다. 결과적으로 관찰자와 백로는 소남과 소녀가 산택

통기하면서 택산함괘[38])를 이루어 화락하는 상이다. 청춘 남녀가 만나니 이보다 더 짜릿한 만남이 있을 수 있을까.『주역』택산함괘(䷜)의 효사들을 찾아보면 어떤 만남인지 잘 나와 있을 것이다. 드디어 금화2송에서 언급했던 풍화가 일어나고,『주역』「설괘전」제6장에서 언급한 변화가 일어나는 시점이 되었다.

山澤通氣然後 산택이 기氣를 통한 뒤에야
能變化旣成萬物也 능히 변화하여 만물을 이루는 것이다.

산택이 통기한 연후에야, 비로소 능히 변화하여 만물을 이루는 것이다. 이제 아주 오래 전부터 예정되었던 바, 바로 그것이 시작되는 것이다. 능변화(能變化)! 이제 능히 변화할 수 있다. 그 변화의 시발점이 바로 백로이다. 서쪽으로부터 동쪽을 향해 백로가 날기 시작하면서 변화가 시작되는 것이다. 여기서도 지인의 시심詩心이 발동하였다. 이번에는 당나라의 유명한 시인이었던 장지화[39])의 '어부가(漁夫歌)'이다.

西塞山前白鷺飛 막힌 산 앞 서쪽으로부터 백로가 날아들고,
桃花流水鱖魚肥 복숭아꽃 흐르는 물에선 쏘가리 살찌네.
靑箬笠綠簑衣 푸른 대 삿갓 쓰고 갈잎으로 만든 도롱이 입고

---

38) 택산함괘의 단전에 천지감이만물이 화생하고 성인이 감인심이천하화평하나니 관기소감이천지만물지정을 가견의리라 하였다.
39) 장지화(張志和730?~810?) 당나라 때의 시인이면서 화가. 자는 자동(子同), 호는 연파주자(煙波紵子). 절강성(浙江省) 금화(金華) 출신. 당나라 숙종(肅宗)때 과거에 급제하여 한림학사에 제수되었으나, 나중에 다른 사람의 일에 연루되어 좌천된 후 관직에 미련을 비리고 강호(江湖)를 떠돌며 지냄.

斜風細雨不須歸 빗겨 부는 바람 가는 비에 돌아갈 필요 없으리.
<small>사 풍 세 우 불 수 귀</small>

초록 빛깔의 산, 그리고 그것을 배경으로 날고 있는 하얀 백로가 어우러진다. 복숭아꽃이 바람에 흩날려 흐르는 물 위에 한가로이 떠다닌다. 그 물속에는 지금 쏘가리가 통통하게 살이 오르고 있을 것이다. 비껴 부는 바람에 가느다란 빗줄기가 흩뿌리니 굳이 집으로 애써 돌아갈 일은 없다. 가는 비를 핑계 삼아 쏘가리나 잡아서 요기나 하면 그 뿐이다.

풍화가 일어나고 변화가 일어난다고 했는데, 그 풍화와 변화라는 게 대체 무엇일까? 금화2송에서 말한 황새가 바로 지금 금화3송에서 날고 있는 백로이다. 황새가 백로로 변한 것이다. 황새로 그냥 있게 되면, '삼십육궁도시춘'은 우리에게 올 수가 없다. 그렇게 되면, 우리에게는 희망이 없어진다. 황새가 누런색이 상징하는 5황극의 에고를 완전히 씻어내고 백로가 상징하는 하얀 마음, 10무극대도가 되어야 한다. 여기서 잠시 7세기 백제에서 만든 것으로 추정되는 금동대향로 이야기를 해야 할 것 같다. 오랜 세월 진흙 속에서 잠자다가 1993년 12월 23일 부여군 능산리 절터의 목곽 수로 안에서 금동대향로가 발견되었으며, 지금은 국보 제287호로 지정되어있다. 전체 높이가 62.5cm이며 용 모양의 향로 받침, 연꽃이 새겨져 있는 향로의 몸체, 산악도가 솟아있는 향로 뚜껑, 뚜껑 위의

봉황 장식의 네 부분으로 이루어져 있다. 그런데 이 봉황이라는 것의 형체를 자세히 살펴보면, 흔히 장닭의 두 다리에서 보이는 소위 싸움발톱

혹은 며느리발톱이라고 부르는 형상이 발 뒤쪽으로 툭 튀어나온 모습이 너무도 뚜렷하다. 그리고 이 장닭은 입안에 무언가를 물고 있는데, 자세히 보면 바로 해이 다. 백제인들은 대체 왜 이런 형상을 만들었던 것일까? 이를 상수학 적으로 풀이를 해보건대, 이 형상은 바로 낙서의 7궁을 형상화해

놓은 것이다. 낙서의 7궁은 12지지에서 酉금에 해당하는 자리이고, 그 酉금이 바로 서쪽에 있는 닭이다. 게다가 그 장닭이 입에 물고 있는 해가 상징하는 바가 바로 7이다. 7이야 말로 丙화에 해당하고, 태양을 상징한다. 장닭이 해가 상징하는 바, 바로 여의주를 물고 있으니, 이는 보통 닭이 아니라 봉황이 되는 것이다. 따라서 이 장닭의 형상을 자연스럽게 장차 말세가 되면 서방정토에서 온다는 미래의 구세주인 미륵불로 연관지을 수 있게 된다. 지금 정역에서 말하는 백로가 바로 이것이다. 이 백로가 그냥 황새로 남아있게 되면, 그러면 진실로 암울한 종말, 그것만이 우리를 기다리고 있게 된다. 그리고 모처럼 어렵게 출현한 『정역』도 미완성의 설계도로만 남게 될 것이다. 황새가 백로로 변해야만, 장닭이 여의주를 상징하는 해를 입안에 물고 봉황으로 변해야만, 비로소 진정한 실체적인 금화문이 열릴 수 있게 되고, 비로소 능히

만물을 이루게 할 수 있다. 이제부터 그 풍화와 변화에 대해 탐구해보도록
한다.

선후천 도수 변화표									
1	2	3	4	5	6	7	8	9	10
5	6	7	8	9	10	1	2	3	4

　조금 갑작스럽지만 그래서 조금은 당황스럽겠지만, 다시 한 번 잠시
전지적 작가의 관점에 입각해서 말해야 할 시점이다. 단도직입적으로
말해서 선·후천의 도수가 변한다. 이렇게 도수가 변하게 되는 이치와
그 이유는 나중에 별도로 다룰 기회가 있을 것이다. 지금 선·후천
도수가 변하는 간단한 원칙은 선천의 5와 8이었던 숫자가 후천에는
각각 9와 2로 변한다는 것이 요점이다. 더불어 나머지 숫자들도 상기의
도표와 같이 자동적으로 변하게 된다. 그리고 선·후천 도수의 변화된
값을 정역팔괘의 수상에다가 대입한 결과가 바로 아래와 같은 그림이다.
아래쪽을 아주 세밀하게 살펴보아야 한다. 성현께서 정역 본문에 은밀히
비장해두고 펼쳐놓지 않았던 비밀의 수상數象이 바로 이것이기 때문이
다. 낙서의 1·9궁, 4·6궁, 3·7궁, 2·8궁, 즉 중궁을 사이에 두고 서로
마주보는 궁끼리 숫자들을 더해보라. 모두 11이 될 것이다! 천반수는
천반수끼리 더하고, 지반수는 지반수끼리 더해 보면 모두 11이 된다!

선·후천 도수 변화 전(前)		
7 1	3 5	9 9
8 10	2 7	5 3
4 4	10 8	6 2

도수 변화 후(後)- 십일귀체		
1 5	7 9	3 3
2 4	6 1	9 7
8 8	4 2	10 6

이것이 바로 혹 그런 것이 있을지도 모른다고 풍문으로만 떠돌아다니던 소위 십일귀체(十一歸體)의 수상, 바로 그것이다. '삼십육궁도시춘'이 되느냐, 안되느냐가 바로 여기에 달려 있으니 매우 중요한 부분이다. 따라서 이것을 잘 기억하고 있어야 한다. 다시 금화3송 본문으로 돌아가 보자. 지금까지 정역팔괘의 동서남북, 사정방의 상황을 읊었고, 그 다음에 이어지는 문장들은 사우방의 상황이다.

懶搖白羽扇俯瞰赤壁江 느릿느릿 흰 부채를 부치며 적벽강을 굽어보니,

백우선, 흰 부채는 바람을 상징하는 팔괘인 손괘(☴)를 말한 것이고, 흔든다고 하는 것은 움직임을 상징하는 팔괘인 진괘(☳)를 말한다. 강江이라는 함은 당연히 물을 상징하는 감괘(☵)를 의미하는데, 강의 이름이 적벽강이니, 이는 불을 상징하는 리괘(☲)를 염두에 두고 표현한 것이다. 리괘는 오행으로 화火이니 여기에서 붉을 적赤의 의미가 나온다.

따라서 정역팔괘의 사우방에 있는 네 개의 팔괘를 이 짧은 한 문장으로 모두 언급한 셈이 된다. 문장을 읽어보면 마치 제갈량이 조조와의 일전을 앞두고 적벽강을 바라보며 흰 부채를 부치고 있는 모습이 연상된다. 이렇게 간단히 사우방을 언급한 다음, 이제는 마무리 수순에 들어간다.

정역팔괘의 괘상(卦象)	십일귀체의 수상(數相)
사우방에 있는 팔괘들을 언급	사정방에서 적적백백의 수상

☴	☷	☲	1 5	7 9	3 3
☶		☳	2 4	6 1	9 7
☵	☱	☰	8 8	4 2	10 6

　강력한 것들이 마무리를 준비하고 있으니, 이제 드디어 말로만 들었던 그 금화문(金火門)이 열리는 바로 그 순간이다.

赤赤白白互互中 적적백백, 서로 서로 마주하는 한 가운데,

　적적백백, 굳이 순 우리말로 풀이하자면 '붉고, 붉고, 하얗고, 하얗고'라고 읊고 있다. 붉음은 오행으로 화火이고, 하얗다는 것은 오행으로 금金을 말하는데, 정역팔괘의 상에서는 아무리 뒤져보아도 적적백백의 상이 나오지 않는다. 하지만, 십일귀체의 수상으로는 사정방에서 적적백

162 •

백의 상이 분명히 드러난다. 2와 7이 바로 화이고, 4와 9가 바로 금인
것이다. 그리고 적백이 동서남북에서 서로 분명히 마주보고 있다. 그러
니 '적적백백'이라고 읊을 수밖에 없었던 것이다. 그리고 앞에서 진·손
괘를 합해서 흰 부채를 부친다고 하였고, 감·리괘를 합해서 적벽강이라
한 것도 따지고 보면 붉을 적과 흰 백을 다시 한 번 언급하는 것이니,
십일귀체의 수상에서 만들어지는 사정방의 '적적백백'과 더불어 정역팔
괘 사우방의 괘상에도 '적백'을 결부시켜 금화에 대한 강조를 극대화하고
있다.

中有學仙侶吹簫弄明月 그 중에 공부하는 신선의 벗이 있어 퉁소 불며
밝은 달을 희롱한다.

　또한 금화3송의 마지막은 낙서의 9개 궁 가운데에서 아직 유일하게
언급하지 않았던 중궁을 묘사하고 있다. 천하의 한 가운데 지점에 신선의
벗이 좌하고 앉아 퉁소를 불며 밝은 달을 희롱한다. 이쯤에서 지인께서
그 순간 떠올리셨을 소동파[40]의 적벽부를 감상하고 넘어가도록 한다.

40) 소식(蘇軾1037년~1101년) 중국 북송 시대의 시인이자 문장가, 학자, 정치가이다.
자(字)는 자첨(子瞻)이고 호는 동파거사(東坡居士). 흔히 소동파(蘇東坡)라고 부른
다. 현 쓰촨 성 미산(眉山)현에서 태어났다. 시(詩), 사(詞), 부(賦), 산문(散文)
등 모두에 능해 당송팔대가의 한 사람으로 손꼽혔다. 송시의 성격을 확립하는
데 중추적인 역할을 한 대시인이었을 뿐만 아니라 대문장가였고 중국문학사상
처음으로 호방사(豪放詞)를 개척한 호방파의 대표 사인(詞人)이었다. 그는 또
북송사대가로 손꼽히는 유명 서예가이기도 했고 문호주죽파(文湖州竹派)의 주요
구성원으로서 중국 문인화풍을 확립한 뛰어난 화가이기도 했다. 한 마디로 그는
타의 추종을 불허한 천재 예술가요 못 하는 것이 없었던 팔방미인으로서 그가
세상을 떠난 지 천 년이 다 돼 가는 지금까지도 유례를 찾아볼 수 없는 중국문예사상
가장 걸출한 인물이었다.

壬戌之秋 七月旣望 蘇子與客 泛舟遊於赤壁之下

임술 가을 7월 16일에 소자가 객과 배를 띄워 적벽 아래 노닐 새,

淸風徐來 水波不興

맑은 바람이 천천히 불어오고 물결도 일지 않더라.

擧酒屬客 誦明月之詩 歌窈窕之章

술을 들어 객에게 권하며 명월의 시를 외고 요조의 장을 노래하더니,

少焉, 月出於東山之上 徘徊於斗牛之間

이윽고 달이 동쪽 산 위에 솟아올라 북두성과 견우성 사이를 서성이더라.

白露橫江 水光接天

흰 이슬은 강에 비끼고, 물빛은 하늘에 이었더라.

縱一葦之所如 凌萬頃之茫然 浩浩乎

한 잎의 갈대 같은 배가 가는 대로 맡겨, 일만 이랑의 아득한 물결을 헤치니, 넓고도 넓구나,

如憑虛御風 而不知其所止   허공에 의지하여 바람을 탄듯하여 그칠 데를 알 수 없고,

飄飄乎 如遺世獨立 羽化而登仙 於是 飮酒樂甚 拘舷而歌之

가붓가붓 나부껴 인간 세상을 버리고 홀로 서서, 날개가 돋치어 신선으로 돼 오르는 것 같더라. 이에 술을 마시고 흥취가 도도해 뱃전을 두드리며 노래를 하니,

歌曰 桂棹兮蘭槳 擊空明兮泝流光 渺渺兮予懷 望美人兮天一方

노래에 이르기를 "계수나무 노와 목란 삿대로 물에 비친 달을 쳐서 흐르는 달빛을 거슬러 오르네. 아득한 내 생각이여, 아름다운 사람을 하늘가에 바라보도 다."

客有吹洞簫者 倚歌而和之 其聲嗚嗚然 如怨如慕 如泣如訴

객중에 퉁소를 부는 이 있어 노래를 따라 화답하니, 그 소리가 슬프고도 슬퍼 원망하는 듯 사모하는 듯, 우는 듯 하소연 하는 듯,

餘音嫋嫋 不絶如縷 舞幽壑之潛蛟 泣孤舟之嫠婦

여음이 가늘게 실같이 이어져 그윽한 골짜기의 물에 잠긴 교룡을 춤추게 하고

외로운 배를 의지해 살아가는 과부를 울릴레라.

蘇者 愀然正襟 危坐而問客曰 何爲其然也

소자가 근심스레 옷깃을 바루고 곧추앉아 손님에게 묻기를 "어찌 그러한가?" 하니,

客曰 月明星稀 烏鵲南飛 此非曹孟德之詩乎

객이 말하기를 '달은 밝고 별은 성긴데, 까막까치가 남쪽으로 날아간다.'는 것은 조맹덕의 시가 아닌가?

西望夏口 東望武昌 山川上繆 鬱乎蒼蒼 此非孟德之困於周郎者乎

서쪽으로 하구를 바라보고 동쪽으로 무창을 바라보니 산천이 서로 얽혀 빽빽하고 푸른데, 여기는 맹덕이 주랑에게 곤욕을 치른 데가 아니던가?

方其破荊州 下江陵 順流而東也 舳艫千里 旌旗蔽空

바야흐로 형주를 격파하고 강릉으로 내려감에, 흐름을 따라 동으로 가니, 배는 천 리에 이어지고 깃발은 하늘을 가렸어라.

釃酒臨江 橫槊賦詩 固一世之雄也 而今安在哉

술을 걸러서 강가에 가서 창을 비끼고 시를 읊으니 진실로 일세의 영웅일진데 지금은 어디에 있는가?

況吾與子 漁樵於江渚之上 侶魚蝦而友麋鹿

하물며 나는 그대와 강가에서 고기 잡고 나무 하며, 물고기와 새우를 짝하고 고라니와 사슴을 벗함에랴.

駕一葉之輕舟 擧匏樽而相屬 寄蜉蝣於天地 渺浮海之一粟

한 잎의 좁은 배를 타고서 술잔을 들어 서로 권하고, 하루살이 삶을 천지에 의지하니 아득히 넓은 바다에 떠있는 한 알의 좁쌀알이구나.

哀吾生之須臾 羨長江之無窮

우리 인생의 짧음을 슬퍼하고 장강의 끝없음을 부럽게 여기노라.

挾飛仙以遨遊 抱明月而長終 知不可乎驟得 託遺響於悲風

날아다니는 신선을 끼고 즐겁게 노닐며 밝은 달을 안고서 길이 마치는 것은 갑자기 얻지 못할 줄 알새, 끼치는 소리를 슬픈 바람에 부치노라.

蘇者曰 客亦知夫水與月乎

소자 말하되 '객께서도 대저 물과 달을 아는가?'

<small>서자여사 이미상왕야 영허자여피 이졸막소장야</small>
逝者如斯 而未嘗往也 盈虛者如彼 而卒莫消長也

가는 것은 이와 같되 일찍이 가지 않았으며, 차고 비는 것이 저와 같되 마침내 줄고 늚이 없으니

<small>개장자기변자이관지 즉천지증불능이일순</small>
蓋將自其變者而觀之 則天地曾不能以一瞬

무릇 변하는 것에서 보면 천지도 한 순간일 수밖에 없으며,

<small>자기불변자이관지 즉물여아개무진야 이우하선호</small>
自其不變者而觀之 則物與我皆無盡也 而又何羨乎

변하지 않는 것에서 보면 사물과 내가 모두 다함이 없으니 또 무엇을 부러워하리오

<small>차부천지지간 물각유주</small>
且夫天地之間 物各有主

또 대저 천지 사이의 사물에는 제각기 주인이 있어,

<small>구비오지소유 수일호이막취 유강상지청풍 여산간지명월</small>
苟非吾之所有 雖一毫而莫取 惟江上之清風 與山間之明月

진실로 나의 소유가 아니면 비록 한 터럭일지라도 가지지 말 것이나, 강 위의 맑은 바람과 산간의 밝은 달은,

<small>이득지이위성 목우지이성색 취지무금 용지불갈</small>
而得之而爲聲 目遇之而成色 取之無禁 用之不竭

귀로 들으면 소리가 되고 눈에 뜨이면 빛을 이루어서, 가져도 금할 이 없고 써도 다함이 없으니,

<small>시조물자지무진장야 이오여자지소공식</small>
是造物者之無盡藏也 而吾與子之所共食

이는 조물주의 다함이 없는 보물이니 나와 그대가 함께 누릴 바로다.

<small>객희이소 세잔갱작 효핵기진 배반낭자 상여침자호주중 부지동방지기백</small>
客喜而笑 洗盞更酌 肴核旣盡 杯盤狼藉 相與枕藉乎舟中 不知東方之旣白

객이 기뻐하며 웃고, 잔을 씻어 다시 술을 드니 안주가 다하고 잔과 쟁반이 어지럽더라. 배 안에서 서로 팔을 베고 누워 동녘 하늘이 밝아 오는 줄도 몰랐어라.

정역팔괘의 중궁은 바로 궐중의 中이고, 시중의 中이고, 호호지중의 中이고, 학선여가 노니는 中이다. 학선여는 유불선을 두루 통득한 지인·진인·붓다의 경지에 올라선 나그네를 일컫는 것이니, 지인과 진인이 노니는 곳이 바로 정역팔괘의 중궁이다. 금화3송이 처음 시작할 때는 소리가 없는 도연명의 무현금이었으나, 마무리는 소동파의 적벽부에서

객이 불렀던 청아한 퉁소이다. 또 음소화락한 명월은 다름 아닌 스승 연담이 내려주었던 영동천심월의 화두, 바로 그것이다. 정성스런 공부를 마치고 소리 없는 소리를 듣는 경지에 들었고 마침내는 범인들이 부는 것과 다름없이 퉁소를 분다는 것은 '산은 산이요, 물은 물'이라는 것이 범인의 경지라면 '산은 산이 아니요, 물은 물이 아니요.' 가 되는 수행자의 의식에 들었다가, 마침내 또다시 '산은 산이요, 물은 물이요.'로 완성되는 것을 의미한다. 바로 붓다의 경지이다.

6 금화4송

금화3송에서는 문왕팔괘를 대신하여 낙서 9궁에 새롭게 배열된 정역 팔괘의 진면목을 자세히 설명하였다. 그리고 이어지는 지금 금화4송에 서는 앞에서 미진했던 부분에 대한 보충 설명이 진행된다. 중요한 것이기 에 더욱 강조해서 보충 설명하는 것 같다. 또한 금화4송에는 정역팔괘가 배정되는 과정에 있어서 반드시 필요한 놀라운 힌트가 비장되어 있기도 하다. 그야말로 후학들을 위한 성현의 세심한 배려가 그 속에 숨어있는 것인데 그 힌트란 게 과연 무엇일까?

四九二七金火門 4, 9, 2, 7 금화문은

古人意思不到處 옛 사람의 생각이 미처 이르지 못한 곳.

我爲主人次第開 내가 주인이 되어 차례로 그 문을 열어보니,

一六三八左右分列 1, 6, 3, 8이 좌우로 갈라져 배열되니,

다음의 그림은 이미 앞에서 충분히 살펴본 바이지만, 다시 한 번 더 짚고 넘어가는 것은 굉장히 획기적으로 중요한 부분이기 때문일 것이다.

정역팔괘의 수상		
4, 9, 2, 7로 이루어진 금화문		
1 5	**7** **9**	3 3
2 **4**	6 1	**9** **7**
8 8	**4** **2**	10 6

정역팔괘의 수상		
좌우로 분열한 1, 6, 3, 8		
1 5	7 9	**3** 3
2 4	6 1	9 7
8 **8**	4 2	10 **6**

첫 문장 '4·9·2·7의 금화문'이란 부분에서 지인께선 금화문을 구성하는 재료가 대체 무엇인지를 분명히 밝혀주신다. 물의 구성 성분이 Hydrogen(수소) 원자 두개와 Oxygen(산소) 원자 하나가 결합하여 H_2O(물)이 되는 것과 같이 금화문의 구성 성분은 바로 4·9·2·7이라는 것이다. 위에 보이는 왼쪽 그림에서 사정방(四正房)에 배치된 숫자들이 모두 순수하게 4·9·2·7이고, 그 이외에는 별도의 다른 불순물들이 전혀

168 •

섞여있지 않으니, 이들이 바로 정역 속에 비장해두었던 금화문의 비밀, 바로 그것의 실체이다. 또한 이것을 혹시라도 의심하게 될까봐 의문의 여지를 완전히 지우기 위해 지인께서 준비해 두신 글귀가 바로 '1·6·3·8의 좌우분열'이라는 후속 문장이다. 오른쪽에 표시된 바와 같이 1·6·3·8이 명백하게 4·9·2·7의 좌우로 분열되어 있음을 볼 수 있으니, 더 이상의 의심은 이로써 완전히 설 자리가 없어진다.

古今天地一大壯觀 고금천지에 일대장관이요,
今古日月第一奇觀 고금일월에 제일로 기이한 경치로다.

　이어지는 고금천지일대장관, 금고일월제일기관의 두 문장은 지인이 정역팔괘에서 형성된 기이한 수상을 두고 어떠한 감회를 느끼는 지를 유감없이 느껴볼 수 있는 대목이다. 성현께서 막상 '사구이칠' 금화문을 열어 제치고 보니, 지난 세월 기라성 같은 성현기재들이 즐비했었는데 그들의 생각들이 어찌 여기에 미치지 못했는지를 감탄하고 계신다. 문왕이나 주공, 공자, 맹자와 같은 성인들은 물론이려니와 강태공, 기자, 진희이, 소강절, 정명도, 주희 등등 이루 셀 수도 없을 만큼 많았던 내로라하는 대가들, 그리고 명철하기 그지없었던 서화담이나 이토정 같은 대가들도 모두 4·9·2·7의 금화문은 생각조차도 못했던 바라는 것이다. 그러한 고인들이 모두 놓쳤던 바를 지금 성현께서 처음 열어 제치게 되는 그 기쁨이 이루 형언할 수조차 없을 정도로 감격적인 일이란 것을 어렴풋이 느낄 수 있을 것이다. 고금천지의 일대장관이요, 금고일월에 제일로 기이한 경치로다. 아무도 가보지 못했던 비경 중의 비경을 처음 접하게 되었을 때의 복잡한 심경을 고스란히 담고 있으니,

놀라움과 기쁨, 그리고 약간의 어리둥절함까지 함께 뒤섞이고, 가슴 속 깊은 곳으로부터는 주체할 수 없는 희열이 솟아오른다. 최상의 경지, 학문하는 자가 오를 수 있는 최상의 경지, 바로 그곳에 오르게 된 성현께선 지금 마음껏 비경의 아름다움을 감상하고 계신 것이다. 충만한 환희심, 이는 아무나 도달할 수 있는 곳이 아님이 분명하다. 그리고 곧이어 또 하나의 중요한 열쇠가 드디어 등장한다.

歌頌七月章一篇 7월장 한편을 노래로 칭송하고,

景慕周公聖德於好 주공의 성덕을 크게 사모하니,

夫子之不言是今日 공자께서 말씀하지 않으신 것이 바로 오늘이로구나.

7월장 한편을 노래로 칭송하고 주공의 성덕을 크게 사모한다. 공자께서 심중에만 두시고 말씀하시지 않았던 그것, 선천을 마감하고 이제 곧 새로이 후천을 맞이해야 하는 그 오늘이 바로 이것이로구나! 하지만 이 대목을 아무리 읽어보고 읽어봐도 더 이상은 다른 뭐가 나올 것이 없을 것 같다. 아무리 살펴보아도 평이해 보이고 별다른 것이 보이지 않을 것이다. 당연히 그럴 것이다. 여기 이야기 하나를 준비해보았다.

커다란 오토바이를 타고 하루도 빠짐없이 스웨덴과 덴마크 국경을 넘나드는 한 노인이 있었다. 오토바이에 실은 짐이라야 커다란 자갈포대밖에 없었지만 그 노인은 눈이 오나 비가 오나 국경을 넘나들었다. 여러 날 동안 그를 지켜보던 세관 하나가 마침내 의심의 눈꼬리를 치켜떴다. 그는 막 국경을 넘어 덴마크로 들어가려는 노인을 붙잡고 이것저것 캐묻기 시작했다.
"이봐요, 영감님. 뒤에 실은 포대는 뭐죠?"
"보면 몰라? 자갈이잖아!"

의심하기 시작한 세관원은 오토바이에서 포대를 끌어내려 샅샅이 살펴보았다. 바닥에 자갈을 쏟아보기도 했다. 하지만 노인의 말대로 오토바이에는 자갈뿐이었다. 세관은 몹시 이상했지만 하는 수 없이 다시 포대를 챙겨 통과시켜주었다. 노인은 그 이후로도 계속 자갈을 실어 날랐다. 노인이 틀림없이 밀수를 하고 있을 거라고 생각한 세관은 두 눈을 시뻘겋게 뜬 채 매일같이 불심 검문을 했지만 포대에서는 여전히 자갈밖에 나오지 않았다. 그럭저럭 1년가량이 지나갔고, 그 세관원은 더 이상 호기심을 참을 수가 없었다. 어느 날 그는 노인의 오토바이를 세우고 사정을 했다.

"할아버지! 뭔지는 몰라도 할아버진 지금 밀수를 하고 있어요, 그렇죠?"

"흥, 솔직히 털어놓으면 잡아가려고?"

"아녜요, 설사 밀수를 한다고 해도 눈감아드릴 테니까, 제발…."

"정말인가?"

"네! 각서를 쓰라면 쓰겠어요. 그러나…. 도대체 그 밀수하는 게 뭐죠?"

그러자 노인은 매우 한심하다는 눈초리로,

"이렇게 멍청하긴, 두 눈으로 빤히 쳐다보면서도 몰라? 뭐긴 뭐가 오토바이지!"

필자를 포함하여 세인들은 거의 모두가 지금 이 이야기에 등장하는 세관원과 크게 다르지 않을 것이다. 분명 멀쩡히 두 눈을 뜨고 있는 것 같은데 정작 제대로 보지는 못한다. 눈 뜬 장님과 그다지 다를 바 없다고 한숨을 쉬어도 소용없다. 우리가 살고 있는 우주란 게 본래 그렇게 생겨 먹은 것 같다. 상황이 이러니 그 많은 사람들이 120년이 넘도록 젊음을 다 바쳐 정열을 불태우며 정역을 파고들었음에도, 지금껏 속 시원하게 금화문을 열어 제치지 못하고 있었던 것이다. 우리가 본다는 것은 사실 눈으로 보는 것이 아니라 마음으로 보는 것이기 때문일 게다. 그래서 아는 만큼 보인다는 말이 나오는 것일 테고…. 두 가지 가능성이 있을 것 같다. 아는 사람은 볼 수 있다. 너무도 당연하다. 다른 하나는 이제 그것을 알 준비가 되어 있으면, 어떤 것이 계기가 되어 순간적인 번뜩임과 함께 갑자기 앎이란 것이 스스로 찾아오기도 한다. 이쯤에서 잠시 필자의 얘기를 해야 할 것 같다. 다니던 직장의 일 때문에 2004년부터 약 2년간 타이완에 있는 신주라는 도시로 장기출장을 가게 되었다. 당시 주말이면 꼼짝없이 숙소에 틀어박혀 역학의 수리들을 찾고 있었으니, 그 일이 당시 필자에게 있어 거의 유일한 취미이자 소일거리였다. 사주명리, 기문둔갑, 자미두수와 같은 제반 응용학들이 사실 강호 술사들의 호구지책이 되어 우리들 주변의 저작거리를 배회하고 있기는 하지만, 그것의 토대가 되는 수리들의 근본이치는 이미 수백 년 혹은 수천 년 전에 모두 망실되어 버렸고, 이제 와서는 제대로 원리까지 꿰뚫어보는 사람이 전 세계 70억 중에 단 한 명도 남아있질 않은 상황이다. 필자는 바로 그 부분이 궁금했던 것이다. 근본원리, 그것이 무엇일까? 1996년 무렵 우연히 재미로 보았던 토정비결의 대수롭지 않은 글귀 한토막이 1998년경에 그대로 적중하게 되면서 소름이 돋았던 일을 잊을 수가 없었다. 미래를 내다볼 수 있는 학문, 그런 것이 우리들 주위에 실제로 존재할 수 있다는 가능성에 필자는 열광할 수밖에 없었다. 하지만 그리 오래지 않아 급 실망 모드로 바뀌지 않을 수 없었으니, 이런저런 공식들은 굴러다니고 있었는데 내재된 원리는 하나도 구경할 수 없었다. 그냥 외워서 앵무새처럼 조잘대고 있을 뿐이란 것을 알게 되었을 때, 그에 대한 실망은 이만저만 한 게 아니었다. 그래서 하나의 대안으로 직접 수리 연구에 푹 빠져들게 되었는데, 때마침 먼 이국으로 출장까지 가게 되었으니 영락없는 홀몸 신세였고, 나름 역리 연구에 있어서는 최적의 시간이라고 할 수 있었다. 갑기甲己가 합해서 합이 되는 과정에 대한 연구부터 시작해서 나중에는 복희팔괘도가 어떻게 문왕팔괘도로 전환되는지를 연구하는 수준으로 올라서게 되었고, 그러다 보니 다시 문왕팔괘도가 어떻게 정역팔괘도로 전환되는지를 연구해보게 되었다. 이는 어쩌면 필자의 숙명이었을지도 모르겠다. 그렇게 한동안 한 걸음씩 나아가면서 근본원리에 대한 탐구에 푹 빠져 있다가, 결국 그 이듬해 아열대지방의 그 뜨겁던 여름날, 그 날도 태양이 대지를 하염없이 달구고 있었던 그날 마침내 정역팔괘도로의 전환 이치까지 수중에 넣을 수 있게 되었다. 공교롭게도 그날 에어콘은 하루 종일 고장이 나서 온 몸이 땀으로 범벅이 되어 있었지만, 더위조차도 느끼지 못할 정도로 깊이 몰두하고 있었고, 마침내 문제를 풀고 나선 한동안 홀로 감격에 푹 젖어 있었다. 하지만 너무 중대한 화두라고 생각되었기에 필자의 뇌리를 꽉 채우게 된 의문이 하나 생기게 됐으니, 이것이 정말 역易의 이치에 합당한 것인가라는 질문이었다. 다른 질문들은 연구하면 되는 것이었지만, 이 질문만큼은 어떻게 답을 찾아야 할지를 도무지 종잡을 수가 없었다. 그리고 다음날 오전, 다른 날들과 마찬가지로 여지없이 작열하는 태양이 주변의 대지를 우글우글 달구기 시작할 무렵, 평생 잊을 수 없을 정도로 소름이 돋아나는 경험을 하게 되었다. 머릿속에 온통 문제의 의문을 품은 채 하루의 일과를 시작하기 위해 출입인가의 차례를 기다리며 한 의자에 걸터앉아 막연히 주변을 응시하고 있던 필자의 눈에 갑자기 선명하게 들어오는 장면이 하나 있었다. 주변을 청소하던 청소부의 등짝에 너무도 큼지막하게 쓰여 있었던 두 글자가 눈에 확 들어오는 것이었다. 그것이 바로 "合易(합역)"이라는 글귀였다. 아마도 그 청소부는 합역合易이나, 혹은 합이合易라는 회사명을 가진 청소 용역 회사에 소속되어 있는 인부였을 것이다. 그것도

아니라면 '서로 힘을 합하면 쉽다.'라는 의미의 표어를 등에 달고 있었을
지도 모른다. 하지만 그 당시 필자의 뇌리 속에는 온통

  '역易의 이치에 합당한가?'

라는 의문만을 가득 품고 있던 상황이었으므로, 이것이야말로 '기미상
응', 바로 말로만 들어보았던 천지신명으로부터의 응답을 받게 된 셈이
니, 당연히 소스라치게 놀라지 않을 수 없었던 것이다. 천지가 내 마음에
감응을 해 온 것이 틀림없었다.

  '합역! 역易의 이치에 합당하다!'

분명 합당하다고 답을 받은 것이다. 그런데 이러한 특별한 체험 후에도
필자는 의문을 완전히 떨쳐내지 못하고, 정역을 쓴 지인으로부터 직접적
인 인가가 반드시 필요하다는 생각을 품게 되었다. 정역 본문에 반드시
어떤 것이 비장되어 있거나, 하다못해 꿈에서라도 나타나 인가해주어야
할 것 같다는 생각에 깊이 빠져들었다. 그렇게 한동안 인가의 문제를
하나의 화두로 삼아 정역을 샅샅이 뒤지고 뒤지던 어느 날, 정말 우연히
필자의 눈에 들어오게 된 문장이 하나 있었으니, 그것이 바로 이것이었다.

歌頌七月章一篇 7월장 한편을 노래로 칭송하고,

  이 부분을 천천히 읽어내려 가던 중에 필자는 경탄하며 무릎을 탁하고
칠 수밖에 없었다. 그리고 그 뒤로는 다시는 의문을 품지 않을 수 있게
되었다. 정말 거짓말같이 인가의 문제가 눈 녹듯이 사르르 해결이 되어버
린 것이다. 이로써 120년 후의 사람이 120년 전의 지인에게 시공을
초월하여 인가를 받은 셈이 되었다. 땡큐 소 머치 마스터~. 그리고
이렇게 정역을 해설하는 책을 집필까지 할 수 있게 되었다. 과연 이렇게

말하는 근거가 무엇일까? 그에 대한 자세한 설명만큼은 지금 여기에
따로 적어놓지 않을 생각이다. 지인으로부터의 인가를 혼자서 독차지하
기에는 다소 양심의 가책(?)마저 느껴지고 있어 세세손손 모든 독자들에
게도 그 기회를 열어주고 싶은 것이다. 독자들이 이제 스스로 세관원이
되어 밀수품이 무엇인지를 찾아보면 좋을 것 같다. 다만 그 이유란
것을 찾는데 있어서 쓸데없는 수고들을 하느라고 시간을 낭비하지
않을 수 있도록 가송칠월장이란 것이 대체 어떤 것인지에 대해서만큼은
자세히 정리해두기로 한다. 이 정도의 성의를 보이면 더 이상은 나무라지
않을 것이라 믿어 의심치 않는다. 그리고 지인으로부터 인가를 받게
되어도 혼자서만 알고 있기로 약속했으면 한다. 그리고 아는 사람끼리만
서로 통하는 것으로 만족했으면 좋겠다.

소위 '가송칠월장'이란 『시경』에 나오는 것인데, 여기서 『시경』이란
사서오경의 하나이다. 중국에서 가장 오래된 시가집으로써 모두 주나라
시대의 작품들이 들어있다. 공자가 문하의 제자들에게 주나라 시대의
문학을 가르치기 위해 편집한 것으로 회자되고 있으나, 실제 정말로
공자가 직접 편찬한 것인지 여부는 명확하지가 않다. 『시경』은 전한시대
에 「제시齊詩」·「노시魯詩」·「한시韓詩」·「모시毛詩」라는 4종류의 책이
나왔으나, 그 중에서 오늘날까지 남은 것은 「모시」뿐이다. 처음에는
시詩라고만 불리었으며, 오늘날 우리가 흔히 사용하는 '시'라는 말의
어원도 여기서 나왔다고 한다. 주나라 때에 편찬되었다고 해서 주시라고
도 한다. 당나라 때에 와서 5경의 하나에 포함되면서 비로소 『시경』이라
고 불리게 되었다. 311편의 고대 민요를 다음 도표와 같이 풍風·아雅·송
頌의 3부로 나누어서 편집하였다. 그중 6편은 제명題名만 있을 뿐 어구를

갖고 있지 않기 때문에 가사가 있는 것은 아래의 도표에서 보는 것과 같이 총 305편이다.

여기서 풍風이라는 것은 그 당시 각국의 여러 지역에서 수집된 160개의 민요를 모은 것이고, 아雅라는 것은 술자리에서 부르는 노래로써, 다시 소아와 대아로 구분된다. 소아 74편과 대아 31편은 조정에서 불렸던 것으로 알려져 있다. 그리고 송頌 40편은 왕조와 조상의 제사를 지낼 때의 노래로 여겨진다. 주나라는 제13대 평왕 때 기원전 770년에 도읍을 호경에서 하남성의 낙양으로 옮겼는데, 그때 일을 노래한 것도 있다. 주실동천(周室東遷) 이전, 즉 서주의 것으로는 제11대 선왕宣王[41]시대의 노래로 보이는 것도 있다. 그것이 『시경』 중의 옛 부분이다. 주 왕조

국풍(國風)		총160편	소아(小雅)			총74편
1	주남(周南)	1~11	01		녹명지습(鹿鳴之什)	161~170
2	소남(召南)	12~25	02		백화지습(白華之什)	170~175
3	패풍(邶風)	26~44	03		동궁지습(彤弓之什)	175~185
4	용풍(鄘風)	45~54	04		기부지습(祈父之什)	185~195
5	위풍(衛風)	55~64	05		소민지습(小旻之什)	195~205
6	왕풍(王風)	65~74	06		북산지습(北山之什)	205~215
7	정풍(鄭風)	75~95	07		상호지습(桑扈之什)	215~225
8	제풍(齊風)	96~106	08		도인사지습(都人士之什)	225~234
9	위풍(魏風)	107~113	대아(大雅)			총31편
10	당풍(唐風)	114~125	01		문왕지습(文王之什)	235~244
11	진풍(秦風)	126~135	02		생민지습(生民之什)	245~254
12	진풍(陳風)	136~145	03		탕지습(蕩之什)	255~265
13	회풍(檜風)	146~149	송(頌)			총40편
14	조풍(曹風)	150~153	01		주송(周頌)	266~296
15	빈풍(豳風)	154~160		a	청묘지습(清廟之什)	266~275
				b	신공지습(臣工之什)	276~285
				c	민요소자지습(閔予小子之什)	286~296
			02		노송(魯頌)	297~300
			03		상송(商頌)	301~305

41) 재위 기간 기원전 827년~기원전 782년

창업의 모습을 노래한 것도 있으나 그것들도 선왕 무렵에 만들어진 것으로 추정된다. 전설에 의하면 주 왕조 초기 문왕과 무왕시절의 노래도 있다고는 하지만, 곧이곧대로 믿지 않더라도 최소한 현존하는 중국의 가장 오래된 가요를 모은 것이란 사실만큼은 분명하다. 공자는 고대의 가요를 통해서 당시 정치와 사회의 모습을 엿볼 수 있게 하려고 했던 것으로 추측된다. 풍風에는 남녀 간의 사랑 노래, 노동과 관련된 일하는 노래, 유랑의 노래 등이 많다. 아雅나 송頌에는 천天의 사상에 근거하여 주 왕조를 찬양한 것도 있다. 하지만 하늘을 무조건 높이 숭상한 것만은 아니고, 천天은 재앙을 내리는 것이라 여기며 오히려 하늘을 원망하며 하늘의 권위가 붕괴하기를 바라는 노래도 많다. 한편 본문에 나오는'가송 칠월장한편'에서 말하는 노래 한편은 '국풍'에서 15번째에 해당하는 빈풍豳風 중의 154편이다. 그 내용은 이러하다.

七月流火九月授衣 칠월엔 대화성이 기울어 흐르고, 구월엔 추워져 추위 날 옷을 준비한다.

一之日觱發二之日栗烈 동짓달에 찬바람 불고, 섣달에는 매섭게 추워진다.

無衣無褐何以卒歲 옷과 털옷이 없으면, 어찌 한해를 넘길 수 있을까.

三之日于耜四之日舉趾 정월엔 쟁기 준비하고, 이월에는 밭을 간다.

同我婦子饁彼南畝 내 아내와 아이들이 함께 저 남쪽 밭으로 밥을 가져오면

田畯至喜 권농관이 기뻐한다.

七月流火九月授衣 칠월엔 대화성이 기울어 흐르고, 구월엔 추워지니 날 옷을 준비한다.

春日載陽有鳴倉庚 봄날 햇살 살려서, 꾀꼬리는 울어대고

女執懿筐遵彼微行 아가씨들 대광주리 가지고, 저 좁은 길 따라

爰求柔桑春日遲遲 연한 뽕잎 따러간다. 봄날은 길기도해라.

采蘩祁祁女心傷悲 다북쑥 수북하게 캐노라면 여인들 마음 울적하고 서글퍼

殆及公子同歸 간절히 공자에게 시집가고 싶어라.

七月流火八月萑葦 칠월이면 대화성이 기울어 흐르고, 팔월엔 갈대를 벤다.

蠶月條桑取彼斧斨 누에치는 달 뽕나무가지를 저 도끼를 가지고

以伐遠揚猗彼女桑 길게 뻗은 가리를 친다. 저 어린가지 훑는다.

七月鳴鵙八月載績 칠월엔 왜가리 울고, 팔월에는 길쌈을 하노라.

載玄載黃我朱孔陽 검정색 노란색 물들여 내 붉은 색 가장 고우니

爲公子裳 공자님 바지 만들어드린다.

四月秀葽五月鳴蜩 사월에 이삭 패고, 오월에 매미 운다.

八月其穫十月隕蘀 팔월에 곡식을 수확하고 시월엔 초목이 낙엽진다.

一之日于貉取彼狐貍 동짓달엔 담비를 사냥한다. 저 여우 삵 잡아서

爲公子裘 공자님 갓옷 만들어드린다.

二之日其同載纘武功 섣달에는 모두가 모인다. 병기를 들고 무공을 익혀

言私其豵獻豜于公 작은 짐승은 내가 가지고, 큰 짐승은 공자님께 바친다.

五月斯螽動股六月莎雞振羽 오월은 여치가 울고 유월에는 베짱이 울어댄다.

七月在野八月在宇 칠월에 귀뚜라미는 들에 있고 팔월에는 처마 아래에로
들다가

九月在戶十月 구월에는 문간에 있다가

蟋蟀入我牀下 시월에 귀뚜라미는 내 침상 아래로 든다.

穹窒熏鼠塞向墐戶 벽 구멍 막아 연기로 쥐 쫓고 북향 창 막고 문틈 바른다.

嗟我婦子 아, 내 아내와 자식들아

178

日爲改歲入此室處 날은 한해가 바뀌니 이 방에 들어와 편히 쉬어라.

六月食鬱及薁 유월에 아가위랑 머루랑 따먹고

七月亨葵及菽 칠월에는 아욱국에 콩 쪄 먹는다.

八月剝棗十月穫稻 팔월에는 대추 따고 시월에는 벼를 벤다.

爲此春酒以介眉壽 이렇게 하여 봄의 술을 담가서, 노인의 장수를 빈다.

七月食瓜八月斷壺 칠월은 오이를 따고 팔월에는 박을 딴다.

九月叔苴采荼薪樗 구월에는 삼씨를 줍고 씀바귀 캐고 가죽나무 땔감 베어

食我農夫 우리 농군들 먹인다.

九月築場圃 구월은 채마 밭에 타작마당 닦고

十月納禾稼 시월에는 곡식을 거두어들인다.

黍稷重穋禾麻菽麥 차기장, 메기장과 늦곡식, 올곡식, 벼, 삼씨, 콩, 보리를

嗟我農夫我稼旣同 아, 우리 농군들은 우리 추수를 이제 마쳤으니

上入執宮功 올라 마을로 들어가 집의 일을 한다.

晝爾于茅宵爾索綯 낮에는 띠 풀을 손질하고 밤에는 새끼를 꼰다.

亟其乘屋其始播百穀 지붕 잇는 일을 서둘러야 비로소 백곡을 파종한다.

二之日鑿冰沖沖 섣달은 얼음을 탕탕 깨고

三之日納于凌陰 정월에는 얼음 창고에 들여놓는다.

四之日其蚤獻羔祭韭 이월 달 아침에 염소와 부추 차려 제사 지낸다.

九月肅霜十月滌場 구월은 된서리 내리고 시월에는 타작마당 치운다.

朋酒斯饗曰殺羔羊 술 준비하여 잔치 열어 염소랑 양이랑 잡아서

躋彼公堂稱彼兕觥 저기 임금 계신 곳에 올라가 저 소뿔 잔을 들어 빈다.

萬壽無疆 임금님의 만수무강을,

7 금화5송

금화를 5번째 칭송하는 부분이고, 금화송의 마지막 부분이기도 하다. 여러 금화송 중에서도 내용이 가장 많은 부분이다.

鳴呼金火互易不易正易 아아, 금화호역은 바뀔 수 없는 바른 역이니

금화호역은 불역이면서 정역이라고 말해주고 있다. 여기서 금화호역이라 함은 금화문이 열린 십일귀체의 수상을 말한다. 또한 팔괘의 괘상으로는 정역팔괘도를 지칭한다. 불역이면서 정역이라 함은 이제 바뀌지 않는다는 역이면서 올바른 역이란 뜻이니, 정역 이후에 다른 역은 앞으로는 없다는 것을 알려준다. 이렇게 분명하게 역의 변화 이치를 알려주고 있는데도 불구하고 오늘날 경거망동이 버젓이 판을 치고 있다. 정역이 잘못된 것이라고 주장하며 정역을 고쳐서 쓰고 있지를 않나, 아예 그것도 모자랐는지 급기야는 정역 이후의 제4역을 논하는 자들까지 고개를 쳐들고 다니는 세상이다. 참으로 우리나라는 정말 대단한 나라가 아닌가! 문왕팔괘 이후에 감히 그 누구도 시도해보지 못한 일들이 오늘날에 이르러선 오히려 너무도 쉽사리 행해지고 있다. 우리나라에선 불과 120년 만에 정역을 비롯해 적어도 두 세 개의 새로운 역들이 등장하고 있으니, 대단히 감탄스러워 해야 할지, 대단히 개탄스러워 해야 할지, 천지분간이 어려운 실정이다. 복희씨도 울고 갈만한 대가들의 나라, 우리나라…. 참으로 대단한 나라이다.

晦朔弦望進退屈伸 회삭현망과 진퇴굴신,

여기서 회삭현망이라 함은 선천의 달을 말하는 것이고, 진퇴굴신이라 함은 후천의 달을 말한다. 선천의 달은 차고 지고를 반복하는 것이고, 후천의 달은 나아갔다가 물러나기를 반복하면서 그 크기가 작아졌다가 커졌다가를 반복한다는 것이다. 달의 변화 양상이 크게 달라지는 것으로 보인다.

律呂度數造化功用立 율려도수와 조화공용이 선다.

율려도수는 후천에는 무토가 주재한다. 조화공용은 기토가 주재한다. 5무토와 10기토가 제 자리에서 중심을 잡고 후천의 변화를 주재하니, 이로써 올바른 역, 정역이 이루어진다는 말씀이다.

聖人所不言 성인이 말씀하지 않으신 바를
豈一夫敢言時命 감히 일부가 말하는 것은 이제 때가 되었기 때문이다.

앞선 성인들조차 아무런 말씀을 하지 않았던 바를 이제 지인께서 입에 담으시는 까닭은 비로소 후천의 도래가 멀지 않았기 때문이다. 따라서 이를 가벼이 여겨서도 안 되고, 너무 중하게 여겨서도 안 되는 일일 것이다. 가벼이 여긴다 함은 지인의 말씀을 아예 덮어놓고 무시해버린다는 말이고, 너무 중하게 여긴다 함은 절망에 빠져 크게 자포자기해버림을 말한다.

"너희는 스스로 조심하라. 그렇지 않으면 방탕함과 술취함과 생활의 염려로
마음이 둔하여지고, 뜻밖에 그 날이 덫과 같이 너희에게 임하리라.
이 날은 땅위에 거하는 모든 사람에게 임하리라.
이러므로 너희는 장차 오게 될 이 모든 일을 능히 피하고
인자 앞에 서도록 항상 기도하며 깨어 있으라 하시니라."

인류 역사상 최고의 베스트셀러라고 일컬어지는 『성경』중에서도
「누가복음」 제21장 34~36절에 나오는 말이다. 아무런 생각 없이 혹은
별다른 생각 없이 하루하루를 살아갈 것이 아니라, 오히려 정신을 바짝
차리고 밝은 눈으로 세상 돌아가는 모든 정세를 능히 살피고, 다가올
일의 조짐을 능히 살피고, 징조를 능히 살펴야 할 때이다. 세상이 현재의
질서대로 영구히 지속될 것처럼 보이겠지만, 그래서 바로 그 당일 날에
임해서조차도 장가가고 출근하는 이들이 수도 없이 많겠으나, 그날은
벼락과 같이 지구상의 모든 사람들에게 다가서고야 말 것이다. 두렵고도
두려운 일이지만, 하늘이 무너져도 정신만 바짝 차리면 반드시 솟아날
구멍이 있기 마련이다. 세상에는 정말 많은 책들이 셀 수도 없이 널려
있지만, 정작 그 중요한 날에 대한 진짜배기 정보는 너무도 적어서,
일상의 무게에 찌들어 있는 우리들로 하여금 어이없게도 오히려 무감각
해지도록 만드는 하나의 큰 요인이 되고 있다. 그날에 대한 몇 안 되는
소중한 정보를 여기서 얻어갈 수 있기를 빌어마지 않는다. 정말 정신
차려야 할 때이다.

嗚呼日月之德 아아, 일월의 덕이여
오 호 일 월 지 덕

天地之分分積十五刻 천지를 나누어 분을 15번 쌓으면 각,
천 지 지 분 분 적 십 오 각

^{각 적 팔 시 시 적 십 이 일}
刻積八時時積十二日 각을 8번 쌓으면 시가 되며, 시를 12번 쌓으면 일,

^{일 적 삼 십 월 월 적 십 이 기}
日積三十月月積十二朞 일을 30번 쌓아 월, 월을 12번 쌓아 1년이다.

^{기 생 월 월 생 일}
朞生月月生日 1년은 달을 생하고, 달은 일을 생하고,

^{일 생 시 시 생 각 각 생 분}
日生時時生刻刻生分 일은 시를 생하고, 시는 각을 생하고, 각은 분을 생하며,

^{분 생 공 공 무 위}
分生空空无位 분은 공을 낳으니, 공은 무위이다.

이 대목은 우리가 살고 있는 이 시공간 중에서, 특히 시간의 흐름이 어디에서 비롯된 것인지를 알려주고 있다. 우리가 공기를 호흡해가면서 살아가고 있는 이 1분 1초는 따지고 보면 공空에서 시작되었다는 것이다. 그 아무것도 없는 텅 빈 공空의 한순간 한순간이 모이고 모여서 백년이 되고 천년이 되는 것이다. 그리고 이 대목에는 또 하나의 중요한 정보가 들어있으니, 후천에서도 그 소중한 시간들은 변함없이 우리들에게 똑같이 주어질 것이라는 점을 알려주고 있다. 시간의 단위까지도 완전히 똑같다. 한 달은 30일이 될 것이고, 그 한 달이 12번 모여서 1년이 되는 것도 똑같다. 이점에 있어서만큼은 선천과 후천이 완전히 똑같다.

^{제 요 지 기 삼 백 유 육 순 유 육 일}
帝堯之朞三百有六旬有六日 요임금의 1년은 366 일이고,

^{제 순 지 기 삼 백 육 십 오 도 사 분 도 지 일}
帝舜之朞三百六十五度四分度之一 순임금의 1년은 365와 4분의 1도이고,

^{일 부 지 기 삼 백 칠 십 오 도}
一夫之朞三百七十五度 일부의 주기는 375도이니,

^{십 오 존 공 정 오 부 자 지 기 당 기 삼 백 육 십 일}
十五尊空正吾夫子之朞當朞三百六十日 15를 존공하면 공자가 말한

주기 360일이 된다.

조금 달라지는 점이 있다면 1년이 365일이 아니라 360일이 된다는 점이다. 사상분체도수 159와 건책수라고 하는 216을 더하면 375가 된다. 바로 이 숫자가 지인이 헤아려본 1년의 이수理數이고, 여기서 10무극과 5황극을 제하면 비로소 실제로 운행하는 1년의 실제운행도수가 나오는데, 공교롭게도 공자가 이 사실을 어찌 알고 있었는지 장장 2500년 전에 그 숫자를 『주역』에다가 명명백백하게 명기해놓고 있었다. 「계사전(상)」에 다음과 같은 구절이 실려 있다.

^{건 지 책 이 백 일 십 유 육} ^{곤 지 책 백 사 십 유 사} ^{범 삼 백 유 육 십} ^{당 기 지 일}
乾之策二百一十有六 坤之策百四十有四 凡三百有六十 當期之日

건지책 216, 곤지책 144. 무릇 360이 한 주기가 된다.

일이 이 지경인데도 공자가 죽어야 나라가 산다고 떠든다는 것은 어불성설이 되는 것이다. 천지분간을 못하거나 간팽이가 붓지 않고선 도저히 이 같은 망발이 튀어나올 수가 없는 노릇이다. 360이라는 후천도수는 다음과 같은 간단한 계산을 통해서도 입증된다. 여기서 1부터 10까지의 모든 자연수에다가 9를 곱하는데, 9를 곱하는 이유는 하늘의 주천도수를 계산하는 것이기 때문에 6이 아니라 9를 곱하는 것이다.

$1 \times 9 = 09$	$7 \times 9 = 63$
$2 \times 9 = 18$	$8 \times 9 = 72$
$3 \times 9 = 27$	$9 \times 9 = 81$
$4 \times 9 = 36$	**10 (존공)**
5 (존공)	
$6 \times 9 = 54$	

왼쪽의 도합 : 9 + 18 + 27 + 36 + 54 = 144
오른쪽의 도합 : 63 + 72 + 81 = 216

지인이 지금 5와 10이란 숫자를 운행도수에 참여시키지 않았던 그 이유도 위의 계산 과정에서 저절로 자명해진다. 그렇게 해야 144와 216이란 수들이 온전하게 산출된다. 그리고 방금 위에서 계산된 일련의 모든 과정들…. 실로 자연수의 오묘함이 바로 여기에 숨어 있는 것이다. 신의 작품이 아니고서는 도저히 불가능한 초절정의 단순명쾌함. 초절정 고수의 초·초·초·초절정의 바로 그 한 방. 그것이 우리가 너무나 잘 알고 있다고 엄청나게 오판하고 있는 바로 그 10개의 자연수 속에 고

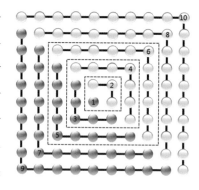

스란히 들어 있었던 것이다. 사람들은 잘 모른다. 그들 스스로가 얼마나 무지한 존재들인 지를…. 그 오만방자함이 가히 하늘을 찌르고도 남을 정도이다. 지금부터 전개되는 이야기, 이 이야기는 아마도 지금껏 살아오면서 생전 처음 듣는 소식일 것이다. 지금 이 시점에서 어찌해서 7이란 숫자를 경계로 삼아 자연수를 건·곤의 둘로 나누어야 하는 지를 이해한다는 것은 십일도와 천부팔괘, 그리고 북두칠성이 아니라면 도저히 이해 자체가 불가능한 부분에 해당한다. 위에 그려져 있는 십일도를 보면, 7이란 숫자가 하늘과 땅이 갈라지는 바로 그 경계점에 해당하는 것임이 분명해진다.

그런데 또 도저히 이해가 안 되는 부분이 하나 더 있다. 위의 십일도에

서 빨간색 라인은 분명 상천·중천·하천을 아우르는 하늘, 이른바
삼천에 해당하는 곳이고, 나머지 7·8·9부분이 양지에 해당하는 부분이
었다. 그런데, 위에서 이른바 곤지책, 땅의 책수라고 명명된 계산 내용을
훑어보면 산출된 1·2·3·4·5·6이란 것이 버젓이 땅의 책수, 즉 곤지
책이라고 명명되어 있지를 않는가? 하늘과 땅의 수가 서로 뒤집혀져
있는 게 아닐까? 오히려 땅의 수, 즉 곤책수는 마땅히 7·8·9 부분이어야
할 것 같은데…? 여기에는 어떤 모종의 함의가 숨겨져 있는 것이 아닐까?

$$(7+8+9) \times 9 \text{ (건괘의 수)} = 216 \qquad (1)$$
$$(7+8+9) \times 6 \text{ (곤괘의 수)} = 144 \qquad (2)$$

따지고 보면 앞에서 살펴보았던 이 수식에서처럼 216과 144는 7·8·9
에서 모두 도출될 수 있는 것이다. 9를 곱하면 건책수가 되고, 6을
곱하면 곤책수가 된다. 그런데 곤책수는 사실 십일도에서 보이는 바와
같이 삼천의 영역에서 도출되는 숫자이기도 하다. 그러니 이렇게 정리할
수 있을 것 같다. 양이 우선하는 선천, 즉 다시 말해서 건도로 주장되던
선천은 216으로 상징되는 건책수의 시대이다. 그리고 음이 우선하는
후천, 즉 다시 말해서 곤도로 주장되는 후천은 144로 상징되는 곤책수의
시대이다. 그런데 그 곤책수는 사실 십일도에서 볼 수 있는 바와 같이
삼천이라고 하는 하늘에서 도출되는 수와 완전히 같고, 이것이 의미하는
바는 후천에는 곧 하늘의 도가 땅으로 임하게 된다고 알려주는 셈이니,
좋은 소식이고, 기쁜 소식이고, 복음의 소식이기도 하다.

달의 주기

우선 달이 차고지는 것은 우리가 이미 상식적으로 잘 알고 있는
부분에 해당한다. 지금부터 선후천에 달이 어떻게 변해가는 지에 대한
설명이 이어진다.

五度而月魂生申初三日 5도 월혼이 신을 생하니 초3일이고,

또 다시 느닷없이 숫자들이 튀어나온다. 5도라는 것이 무슨 의미일까?
어디를 기준으로 5도라는 것일까? 별다른 단서가 없어서 무턱대고 갑자
로부터 시작해 5칸을 가면 갑자 · 을축 · 병인 · 정묘 · 무진이므로 무진
일이 된다고 생각하기로 한다. 그런데 무진에서 기월하면, 절대로 신申일
이 초3일이 될 수가 없다. 아래 도표를 살펴보면 무슨 말인지 금방
이해가 될 것이다.

1	2	3	4	5	6	7	8	9	10	11	12	13	14	15	16
무	기	경	신	임	계	갑	을	병	정	무	기	경	신	임	계
진	사	오	미	신	유	술	해	자	축	인	묘	진	사	오	미

위의 문구대로 신申일이 초3일이 되기 위해서는 아래와 같이 반드시
午일이 초하루가 되어야 한다. 문장이 왜 이렇게 구성되어있는 것일까?

1	2	3	4	5	6	7	8	9	10	11	12	13	14	15	16
경	신	임	계	갑	을	병	정	무	기	경	신	임	계	갑	을
오	미	신	유	술	해	자	축	인	묘	진	사	오	미	신	유

여기에는 두 가지 가능성이 있을 것 같다. 하나는 지인께서 정역을

집필하는 과정에서 하나의 오기誤記를 만들었다고 볼 수 있을 것 같다. 초3일 월혼이 午일이라고 해야 하는데, 신申일이라고 잘못 쓴 경우가 아닐까? 만약 그게 아니라면, 위에 보이는 두 가지 도표를 모두 다 말한 것이라고 볼 수밖에 없을 것이다. 그 뒤에 이어지는 문장들로 보았을 때는 먼첫번 도표를 염두에 두고 쓴 문장이 맞는다고 판단되지만, 두 번째 도표까지 몽땅 염두에 두었을 가능성도 완전히 배제할 필요는 없을 것 같다. 필자가 왜 이렇게 말하고 있는 것일까? 여기에는 보이지 않는 또 다른, 약간의 별난 기미 하나가 감지되고 있기 때문이다. 필자의 촉에 의하면 경오라는 것을 특별히 강조하고 있는 듯이 느껴지는데, 이 경오란 글자에 조금 특별한 부분이 있다. 그것이 무엇일까? 갑자로부터 시작해서 60갑자가 세 번 완료되면 상원·중원·하원이 합쳐서 180이 되고, 그 뒤로도 계속 60갑자를 순서대로 세어 나가보면, 갑자·을축·병인·정묘·무진·기사·경오, 이렇게 7칸을 더 나가서 드디어 경오에 이르고, 이제 187이라는 숫자가 배당된다. 이 187이라는 숫자가 정역 본문에 반복적으로 나타나고 있기 때문이다. 지인은 1·8·7이라는 특별한 숫자 코드 하나를 선후천 전환기에 있어서 선천의 태음정사를 나타내는 대명사로 활용하고 있는 듯하다. 따라서 위의 문장은 은근히 경오를 드러내려는 의도까지 그 밑에 깔려 있을 수도 있다.

月弦上亥初八日 ^{월 현 상 해 초 팔 일} 해에서 상현달이 되니 초 8일이고,

소위 월현이라 함은 반달을 일컫는 한문 용어이다. 반달 중에서도 차오르는 쪽을 상현달이라 하고, 기울어가는 쪽을 하현달이라고 한다. 이 정도는 사실 상식에 속한다.

1	2	3	4	5	6	7	8	9	10	11	12	13	14	15	16
무진	기사	경오	신미	임신	계유	갑술	을해	병자	정축	무인	기묘	경진	신사	임오	계미

17	18	19	20	21	22	23	24	25	26	27	28	29	30	1	2
갑신	을유	병술	정해	무자	기축	경인	신묘	임진	계사	갑오	을미	병신	정유	무술	기해

위에서 도표로 정리된 바와 같이, 초8일에 상현달이 되고 23일이면 하현달이 된다. 가령 무진에서 기월한다면 제8일째 되는 날은 도표에서 을해, 이 날이 바로 상현달이 뜨는 날이다.

月魄成午十五日望先天 월백이 오에서 이루어지니 15일 선천 보름.

등장하는 용어 자체가 다소 생소하다. 여기서 소위 월백이라 함은 달의 형체, 즉 체백이 완전히 차오른 상태를 말하니, 즉 보름달을 지칭한다. 위의 도표에서 보이는 바와 같이 가령 무진에 기월한 달이라면 당연히 보름달이 뜨는 날은 임오가 된다.

月分于戌十六日 술에서의 16일은 월분,

소위 월분이라 하여 갑자기 어렵게 여겨지겠지만 그럴 필요가 전혀 없다. 용어가 약간 생소하지만 제16일째 달을 일컫는 용어라고 보면 그만이다. 전혀 어려워할 필요가 없다. 정역을 어렵게 여기는 이유 중의 하나가 바로 용어가 익숙하지 않은 데 또 하나의 원인이 있다고 할 수 있겠다. 하지만 이해하지 못할 전혀 별난 세상의 얘기가 아니고, 따지고 보면 사실 그리 어려운 것도 아니다. 진짜 어려운 부분들은 따로 있다. 지금 그 밑바탕에 깔려있는 기본 가정을 계미일에 출발하는 새로운 달이라는 것을 전제로 하는 것이기 때문에 앞에서 무진일에 출발하는 달과는 분명 차이가 있다. 사전에 별 다른 설명이 없이 갑자기 불쑥 튀어나오게 된 내용이라 조금 당황스러울 뿐 일이다. 달이란 것은 무진일에 출발할 수도 있고, 계미일에 출발할 수도 있고, 얼마든지 모든 경우의 수가 다 가능한 것이므로 이점만 유의하면 지극히 평범한 수준이므로 이해하는 데 지장이 전혀 없을 것이다. 가령 아래에 도표로 자세히 정리된 바와 같이, 계미일에 새달이 출발했다면 16일째 되는 날은 당연히 무술일이 된다. 그 이상도 그 이하도 전혀 아니다. 이런 부분에서 정역을 어려워하기 시작하면, 정역 공부 정말 어려워진다. 정작 어려운 부분에 이르러서는 뇌기능이 아예 마비되고 말 것이기 때문이다.

1	2	3	4	5	6	7	8	9	10	11	12	13	14	15	**16**
계	갑	을	병	정	무	기	경	신	임	계	갑	을	병	정	**무**
미	신	유	술	해	자	축	인	묘	진	사	오	미	신	유	**술**

17	18	19	20	21	22	**23**	24	25	26	27	28	29	30	1	2
기	경	신	임	계	갑	**을**	병	정	무	기	경	신	임	계	갑
해	자	축	인	묘	진	**사**	오	미	신	유	술	해	자	축	인

정역을 왜 이렇게 어렵게 구성해놓았는지 필자도 잘 이해가 안 될 경우가 많다. 지금 이 부분이 바로 그중에 하나이다. 그냥 쉽게 설명해놓아도 되었을 것 같은데, 굳이 왜 이리 어렵게 써놓았을까? 아무나 보는 것을 방지하기 위해서? 쉽게, 쉽게, 넘어가도록 하자.

月弦下巳二十三日 월현하사이십삼일 사에서의 23일은 하현달,

지극히 상식적인 이야기가 계속 이어진다. 계미일에 시작한 달이 23일이 되면 당연히 하현달이 되는 것이고, 그날의 일진은 위의 도표 상에서 을사일이라는 것쯤은 누워서 떡먹기보다 쉽게 알 수 있다.

月窟于辰二十八日 진에서의 28일은 월굴,

또 다시 사람들로 하여금 어리둥절하게 만드는 구절이다. 23일이 사巳일이면 결코 28일이 진辰일이 될 수 없다. 그 이유도 알고 보면 참으로 황당하기 그지없다. 전혀 생뚱맞게 축일에 시작한 새달에 대한 이야기를 하고 있기 때문이다. 가령 계축일에 새달이 시작되었다면 당연히 제28일째의 월굴이 되는 일진은 경진일이 될 수밖에 없을 것이다. 역시 어려워할 것이 전혀 없는 부분이다.

1	2	3	4	5	6	7	8	9	10	11	12	13	14	15	16
계	갑	을	병	정	무	기	경	신	임	계	갑	을	병	정	무
축	인	묘	진	사	오	미	신	유	술	해	자	축	인	묘	진

17	18	19	20	21	22	23	24	25	26	27	28	29	30	1	2
기	경	신	임	계	갑	을	병	정	무	기	경	신	임	계	갑
사	오	미	신	유	술	해	자	축	인	묘	진	사	오	미	신

필자도 이 대목을 접했을 때, 오묘한 이야기가 적혀있는 줄 알고 상당히 긴장하고 집중해 살펴보았지만, 오히려 역효과가 나서 무슨 말을 하는지조차 헷갈려가지고 나중엔 진저리를 쳤던 경험을 갖고 있다. 전혀 오묘한 부분이 아니니 이 점을 상기하면서 쉽게, 쉽게, 넘어갈 수 있기를 바라마지 않는다. 이런 데서 당황한다면 정역 공부 결코 쉽지 않게 된다. 앞 사람들이 정역을 너무 어렵게 공부하다보니, 별

쓸데없는 것까지 알쏭달쏭하게 만들어 버렸다. 스스로 머릿속이 정리가 안 되다보니 결국 건질 수 있는 것이 몇 가지 없게 된 것이다. 나름 그들을 충분히 이해할 수 있는 것은, 실마리를 따라서 살살 들어가지 않으면, 결코 그 속을 비집고 들어갈 수 있는 물건이 아니었다는 것이 주요 문제였던 것이다. 원인이 바로 거기에 있었다. 정역 자체가 그렇게 고약스럽게 구성되어 있으니, 10년이 아니라 평생을 공부했어도 결국은 하나도 안한 이와 별반 차이가 없게 되어버리는 어처구니없는 결과를 초래할 수밖에 없었던 것이다. 앞 사람들의 그 지난한 노고가 참으로 안타깝기가 그지없는 일이다. 그래도 고맙게 여기는 것은 당신들이 그렇게 어렵게, 어렵게, 공부를 했으면서도, 후세에 반드시 전해주겠다는 일념 하나로 할 수 있는 모든 노력들을 해주었다는 것이니, 이점에 있어서만큼은 뜨거운 눈물이 절로 나오지 않을 수 없을 정도로 고맙고도 고마운 일로 여겨진다. 그들의 노력이 아니었다면, 어떻게 정역이 이어질 수 있었을까? 결국 사장되고 말았을 것이다. 충분히 그러고도 남았을 것이다. 우리나라는 충분히 그러고도 남을 나라이다. 아인슈타인과 같은 대천재가 태어났어도 우리의 풍토대로라면 결국 자장면 배달이나 하고 있을지도 모르는 이 땅의 현재 세태가 그렇다.

月復于子三十日晦后天 자에서 월복이니, 30일이 후천 그믐,

가령 아래의 도표에서 계미일에 시작한 달이 제30일째 임자일이 되면 달이 회복한다고 한다. 여기서 회복이라 함은 새로운 달이 태어난다는 의미일 것이다.

1	2	3	4	5	6	7	8	9	10	11	12	13	14	15	16
계미	갑신	을유	병술	정해	무자	기축	경인	신묘	임진	계사	갑오	을미	병신	정유	무술

17	18	19	20	21	22	23	24	25	26	27	28	29	30	1	2
기해	경자	신축	임인	계묘	갑진	을사	병오	정미	무신	기유	경술	신해	임자	계축	갑인

그런데 조금 당황스러운 한 마디가 이어지는데, 후천 그믐…. 느닷없이 후천의 달을 이야기 한 것이다. 그러니까 적어도 좀 전에 계축일과 계미일에 시작되었던 그 모든 달의 이야기는 사실은 모두 선천이 아니라, 앞으로 다가올 후천의 달을 이야기하고 있었던 셈이고, 후천에는 달의 주기가 28일이 아니라, 30일이 된다는 것을 우리에게 이런 식으로 알려주고 있었던 것 같다. 선천이나 후천이나 달의 주기만큼은 결정적인 큰 차이가 생기는 것이 아닌 것 같으므로, 그래도 조금은 안심이 된다고나 할까?

月合中宮之中位一日朔 달이 중궁의 중위에서 합하니 1일이 삭이다.

후천의 삭, 그러니까 태양과 지구 사이에 달이 놓여서 태양빛 때문에 달이 보이지 않게 되는 그날을 말해준다. 후천에서 매달의 공전주기는 30일로 항상 일정하고, 매1일 마다 달은 태양에 가려서 보이지 않게 된다. 그러니까 다시 정리해본다면, 후천은 항상 똑같은 두 일진, 가령 위에서 보인 계미일이라면 그 다음 달은 반드시 계축일 만이 음력 초하루가 될 수 있다. 항상 주기가 30일로 일정하기 때문이다. 한편 지금까지의 달의 변화에 대한 메시지 중에서 정말 놓치지 말아야 중요한 한 가지가 있다. 그것이 무엇일까? **선천의 제16일이 후천의 제1일이**

된다는 메시지이다. 가령 선천의 무진일에 기월해서 제16일째 되는 날은 당연히 계미일여야 한다. 그런데 후천을 논하면서 계미일은 항상 초하루가 되는 것으로 편집을 해놓았고, 여기에는 지인의 깊은 의도가 숨겨져 있다. 정작 성현께서 우리에게 말해주고 싶었던 메시지는 바로 그것이라고 말해도 전혀 과언이 아닐 것이다. 그런데 왜 그렇게 되는 것일까? 어찌해서 선후천간에 15일의 격차가 발생하게 되는 것일까? 막상 그 이유를 알고 나면 손발이 떨리고 오금이 저리게 될 것이다. 거기에는 정말 엄청난 것이 숨어 있다. 너무도 엄청난 것이라 입에 담는 것조차도 두려워질 정도이다. 지인도 차마 입이 떨어지지 않아 빙빙 돌려서 편집해놓았던 것은 아닐까? 나중에 다시 다루기로 하고 일단 넘어간다.

육 수 구 금 회 이 윤 이 율
六水九金會而潤而律 6수, 9금은 모여서 윤택함이니 율이 되며,
이 화 삼 목 분 이 영 이 려
二火三木分而影而呂 2화, 3목은 나뉘어 그림자로서 려가 된다.

　율려에 대한 이야기이다. 후천의 율려는 무토 5황극이 주재한다. 나중에 좀 더 자세히 다루게 된다. 그리고 그 후천 율려를 구성하는 성분이 6수9금과 2화3목이라는 것을 바로 여기서 천명해주고 있다. 이 또한 나중을 기약하기로 한다.

8 일세주천율려도수

여기서 소위 일세주천(一世周天)의 율려두수(律呂度數)라고 함은 1년을 주기로 돌아가는 율려의 도수라고 말할 수 있겠다. 그러나 막상 그 의미가 무엇인지를 설명한다는 것은 정말 쉽지가 않다. 글자 자체도 몇 글자 안 되는 부분인데, 대체 지인이 우리에게 무엇을 알려주고자 함인지 그 핵심을 간파해내기가 어렵다. 정역이 어렵다고 하지만, 그 중에서도 최고의 수준으로 난이도가 높은 난해한 부분 중의 하나라고 말할 수 있을 것 같다.

분일만이천구백육십
分一萬二千九百六十 분으로는 12960분,

각 팔 백 육 십 사
刻八百六十四 각으로는 864각,

시 일 백 팔
時一百八 시로는 108시,

일 일 구
日一九 일로는 9일이다.

필자가 독학으로 정역을 탐구하고 있는 관계로 사실 가장 두려워하는 것이 우물 안의 개구리 신세를 못 면하면 어쩌나 하는 것이다. 그래서 지인의 심중을 조금이라도 더 많이 느껴보고, 더 많이 헤아려보기 위해서, 최대한 앞 사람들이 편찬해놓은 정역 관련 해설 책들을 많이 참고로 하고 있다. 정역 본문에는 혼자서는 도저히 해결해낼 수 없는 내용들이 정말 수두룩하다. 그중에서도 특히 율려라는 이름을 달고 나오는 것들은 다른 주역 책들에서는 접해볼 수가 없었던 정말 생경한 용어라고 말할

수 있겠다. 따라서 이 대목을 이해하는 데 있어서 말 그대로 속수무책의
상황이었는데, 천만 다행으로 삼정 권영원 선생이 저술한『정역과 천문
력』에서 언급된 다음과 같은 설명이 크게 도움이 되는 것 같다. 잠시
인용해보면,

"하루의 율려도수는 36분이다. 이 36분을 1년 360일을 계속 더하게
되면, 36×360=12,960분이 되니, 이것이 일세의 하늘을 주회하는 율려도수
가 되는 것이다. 이 12,960분을 각으로 환산하고, 또 시간으로 환산하여
표시하고 있다."

라고 설명해주고 있다. 정역 본문에 적혀있는 모든 숫자들은 결국 하루에
36분씩 배정된 값을 360일 동안 모두 합쳐서 만들어지는 숫자라는 것이
다. 자세히 살펴보면, 단위만 다르지 결국 같은 값이다.

12960분 = 36분/일 × 360일/년
864각 = 12960분 ÷ 15분/각
108시 = 864각 ÷ 8각/시
9일 = 108시 ÷ 12시/일

그리고 그 핵심은 36분/일이다. 모두 하루에 36분을 의미하는 여러
다른 표현에 불과하다. 이렇게 해서 위에서 언급된 숫자들의 정체가
드러나게 되었다. 결국 일세주천의 율려도수라는 용어는 하루에 36분에
해당하는 그런 것을 의미한다. 그것이 1년 동안 쌓이고 쌓이면 이른바
일세주천의 율려도수 9일이라는 개념이 성립되는 셈이다. 그러면 하루
에 36분이란 것은 대체 무엇을 의미하는 것일까? 이에 대해서도『정역과
천문력』에 다음과 같이 기술되어 있다.

"이 36분간은 조수간만의 시간과 관계가 있는 것 같다. 현재 조수의

196 ·

진퇴시간은 하루에 36~40분씩 늦어지면서 15일째가 되면, 아침 조수가 저녁 조수로 바뀌고, 저녁 조수가 아침 조수로 바뀐다. 이것이 율려도수의 영향인 것 같다."
라고 설명하고 있다. 따라서 다음과 같이 정리할 수 있을 것 같다. 선천에는 조수간만의 시간 변화가 대략 하루에 36~40분씩 변화하여, 아침 밀물이었던 것이 15일이 지나면 약 9시간 후인 저녁 밀물로 바뀌는 것이었지만, 후천에는 정확히 36분씩 변화하는 것으로 바뀐다고⋯. 대략 이 정도의 설명으로나마 이 부분을 정리하고 넘어갈 수 있어서 얼마나 다행인지 모르겠다. 다행히 삼정 선생의 연구 결과로 인해서 급한 대로 일세주천의 율려라는 개념을 어림 짐작으로나마 추정해 볼 수 있었다.

理會本原原是性 이치가 본원에 모이는 원시성은
乾坤天地雷風中 건곤천지뇌풍 가운데에 있다.
歲甲申六月二十六日戊戌校正書頌 1884년8월16일(음력6월26일) 교정하고 칭송

후천의 정사는 진괘가 주관하고 후천의 율려는 손괘가 주관한다. 팔괘로 표현하면 이렇게 정리된다. 그것을 일컬어서 이치가 본원에 모이는 그 근본은 모두 우레(진괘)와 바람(손괘) 가운데에 있다고 표현한 것이다. 정역팔괘도의 핵심이 특히 어디인지를 명확하게 짚어주고 있다. 앞으로 지인께선 약간의 틈만 생기면 어김없이 진괘와 손괘를 유달리 강조하고 있다는 것을 계속 느끼게 될 것이다.

한편 정역에서는 영동천심월을 비롯하여 달의 관한 이야기가 많이 등장한다. 지인께선 왜 이렇게 유달리 달에 대한 이야기를 많이 언급하는 것일까? 흔히 태양이 지구에 생명을 불어넣는데 절대적인 역할을 끼쳤다는 것은 익히 잘 알고 있지만, 달이 지구의 생명에 어떤 영향을 끼쳤는지는 미처 깨닫지 못하고 있는 사람들이 많은 것 같다. 하지만 오늘날 과학이 급속도로 발달하면서 과거에는 몰랐던 달의 신비와 달의 지대한 역할이 점점 밝혀지고 있다. 과학자들의 연구에 의하면, 지구에 달이 없었다면 지구는 더 빨리 자전하고, 하루의 길이는 더 짧아졌을 것이라고 한다. 지구 자전의 속도는 생명체의 진화에 엄청난 영향을 줄 수밖에 없다. 달이 없었다면 지구의 환경은 어떻게 달라졌을까? 45억 년 전 지구에 달이 처음 생겼을 때는 지금보다 훨씬 지구에 가까워 지구와 달은 서로 강력한 힘으로 끌어당기고 있었다. 당연히 지구에 미치는 달의 인력은 훨씬 강했고, 지구의 자전축이 23.5도로 기울어지게 만든 것도 바로 달이 그 원인이었다. 달은 지구의 자전축을 기울게 한 원인이지만 그래서 지구에 4계절을 선사했지만, 동시에 달은 지구의 자전축을 안정적으로 유지시키는 중대한 역할도 수행했다. 달의 강력한 인력은 지구 자전축의 기울기를 안정시키는 거대한 자이로스코프의 역할을 한다. 지구 자전축의 기울기가 안정적으로 유지되는 이유는 달의 인력이 기울어진 지구를 고정되도록 돕기 때문이다. 달이 존재하지 않았더라면 지구 자전축의 혼란 현상이 극심해 지구 전체가 아주 크게 흔들렸을 것이다. 달이라는 거대한 안정 장치가 없었더라면 지구의 자전축은 화성과 같이 무려 0도에서 90도를 오고가며 크게 흔들리는 불안정한 행성이 되었을 것이다.[42] 이렇게 지구의 자전축이 흔들렸다면 날씨 또한 예측이 불가능하고, 기후 패턴도 완전히 망가지고 열대지방이 어느 한 순간에 얼음의 땅으로 변하거나 남극 대륙이 한 순간에 거대한 사막으로 변하게 되었을 지도 모른다. 하지만 달이 있음으로 해서 이런 대재앙을 피하고 지구에 생명체가 안정적으로 존재할 수 있었다.

달은 지구 생명체의 존재와 진화에도 지대한 영향을 미쳤다. 달이 있었기에 비로소 지구에 생명체가 분화할 수 있었다는 것이 과학자들의 결론이다. 가령 40억 년 전에는 오늘날보다 조석 작용이 1000배나 강했다고 한다. 지금은 파도가 3m쯤 되지만, 아주 오랜 전에는 3km정도의 거대한 파도였다고 한다. 이렇게 강력한 파도는 바다의 생명체가 육지 생명으로 진화하는데 기여하였다. 지표면을 뒤덮는 파도가 육지로 밀려들면 땅이 바다가 됐고, 미네랄이 풍부한 원시 수프[43]에서 생명이 생겨나고 진화할 수 있었다. 달이 있었기에 원시 지구의 바다 환경이 조성될 수 있었던 것이다. 미네랄이 풍부한 원시 바다는 생명체의 근원이었다. 달은 지구에 조석을 만들고, 조석은 해안의 지형을 만들었다. 원시 해양생물에게 아주 좋은 환경을 제공해 다리가 분화될 수 있었다. 조수 웅덩이는 하루의 반은 물에 잠기고, 반은 물이 빠지니, 그곳에 머물며 다리가 생겼고, 생명체가 그 다리로 육지에서 생활하게 진화될 수 있었다. 나중에 달의 공전 속도가 점차로 느려지자, 지구의 자전 속도도

---

42) 『내셔널지오그래픽』 한국판/2004년 1월호에 실린 기사에 의하면, 화성의 한 시대에는 적도에 얼음 상태의 물이 있다가 다른 시대에는 사라졌다고 한다. 그리고 이것이 어떻게 가능한 지에 대한 분석이 실려 있다. 과학자들은 화성의 변화무쌍한 궤도경사에서 이러한 기후 변화의 원인을 찾고 있다. 화성의 궤도경사는 500만 년 동안 15–35° 사이에서 약 50번 변화했고, 더 오래전에는 0–60° 사이에서 변했다고 한다.

43) 생명을 발생케 한 유기물 혼합액

점차 안정되어 갔다. 결론적으로 달은 지구의 기후와 조석에 영향을 주었고, 달이 없었다면 지구 생명의 진화가 이처럼 신속히 일어나지 못했음이 분명하다.

9 금화문명

금화1송에서 금화5송까지 메가톤급의 중량을 가진 초대형 비밀들이 툭툭 튀어나오는 바람에 여러 번 놀라지 않을 수 없었을 것이다. 이제부터는 금화문이 열린 이후에 도래하는 미래의 세상이 어떻게 돌아가게 되는지에 대해 하나하나 짚어보게 될 것이고, 또한 앞에서 설명이 미진했던 부분에 대한 추가 설명이 이루어질 것이다. 금화문명이라는 말은 정역 본문에 나오는 용어가 아니지만 필자가 후천에 도래할 문명의 이름으로 작명을 한번 해 본 것이다. 미래의 문명을 금화문명이라고 부르면 어떨까? 바로 이런 마음으로 제목을 붙여본 것이다.

水土之成道天地 수와 토가 도를 이룬 것이 천지이며
天地之合德日月 천지가 덕을 합한 것이 일월이다.

위의 몇 글자 안 되는 문장들을 이해한다는 것은 사실 결코 쉬운 일이 아니다. 수와 토가 도를 이룬 것이 천지라고 하는데, 이 말이 대체 무슨 뜻일까? 또 천지가 덕을 합한 것이 해와 달이라고 하는데,

이 또한 대체 무슨 뜻일까? 먼저 수와 토가 도를 이룬 것이 천지라는 말은 다음에 그려져 있는 두 도표 중에서 오른쪽을 살펴보지 않으면 도저히 이해 자체가 불가능한 부분이다. 이해를 돕기 위해선 부득이하게 나중에 나올 내용을 잠시 앞당겨 소개할 필요가 있다. 마치 우물에서 숭늉을 마시는 격이지만 어쩔 수가 없다. 나중에 정역의 하경인 「십일일 언」에서 불역의 하늘이라는 용어가 나오고, 불역의 땅이라는 용어가 나온다. 아래 그림을 살펴보자. 불역의 하늘과 땅이 바로 각각 노란색으로 표시한 부분이 된다. 그리고 그 불역의 천지의 수상을 자세히 들여다보면, 불역의 하늘에는 1수와 5토가 자리하고 있고, 불역의 땅에는 10토와 6수가 자리하고 있다. 지금 등장한 문구 그대로 수와 토가 도를 이루고 있는 형상이다. 앞서 설명된 이치가 모이는 근원이 모두 진괘와 손괘에 있다는 말과도 일맥상통하는 내용이다. 불역의 하늘과 땅이 팔괘로는 공교롭게도 손괘와 진괘자리이기 때문이다. 그리고 천지가 덕을 합하는 것이 일월이라고 한 표현은 바로 왼쪽 그림에서와 같이 이괘와 감괘를 지칭하는 내용이다.

		태양			
☳	☷	☳	불역의 하늘 1 5	7 9	3 3
☵		☶	2 4	6 1	9 7
태음 ☷	☰	☴	8 8	4 2	불역의 땅 10 6

따라서 위의 두 문장은 정역팔괘도 중에서 사유방의 대각선 부분을 모두 지칭하는 셈임을 알 수 있다. 여기서 이괘와 감괘가 어떻게 천지의 덕을 합하게 되는지는 나중에 일극체위도수와 월극체위도수를 다루는 자리에서 자세히 설명될 예정이므로 여기선 잠시 생략하고 넘어가기로 한다.

太陽恒常性全理直 태양은 변함없는 것이니, 성이 온전하고 리는 곧다.

太陰消長數盈氣虛 태음은 사라지고 자라나니, 수는 차고 기는 허하다.

그리고 이어지는 문장이 해와 달에 대한 이야기이다. 익히 잘 알고 있는 바와 같이 해와 달이 다른 점이 있다면, 달이란 것은 차고 비고를 반복한다는 것이고, 해라는 것은 항상 일정하다는 점일 것이다. 그리 어려운 설명이 아니다.

盈虛氣也先天 차고 비는 것은 기이니 선천이다.

消長理也后天 사라지고 자라는 것은 리이니 후천이다.

위의 문장은 달에 관한 이야기를 들려주고 있다. 선천에는 익히 잘 알고 있는 바와 같이 비어있던 달이 점점 차오르면서 보름달이 되는 것이었다면, 후천에는 달의 변화 양상이 생판 달라진다고 한다. 어떻게 달라지는 것일까? 놀랍게도 사라졌다가 점점 자라나는 양상이라는 것이다. 같은 말이 아닐까? 비었다가 차는 것에 대한 표현을 문학적으로 달리 묘사한 것에 불과한 것이 아닐까?

^{후 천 지 도 굴 신 선 천 지 정 진 퇴}
后天之道屈伸先天之政進退 후천의 도는 굴신, 선천의 정은 진퇴이다.
^{진 퇴 지 정 월 영 이 월 허}
進退之政月盈而月虛 진퇴의 정은 달이 찼다 비는 것이고,
^{굴 신 지 도 월 소 이 월 장}
屈伸之道月消而月長 굴신의 도는 달이 사라졌다 자라나는 것이다.

후천은 굽혔다가 펴는 것을 반복하는 것이고, 선천은 나아갔다가
물러나는 것을 반복한다고 한다. 무엇이 반복하는 것일까? 해일까?
달일까? 달에 관한 이야기이다. 선천의 달이 차고 비는 것을 일컬어
진퇴라고 표현한 것이고, 후천의 사라졌다가 자라나는 것을 굴신이라고
표현한 것이다. 위에서 말한 내용을 반복한 것이다.

^{억 음 존 양 선 천 심 법 지 학}
抑陰尊陽先天心法之學 억음존양은 선천 심법의 학이고,
^{조 양 율 음 후 천 성 리 지 도}
調陽律陰后天性理之道 조양율음은 후천 성리의 도이다.

조금 생뚱맞게도 달에 관한 이야기를 하다말고, 지인은 갑자기 공부에
대한 것을 들고 나왔다. 선천의 배움이라는 것은 음을 억누르고 양을
높이는 것이었다면, 후천의 도라는 것은 양과 음을 상호 조율하는 것이라
고 말해주고 있다. 달에 관한 이야기는 이쯤에서 서두만 뽑아두고,
본격적인 이야기는 나중에 하겠다는 의중을 담아놓은 것 같다. 너무도
놀라운 이야기이므로, 충격을 완화시키기 위해서 미리 예방주사를 맞히
는 것으로 이해하면 될 듯하다. 모두 후손들을 위한 배려심의 발로가
아닐까?

^{천 지 비 일 월 공 각}
天地匪日月空殼 천지는 일월이 아니면 빈 껍질이고,

日月匪至人虛影 일월은 지인이 아니면 빈 그림자다.

그리고 해와 달이란 것도 결국은 모두 진정한 의미는 사람에게 있는 것임을 알려주고 있다. 사람이 없다면 해와 달이 모두 무슨 소용이 있겠는가? 사실 아무 소용도 없는 것이다. 그저 우주 공간을 떠도는 돌댕이와 불댕이들에 불과한 것들일 것이다. 그런데 여기서 말하는 사람은 그냥 사람이 아니라, 진정한 진인, 바로 지인과 같은 득도한 사람을 말한다. 이 지구상의 구석구석에 존재하면서 남모르게 반짝반짝 빛나고 있을 그 모든 지인들이 사라져버린다면, 그날이 바로 해와 달이 의미가 없는 빈껍데기가 되고, 빈 그림자가 되는 순간일 것이다. 진인과 지인들이 요소요소 곳곳에 반짝반짝 빛나고 있음으로 해서 비로소 해와 달이 의미를 갖는다는 것이다.

潮汐之理 밀물과 썰물의 이치는

一六壬癸水位北 1, 6 임계수는 북쪽에 위치하고,

二七丙丁火宮南 2, 7 병정화는 남쪽에 자리하니

火氣炎上水性就下 화의 기운은 오르고 수의 성질은 아래로 흐르는 것.

互相衝激互相進退而隋時候氣節 서로 충격하고 진퇴하며 시후절기 따르는 것이

日月之政 일월의 정사이다.

嗚呼日月之政至神至明 아아 일월 정사가 지극히 신묘하고 지극히 밝으니

^{서 불 진 언} 書不盡言 글로서 다 말할 수 없다.

우리는 이미 중·고등학교 과학 시간을 통해서 밀물과 썰물이 만들어 지는 조수간만의 차가 해와 달의 인력 작용에 의해서 생기는 것임을 너무나 잘 이해하고 있다. 그것을 역리적으로 설명을 해서, 1·6수와 2·7화의 작용이라고 설명하는 점만 조금 특이할 뿐이다. 결론은 물리학 이나 역리학이나 모두 동일하다. 해와 달의 운행이 밀물과 썰물의 조수간 만을 만들어내는 주요 인자(Major Factor)들이다. 그런데 그 일월 정사란 것이 지극히 신묘하여 글로서 다 설명할 수가 없다고 말해주고 있다. 물리학은 눈에 보이는 것만 드러내지만, 역리학은 눈에 보이지 않는 것까지 들여다보므로, 지극히 신묘한 것들을 볼 수 있게 된다. 이것이 역학과 과학의 차이이다. 과학은 선천에서 후천으로의 변화하는 이 중대한 이치를 도저히 설명해낼 수가 없다. 그저 하나의 이변, 엄청난 이변에 불과할 뿐이다. 그런 것이 벌어지고 난 이후, 모든 것이 백일하에 명명백백해진 이후에야 비로소 '어디에서 어떻게 변했구나!' 라는 식으로 떠들어댈 수 있을 뿐이다. 그리고 그런 일은 하수 중의 최하수, 덜 떨어진 하수들이나 하는 짓거리이다. 그러나 역학은 다르다. 그렇게 변화하는 그 이면에 들어있는 관련된 모든 이치를 들여다보는 것이니, 바로 여기에 역학의 신묘함이 있는 것이다. 세상에 일어나는 일들은 모두 사실 일정한 이치에 의해 섭리대로 행해지는 것이다. 여기서 섭리라 고 하는 것은 보이는 것도 있고 보이지 않는 것도 있다. 과학은 그 중에서 극히 일부분만을 보고 있을 뿐이고, 역학은 그 이치를 전혀 다른 각도에서 바라보는 것이다. 역학은 보이지 않는 섭리를 바탕으로 장차 일어날 일을 미리 이야기해준다. 따라서 과학이 할 수 있는 것이 따로 있고, 역학이 할 수 있는 것이 따로 있는 셈이다. 무조건 과학만 옳다고 우기면, 볼 수 있는 것도 보지 못하게 되는 우를 범하게 된다. 이것이 바로 오늘날의 크나큰 폐단이다.

嗚呼天何言哉地何言哉 아아 하늘과 땅이 어찌 말을 할까마는

一夫能言 일부는 말할 수 있다.

一夫能言兮 일부가 말하건대,

水潮南天水汐北地 밀물은 남쪽 하늘, 썰물은 북쪽 땅.

水汐北地兮早暮難辨 썰물 북쪽 땅이여, 빠르고 늦음을 분별하기 어렵구나.

일반 사람들이 알지 못하고 있는 것을 이미 하늘과 땅은 알고 있다. 그리고 해와 달도 알고 있다. 그들은 그저 무심히 하늘을 떠도는 돌덩어리들이 결코 아니다. 그들은 말없이 지구에 있는 사람들에게 변화를 알려주고 있다. 사람들이 그것을 알아듣지 못하고 있을 뿐…. 누구의 잘못일까? 해와 달이 잘못한 것일까? 사람들이 잘못한 것일까? 명명백백히 사람들이 잘못한 것이다. 그들이 무지한 것이다. 모든 것을 다 알고 있다고 생각하는 그 오만방자함이 하늘을 찌르지만, 사실은 정말 중요한 것들조차도 제대로 알지 못하고 있는 것이다. 해와 달은 이미 알고 있는데, 사람들은 그것을 모르고 있다. 오직 성인만이 해와 달이 말하는 것을 들을 수 있다. 하늘과 땅이 말하는 것을 들을 수 있다. 엄청난 변화가 예고되고 있다. 그것이 벌어지는 시기나 양상이 확정되어 있지 않아, 그것이 속히 오는지 아니면 조금 늦게 오는지를 확정지을 수 없을

뿐, 그 일은 반드시 오고야 만다는 것이다.

水火旣濟兮火水未濟 수화기제, 화수미제

大道從天兮天不言 대도는 하늘을 따르니, 하늘이 말씀하지 않겠는가!

大德從地兮地從言 대덕은 땅을 따르니, 땅이 말씀을 따르지 않겠는가!

天一壬水兮萬折必東 천1 임수는 만 번 꺾여도 반드시 동으로 흐른다.

地一子水兮萬折于歸 지1 자수는 만 번 꺾여도 임수를 따라 돌아간다.

歲甲申流火六月七日大聖七元君書 1884년 윤달 6월7일 대성 칠원군 씀.

　　이러한 변화를 역학에서는 수화기제와 화수미제라고 간단하게 정의
해준다. 소위 말해서 감리작용, 즉 물과 불이 작용하면서 일어나는
변화라는 것이다. 여기서 불과 물이란 또한 해와 달을 지칭하기도 한다.

정역팔괘 배열에 사용된 수상數象			십일귀체의 수상數象		
7 1	3 5	9 9	1 5	7 9	3 3
8 10	2 7	5 3	2 4	6 1	9 7
4 4	10 8	6 2	8 8	4 2	10 6

지인의 설명을 도표화한다면 바로 위와 같은 두 개의 도표가 된다. 그런데 이 두 개의 수상을 놓고 이야기를 전개해나가기 이전에 먼저 해결을 보아야 할 선결과제가 한 가지 있다. 대체 위의 두 수상을 어떻게 이해하고 받아들여야 하는 것일까? 이 책을 읽기 전에는 그 누구도 생각해보지 않았던 사항이겠지만, 이제부터 정역을 읽어 내려가기 위해서는 반드시 해결을 보아야 할 필수요건 중의 하나이다. 두 개의 수상이 차지하는 위상에 대해 대략 4가지 정도의 가설이 가능할 것 같다.

1. 왼쪽은 선천을 상징하고, 오른쪽은 후천을 상징한다.
2. 왼쪽은 후천의 초입을 상징하고, 오른쪽은 후천을 상징한다.
3. 왼쪽은 후천의 선천을 상징하고, 오른쪽은 후천의 후천을 상징한다.
4. 위의 세 가지 경우가 모두 맞다.

위의 4가지 경우에서 어떤 것이 정답일까? 오랜 연구, 그리고 상당히 심화된 연구가 필요할 것 같다. 지금 이 순간 필자의 연구 수준으로는 솔직히 잘 모르겠다. 혼자서 모든 것을 감당하기에는 솔직히 역부족임을 느낀다. 하여 강호제현들의 지혜를 빌리고 싶어 이 책의 출간을 서두르고 있는 것이다. 일단 필자는 4번이라고 속 편하게(?) 생각하면서 나머지 이야기들을 전개해나가려고 한다. 그러다보니, 중간 중간에 논리적으로 충돌을 일으키는 경우가 안 일어날 수가 없다. 하지만 설사 그렇다고 하더라고 이야기 전개는 반드시 필요하다. 그리고 틀린 부분은 나중에 제대로 바로잡으면 될 것이다. 아예 시작조차 하지 않는다면 바로 잡을 기회조차도 만들 수 없으므로, 최선은 아닐지라도 차선을 추구하는 것이 옳다고 본다. 우선은 틀리더라도 무작정(?) 마음 내키는 대로

208 •

이야기를 전개해나갈 생각이다.

　지금 이 순간 왼쪽은 선천이고, 오른쪽은 후천이라고 생각하기로
한다. 두 도표에서 선천의 중궁에는 2·7화가 들어가 있고, 후천의
중궁에는 1·6수가 들어가 있다. 이렇게 물과 불이 중궁에서 주재하는
선후천의 대대관계를 일컬어 수화기제, 화수미제라고 표현한 것으로
보인다. 선천에는 중궁에 2·7화가 들어서서 주재하고 있지만, 후천에는
반드시 1·6수가 들어서서 주재하게 된다는 점을 강조하고 있다고 보는
것이다. 그리고 변화는 하늘이 먼저 변하고 땅이 하늘의 변화를 따르게
된다. 임수는 10천간의 하나이고 자수는 12지지의 하나이다. 먼저 임수
가 변하고, 자수가 그 뒤를 따르기 마련이다. 만절필동, 순자⁴⁴⁾의 저서
『순자』「유좌편」에 나오는 말이다. 자공이 공자에게 물었다.
　"군자가 물을 보고서 느껴야 할 점이 무엇입니까?"
　공자가 말하기를,
　"만 번을 굽이쳐 흘러도 반드시 동쪽으로 향하니 의지가 있는 것과
같다. (其萬折也必東似志)"
라고 답했다. 바로 여기서 '만절필동'이란 말이 나왔다. 황하의 물이
굽이쳐 내려오면서 남쪽과 북쪽으로 수없이 꺾여 돌아도 결국 중국의
지형이 서고동저인 까닭에 끝내는 동쪽 바다로 흘러들고야 만다는
의미이다. 되는 듯, 안 되는 듯, 될 듯 말 듯, 알쏭달쏭하지만 필경은
반드시 그 일이 일어나고야 만다는 의미이다. 만절우귀, 이 말 자체가

---

44) 순자(기원전 313~기원전 238) 전국시대 후기 학자. 북경에서 서북쪽으로 몽고에
　　인접해있던 나라인 조나라에서 태어나서, 양왕 때에 이르러 최고의 노사(老死)가
　　되었다. 성악설을 주장한 것으로 유명하다.

신부가 처음으로 신랑을 따라서 시집으로 움직이는 신부를 지칭하는 용어이다. 신랑이 동쪽바다로 가고 있는데 어찌 신부가 신랑을 따르지 않을 것인가!

10 크도다! 금화문!

사실 정역은 어마어마하게 큰 초대형 격변을 예고하고 있다. 그 변화의 크기가 너무도 엄청난 것이라서 지금까지는 본론에 대해선 아직 꺼내놓지도 않고 단지 살짝살짝 맛만 보여주었던 것이지만, 머지않아 상세한 내용들을 차근차근 풀어낼 듯하다. 심호흡을 크게 하고 한번 들어볼 일이다.

嗚呼天地无言一夫何言 아아 천지가 말이 없는데 일부가 어찌 말할까?

天地有言一夫敢言 천지에 말씀이 있어 일부가 감히 말할 수 있음이로다.

天地言一夫言一夫言天地言 천지의 말씀이 일부의 말이고, 일부의 말이 천지의 말씀이다.

지인이 없었으면, 우리는 끝내 천지의 말씀을 알아듣지 못하고 말았을 것이다. 지인이 있음으로 해서, 비로소 우리는 천지의 말씀을 전해 듣게 된 것이다. 지금 여기서 말해지는 바는 지인의 말이지만, 또한 천지의 말씀이기도 하다.

大哉金火門天地出入 크도다! 금화문이여, 천지가 출입하고,

一夫出入三才門 일부가 출입하니 삼재의 문이로다.

日月星辰氣影一夫氣影五元門 일월성신 기 그림자, 일부 기의 그림자,
오원문이다.

금화문이라는 용어가 처음으로 정역 본문에 정식으로 등장하게 된다.
그러면서 그 앞에다가 '크도다!' 라는 감탄 문구를 붙여놓았다. 그냥
큰 정도가 아니라 어마어마하게, 정말 엄청나게 큰 것이라는 뉘앙스가
느껴진다. 그것이 얼마나 큰 것인지 심지어는 하늘과 땅이 들고난다고
한다. 이제 시공간을 한순간에 뛰어넘어 오고가는 4차원의 문이라도
열리게 된다는 것일까? 그런데 금화문을 말하게 된 것은 천지가 말씀을
해주었기 때문이고, 그것을 이제 전해주신다고 한다. 크도다. 금화문이
여! 천지가 출입하고, 일부가 출입하니, 삼재의 문이로다. 금화문도
하나의 문門이기 때문에 누군가가 출입하는 목적으로 만들어놓았을
터인데, 그 누군가가 바로 하늘·땅·사람, 삼재라고 한다. 삼재가 드나
드는 문이니 삼재문이고, 또한 일·월·성·신과 일부, 이렇게 오원이
드나드는 문이니 오원문이라고도 한다.

八風風一夫風十无門 팔풍의 바람이 불고 일부의 바람이 부니 십무문
이다.

그 문으로는 팔풍이 불어오고, 일부풍이 불어오니, 십무문이라고
한다. 후천에는 팔괘의 위치가 변하니 이를 일컬어 팔풍이라고 표현한
것으로 보인다. 그리고 여기에서 십무문이란 '십무극의 문'을 줄인 말이

다. 짚고 넘어가야 할 것은 십무문과 금화문이 대체 어떻게 서로 연관이 되는 것일까 하는 점이다. 이는 아마도 금화문의 재료들이 사정방에 있으면서 중궁과 더불어 하나의 큰 열십자(十)의 형상을 만들기 때문에 십무문이라고 불렀을 것으로 추정된다. 따라서 십무문과 금화문은 같은 말인 것으로 보인다.

혹 그게 아니라면, 아래의 두가지 수상도에서 사정방에 있는 빨간색의 좌우 숫자들을 서로 합해보면 사정방에서만 모두 10이 되기 때문에, 이를 일컬어 십무문이라고 명명했을 가능성도 생각해볼 수 있을 것 같다. 이래저래 사정방과 관련이 있다는 점만큼은 확실한 것 같다. 즉 십무문과 금화문은 같은 것이라는 결론이다.

선·후천 도수 변화 전(前)		
7 1	3 5	9 9
8 10	2 7	5 3
4 4	10 8	6 2

선·후천 도수 변화 후(後)		
1 5	7 9	3 3
2 4	6 1	9 7
8 8	4 2	10 6

日月大明乾坤宅天地壯觀雷風宮 일월은 건곤집을 크게 밝히고, 천지 장관 뇌풍궁.

212 •

해와 달은 건곤으로 이루어진 천지의 큰 집을 크게 밝혀주는 두 개의 큰 등불이고, 이렇게 일월에 의해 크게 밝혀진 천지는 뇌천대장과 풍지관을 합하여 나오는 말, 즉 장관이 된다. 말 그대로 천지장관이 이루어진다.

誰識先天復上月正明金火日生宮 선천 복상월이 금화의 태양이 낳는 궁을 정명하게 될 줄을 그 누가 알았으랴.

문왕팔괘가 주재하던 시절의 복상월이 후천 정역을 맞이하여 금화의 태양을 정명하게 될 줄을 그 누가 알았으리요? 이 대목에서 정명이란 용어는 풀이를 하자면 바르게 밝힌다는 말인데, 대체 바르게 밝힌다는 것이 무슨 의미일까? 이는 선천의 달이 19년 동안 7번 윤달을 두는 치윤법을 사용하는 데 비해서 후천에는 전혀 치윤을 하지 않으므로, 치윤에 대한 대대의 의미로 정명이란 용어를 사용하고 있는 것으로 보인다. 선천은 한 달의 주기가 정확히 30일이 되는 것이 아니라서 큰 달과 작은 달이 번갈아 드는 역법이었지만, 후천에는 한 달의 주기가 30일로 항상 일정하고, 때마침 1년의 주기도 360일이므로, 치윤법이 전혀 필요하지가 않다. 따라서 이를 일컬어 정명이라고 표현했을 것이다.

盈虛氣也先天 차고 비는 것은 기이니 선천이다.
消長理也后天 사라지고 자라는 것은 리이니 후천이다.
后天之道屈伸先天之政進退 후천의 도는 굴신, 선천의 정은 진퇴이다.
進退之政月盈而月虛 진퇴의 정은 달이 찼다 비는 것이고,

屈伸之道月消而月長 굴신의 도는 달이 사라졌다 자라나는 것이다.

선천에는 달이 차고 비는 것이지만, 후천에는 사라졌다가 자라난다? 분명 달의 차고 비는 양상이 후천에는 달라진다는 것을 말해주는 듯하다. 대체 어떻게 달라진다는 것일까? 후천이 되면 달이 차고 비는 것이 아니라 사라졌다가 자라나고, 사라졌다가 자라나고를 반복한다? 아무튼 달의 변화 양상은 확실히 달라질 것이고, 그때 가보면 소장이 무엇을 의미하는지는 저절로 자명해지게 될 터…. 다만 시간이 해결해줄 것이 틀림없다. 달의 영허가 소장이 되는 것보다 더 중요한 것이 있다. 모두가 금화문 안으로 들어가도록 힘써야 한다는 점이다. 정말 좋은 세상이 금화문 안에서 우리를 기다리고 있다고 하니, 세상 사람들이 모두 선업을 닦아 반드시 금화문을 구경할 수 있는 광영을 누렸으면 한다.

11 상제의 말씀

정역에서 지인은 우주를 주재하는 조물주를 일컬어 '화무상제'라고 표현하고 있다. 또는 화무옹, 화옹, 화화옹 등등 조금씩 다르게 표현하고 있지만, 모두 우주를 주재하는 조물주 혹은 절대자를 지칭하는 표현임에는 변함이 없다. 지인이 이렇게 절대자를 지칭한다고 해서 유일신을 믿는 기독교 신자가 아니냐는 식으로 생각한다면 조금 곤란해진다. 우리들 한 사람 한 사람의 가슴 속에서 우리들의 일거수일투족을 모두

214 •

살피고 있는 바로 그 하나를 일컬어 화무옹이라고 부르고 있는 것이다. 인도의 힌두교에서는 이를 아트만이라고 부르기도 한다. 그리고 이 절대자는 곧 우주 전체이기도 하다. 이 우주 전체를 브라흐만이라고 지칭하기도 한다. 우리는 하나하나가 곧 작은 우주이면서, 큰 전체 우주와 연결되어 있다. 작은 물방울이지만, 그 작은 물방울은 큰 바다와 떨어져 있는 별개의 존재가 아니다. 그러니 부분이면서 전체이기도 한 것이다. 이를 상수학 용어로 표현한다면, 기독백지수(己獨百之數)라는 개념을 말해야 할 것 같다. 상수학에서 기토는 10이라는 숫자이지만, 또한 100(전체)이라는 숫자를 뜻하기도 하다. 여기서 10이 곧 아트만이고, 100이 곧 브라흐만이다. 따라서 화무상제는 곧 己토를 의미한다고 보아도 된다.

화무상제언

소위 '화무상제언(化无上帝言)'이란 지인의 말씀이 아니고, 공자의 말씀도 아니고, 바로 우주를 주재하시는 조물주의 말씀이란 뜻이니, 그 말씀의 무게 자체가 완전히 달라진다. 앞 장에 이어 달에 대한 이야기가 계속된다. 어찌하여 달에 대한 이야기를 이렇게 많이 하는 것일까? 그 이유는 아마도 달의 변화만큼 사람들이 절실히 체감할 수 있는 게 없기 때문일 것 같다. 다른 것들은 아마도 변화에 대해 금방 적응이 되어 버릴 것이 분명하다. 가령 해 뜨는 동쪽이 달라졌다고 하자. 그 지역에 오래 살았던 사람이라면, 처음에는 아마 엄청난 충격으로 다가오게 될 것이다. 저쪽에서 뜨던 해가 갑자기 이쪽에서 뜨게 된다면, 그 얼마나 크나큰 충격이겠는가! 하지만 이내 곧 적응이 되고 말 것이다. 만약 타 지역에 살았던 사람이라면 아예 적응조차도 필요 없을 정도일 것이다.

'원래 저기서 뜨는 건가보다.'

아마도 이 정도로 넘어가고 말지도 모르겠다. 그러나 달은 다르다. 요즘은 어찌나 바쁘게들 살아가는지 하늘에 달이 어떤 게 떠 있는지조차 잘 보지 않고 있지만, 후천이 되면 전에 뜨던 달과는 확연히 다르다는 것을 매일매일 피부로 절감하면서 살게 될 것이 분명하다. 어쩌면 전혀 다른 행성에 떨어진 것이 아닐까하고 느껴질 정도로 크게 달라질 지도 모르겠다. 그리하여 예전에 보던 그 달이 과연 맞는 지를 의심하게 될 지도, 그것도 매일매일….

復上起月當天心 복상에서 일어난 달이 천심을 마주하고

皇中起月當皇心 황중에서 일어난 달이 황심을 마주한다.

敢將多辭古人月 감히 무릇 말 많던 옛사람의 달이

幾度復上當天心 몇 번이나 복상에서 일어나 천심을 마주 보겠는가.

月起復上天心月 복상에서 일어난 달이 천심월이고,

月起皇中皇心月 황중에서 일어난 달이 황심월이다.

普化一天化翁心 우주를 주재하는 조화옹의 마음이

丁寧分付皇中月 정녕 황심월을 분부하심이로다.

지인께서 스승이 내려주신 화두를 품고 19년간 솔성지공에 몰두하였고, 그렇게 정성스럽게 공부하여 도달한 결과가 바로 이곳에 고스란히 담겨져 있다고 해도 과언이 아니다. 그런데 막상 스승이 내리신 화두를 풀고 보니, 그것이 지인 스스로가 말하는 것이 아니라, 놀랍게도 다름 아닌 조물주가 분부하시는 말씀이라고 선언하고 있으니, 중하고도 중차 대한 부분임에 틀림이 없을 것이다. 그래서인지 과연 시작하는 단어부터 가 심상치가 않다. 복상에서 일어난 달? 달이면 그냥 달이지, 복상에서 일어난 달이란 게 대체 무엇을 말하는 것일까? 돌이켜보면 바로 앞 금화문을 언급하던 부분에서 이미 복상월이란 단어가 한번 튀어나왔었 는데, 그때는 너무 바빠서 언급도 못하고 넘어가고 말았다. 복상에서 일어난 달이란 게 과연 무엇일까? 복상이란 말에서 소위 復이란 '회복할 복'이니, 복잡하게 돌려서 말할 것 없이 꼭 집어서 말을 하자면 주역 64개의 괘상 중의 하나인 지뢰복괘(䷗)를 의미한다. 상괘는 곤괘(☷), 하괘는 진괘(☳)로 되어 있는 것이 바로 지뢰복괘이다. 복상에서 일어난 달이란 결국 지뢰복괘에서 일어난 달이란 말이 되는 것이다. 복상에서 일어나는 달? 지뢰복괘에서 일어난 달이라? 말이 되는 것 같기는 한데 영 의미가 와 닿지를 않는다. 이는 소위 '십이소식괘'란 역학 용어를 알아야 비로소 의미가 풀린다. 그러니 어느 정도 이 분야에 대한 식견이 있지 않은 생 초보들은 아예 구조적으로 접근조차 불가능한 대목이라고 할 수 있겠다. 몇 글자 되지도 않는 이 짧은 문장들을 이해하려면, 적어도 역학 관련한 세 가지를 섭렵하고 있어야 한다. 첫째는 맹희[45]의

---

45) 맹희(孟喜.생몰연대 미상) 전한(前漢)시대 산동성 출신. 자는 장경(長卿). 전왕손 (田王孫)에게서 역을 배웠다고 한다. 『맹씨주역장구(孟氏周易章句)』, 『주역재이 (周易災異)』 등을 지었으나 흩어지고, 청나라 마국한(馬國翰)의 『옥함산방집일서 (玉函山房逸書)』에 일부 수록된 것이 있다고 한다.

십이소식괘, 둘째는 주역에서 나오는 천심天心이라는 용어, 셋째는 소강절46)이 지은 유명한 시들…. 이 정도의 사전 지식들을 구비하고 있거나, 아니면 적어도 그런 것이 있다는 것을 들어 본적이 있어야 비로소 '화무상제언'의 비밀을 탐구해볼 수 있는 자격이 주어진다. 하여 필자가 조금 바빠지게 되었다. 곧바로 본론으로 들어갈 수가 없으니 말이다. 약간의 기초 설명이 필요하다.

먼저 '12소식괘'부터 살펴보기로 한다. 진시황제가 그 유명한 분서갱유의 소란을 일으켰을 때, 『주역』이란 책이 불타지 않고 살아남을 수 있었던 것은 사상이나 철학을 담은 책이 아니라, 단순한 실용 서적의 하나, 즉 단순히 점치는 책에 불과한 것이라고 여겼기 때문이었다. 다행히 천년을 살 기세였던 진시황제가 끝내 불사의 약을 구하지 못하고 저 세상으로 사라진 이후 진나라는 얼마 못가 망하고, 유방과 항우가 건곤일척의 일전을 겨룬 후에야 비로소 한漢이라고 하는 제대로 된 강력한 통일 국가가 들어설 수 있었다. 이후 한나라의 황제들은 대대로 유가의 학술을 제일로 여겼으므로 유가에서 6경의 으뜸으로 숭상한 『역경』이 공자의 귀천 후 처음으로 마치 물 만난 물고기라도 되는 양, 각광을 받을 수 있게 되었고 이후 비약적인 발전으로 이어졌다. 그렇게 한나라 『주역』에서 이뤄낸 가장 큰 성과의 하나가 바로 괘기卦氣를 중심으로 하는 상수역학의 체계를 형성했다는 점이다. 한나라 시대를 대표하는 『주역』의 대가들은 맹희, 초연수, 경방 같은 이들을 들 수

---

46) 소옹(邵雍, 1011~1077) 송나라 상수역학자. 자는 요부(堯夫), 시는 강절(康節), 범양(范陽) 출신.

있다. 그 중에서도 특히 맹희는 괘기설의 창시자이기도 하다. 소위 괘기설이란『주역』의 괘상으로 일 년 동안의 절기 변화를 설명한 것이다. 『주역』의 괘를 일정한 법칙에 따라 사계절, 열두 달, 24절기, 72후 등을 유기적으로 결합하고『주역』과 역법을 융합하는 역학이론을 형성한 것이다. 괘기설의 탄생은 당시 천문학의 급격한 발달과 더불어 그 꽃을 활짝 피우게 된『주역』의 절묘한 합치였다고 말할 수 있다. 고대인들은 농업 경작이 그 무엇보다 중요한 것이었기에 일찍부터 월령과 절기를 사용하였다. 동지와 하지, 춘분과 추분에 대한 인식은 이미 은나라 혹은 하나라 때까지 거슬러 올라가고, 최소한 춘추시대 중기에는 이미 28수의 체계를 확립하고 있었으며, 이를 기준으로 매 달초 황혼과 새벽 사이의 중성中星과 태양의 위치에 대한 정보가 백성들에게 제공되고 있었다. 동시에 규표圭表라는 것을 이용하여, 그림자 길이가 1년 동안 어떻게 변하는지를 관찰하고 동지와 하지의 날짜를 확정지을 수 있었다. 기원전 589년부터는 19년 7윤법이 파악되어 있었다. 그리고 이와 밀접한 연관을 지닌 것이 '사분력(四分曆)'이다. 그것은 365와 4분의 1을 일 년의 주기로 삼는 역법인데 대략 기원전 5세기에 이미 확립되어 있었다. 완전히 구비된 24절기에 대한 기록은 서한시대 초기에『회남자』의 「천문훈편」에 최초로 나타난다. 그 중에서 몇 가지 명칭들은 이미 선진시대의 서적에서도 발견된다. 24절기는 태양이 황도에 있는 위치, 즉 황경黃經에 근거하여 일 년을 24개의 마디로 나누었는데, 각 마디가 바로 하나의 절기이다. 절기 시작일이 절기의 명칭이다. 매 달 첫날을 절節이라 하고, 매 달 가운데를 중中이라고 한다. 24절기 중에서 12개를 절기節氣라고 부르고, 나머지 12개는 중기中氣라고 부른다.

24절기와 12소식괘(十二消息卦)

월	1 인	2 묘	3 진	4 사	5 오	6 미	7 신	8 유	9 술	10 해	11 자	12 축
계절	봄			여름			가을			겨울		
절기	입춘	경칩	청명	입하	망종	소서	입추	백로	한로	입동	대설	소한
중기	우수	춘분	곡우	소만	하지	대서	처서	추분	상강	소설	동지	대한
괘명	태괘	대장괘	쾌괘	건괘	구괘	돈괘	비괘	관괘	박괘	곤괘	복괘	임괘
괘상	䷰	䷡	䷪	䷀	䷫	䷠	䷋	䷓	䷖	䷁	䷗	䷒

이러한 24절기에 주역 괘상을 처음 접목한 이는 바로 맹희이다. 그는 주역 64괘중에서 12개의 괘상을 골라, 지뢰복괘(䷗)부터 중천건괘(䷀)까지는 양기가 증가하고, 천풍구괘(䷫)부터 중지곤괘(䷁)까지는 음기가 증가하는 상이라고 보았다. 아래의 그림은 12소식괘를 이해하기 쉽도록 동그랗게 표현해놓은 그림이다. 여기서, 12개의 괘들은 각 12개월의 중기中氣에 배정된다. 가령 지뢰복괘(䷗)는 동지 날에, 천풍구괘(䷫)는 하지 날에 배속된다. 괘상들의 일련의 변화하는 모습을 보게 되면, 동지에서 하나의 양이 생겨나기 시작하여 양기가 점점 자라나 마침내 건괘를 이루었다가, 다시 하지서부터는 하나의 음이 생겨나 점점 음기가 자라나는 양상이니 한 해를 통틀어 정리해보면, 이른바 일음일양지위도(一陰一陽之謂道), 즉 한번은 음기가 성해

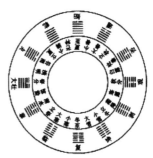

지고 한번은 양기가 성해지는 식의 변화과정이다. 그중에서도 특히 지뢰복괘(䷗)의 위치를 유심히 살펴보아야 한다. 그 괘가 위치한 곳이 바로 정북방이다. 따라서 복상에서 일으키는 달이란 의미는 바로 낙서의 1궁에서 일으킨 달을 뜻하게 된다. 이제 복상기월의 의미를 알았으니, 다음에는 또 천심이 무엇인지를 알아야 한다. 대체 천심을 마주한다는

말은 무엇을 뜻하는 것일까? 이 또한 『역경』을 알지 못하면 도저히 이해가 안 될 수밖에 없는 단어이다. 천심, 하늘의 마음이란 것이 대체 무엇일까? 『주역』「단전」에서 지뢰복괘(☷)에 대해 이르기를

復亨剛反動而以順行 지뢰복괘(☷)가 형통함은 강한 초구初九가 돌아온 때문이니, 순행으로 움직임이라.

是以出入无疾朋來无咎 이로써 출입에 병이 없고, 벗이 오더라도 허물이 없다.

反復其道七日來復天行也 그 도를 반복해서 7일 만에 회복하는 것은 하늘의 행함이요,

利有攸往剛長也 가는 바를 둠이 이롭다는 것은 강이 자라나 하늘(☰)이 될 것이기 때문이다.

復其見天地之心乎 복괘에서 그 천지의 마음을 볼 것이로다.

라고 하였다. 지뢰복괘(☷)의 때는 음력 11월, 다시 말해 자월子月의 중기中氣인 동지 때이고, 하루로 치면 23시에서 01시까지의 자시子時 중에서 정확히 그 중간이 되는 자정에 해당한다. 소강절이 『황극경세서』[47]에서 천개어자(天開於子)라고 하였듯이 한밤중 자정이 되면, 소강절은 바로 이때가 되면 조용히 하늘이 열릴 것이고 하늘이 그 마음을 나타낼 것이라 말해준다. 아직 이를 믿지 못하겠다면 북송 시대 주역의 대가였던 소강절이 지은 시 한수를 음미해보아야 한다.

冬至子之半 天心无改移 자월子月 한가운데 동지, 천심은 고치거나 옮김이

---

47) 『황극경세서(皇極經世書)』소강절의 저서. 천개어자(天開於子), 지벽어축(地闢於丑), 인기어인(人起於寅), 묘생만물(卯生萬物)이라고 하였다.

없다.

一陽初動處 萬物未生時 일양이 처음 동하는 곳, 만물은 아직 미생의 때.

玄酒味方淡 大音聲正希 검은 빛의 술은 아직 싱겁고, 큰 소리는 정히 희미하네,

此言如不信 更請問包羲 이 말을 믿지 못하겠거든 다시 복희씨에게 물어보라.

계절로 치면 겨울의 한 가운데 동지에 해당하고, 하루로 치면 한창 꿈속을 헤매고 있을 때가 바로 자정의 때이다. 한기가 극성을 부리고 만물이 얼어붙는 엄동설한에 어떻게 감히 양기를 주장할 수 있을까? 역易이란 미래를 내다보는 학문이다. 보이지 않는 이면에 은밀히 숨어있는 변화의 기미를 읽어내는 학문이 바로 역易이다. 눈으로 보이고 겉으로 드러난 것만을 읽어내는 것은 결코 역易이라 말할 수가 없다. 동지에는 아직 만물이 나오지 않고 단지 하나의 양기만이 어렴풋이 땅 속에서 꿈틀거릴 뿐이지만, 반드시 하늘은 머지않아 만물을 생동하도록 주장할 것이기에 무엇보다도 제일 먼저 하늘이 그 징조를 보인다는 것이다. 비록 하늘은 훤히 열리지만, 만물은 아직 동하지 않는다. 자시에 하늘이 가장 먼저 열리고, 이어 축시에 땅에 변화가 있을 것이고, 인시에 사람이 움직이기 시작하고, 묘시에 만물이 드러날 것이다. 정해진 이치가 그러하다는 것이다. 소위 현주라 하는 것은 곡물로 빚어낸 술이 아니라 북방의 자수子水를 일컫는다. 아직 익지 않았기에 그 맛은 맹탕이지만, 저 멀리 깊은 땅 속에서는 우레가 우르릉 쿵쾅 우르릉 쿵쾅 거리며 뇌성을 크게 울리며 징조를 알려온다. 하지만 무감각한 범인의 감각으로는 아무것도 느낄 수가 없고 단지 보이는 것이 아득하기만 하니, 그리하여 도저히 이를 믿지 못하겠다면 복희씨에게 물어보라고 말한다. 이왕내친 김에 소강절이란 인물이 어느 정도의 경지에 올라섰는지를 느낄 수

222 •

있게 해주는 천근월굴(天根月窟)이란 유명한 시 한수를 더 감상해보도록
한다.

이 목 총 명 남 자 신 홍 균 부 여 불 위 빈
耳目聰明男子身 洪鈞賦與不爲貧

수 탐 월 굴 방 지 물 미 섭 천 근 기 식 인
須探月窟方知物 未攝天根豈識人

건 우 손 시 관 월 굴 지 봉 뢰 처 견 천 근
乾遇巽時觀月窟 地逢雷處見天根

천 근 월 굴 한 왕 래 삼 십 육 궁 도 시 춘
天根月窟閑往來 三十六宮都是春

눈과 귀가 총명한 남자의 몸을 조물주께서 주셨으니 가난하지 않구나.
월굴을 살펴본 뒤라야 비로소 만물을 알 것이며,
천근을 밟지 못하면 어찌 사람을 알겠는가.
하늘이 바람을 만나는 때에 달의 굴을 볼 것이요.
땅이 우레를 만나는 곳에서 하늘의 뿌리를 볼 것이다.
천근과 월굴을 한가하게 왕래하니 삼삼육궁이 온통 봄이로구나.

참으로 알쏭달쏭 어려운 말들뿐이다. 천리 길도 한 걸음 부터라고
했으니 하나씩 풀어가 보자. 소강절이 노래하기를, 하늘이 바람을 만나
는 때라고 했으니, 이는 건괘(☰)가 손괘(☴)를 만나 천풍구괘(☴)가
되는 것을 의미한다. 이때가 바로 12소식괘에 의하면 하지가 되는데,
하지가 되면 월굴을 볼 수 있을 것이라고 말한 것이다. 그리고 땅이
우레를 만난다고 했으니, 이는 곤괘(☷)가 진괘(☳)를 만나 지뢰복괘(☳)
가 되면, 이때가 동지가 되는데, 동지가 되면 천근을 볼 수 있을 거라고
한다. 일월이 지극히 나태해 보일 정도로 쉬지 않고 천천히, 천천히
운행하면서 하지와 동지를 계속 "왔다리·갔다리"를 반복하다보면 그
언젠가는 반드시 온 세상에 햇볕이 따뜻하게 내리쬐는 화사한 봄날이
되는 때가 오게 될 것이라는 희망의 소식을 우리들에게 들려주고 있는

것이다. 이 정도면 소강절이 크게 한 소식 했다고 인정할 수 있지 않을까?

지금까지 살펴본 바에서 느낄 수 있었겠지만, 천심, 천근, 천개어자, 현주 등등이 모두 낙서의 정북방에 위치한 1궁에 관한 이야기임을 알 수 있을 것이다. 한 마디로 말해서 동지 때가 되면 하늘이 열리고, 하늘의 마음을 볼 수 있고, 하늘의 뿌리를 볼 수 있고, 게다가 검은 색 빛깔이 도는 현주라는 술까지 맛볼 수 있다는 것이다. 이처럼 천지가 비록 무심한 듯이 보이지만 사실은 천지에도 마음이란 것이 있고 거기서 나오는 천지의 기氣가 정상적으로 운행되어야 생기가 발휘되어 만물이 온전히 생육할 수 있는 것이다. 만약에 천발살기(天發殺氣), 하늘이 살기를 발하게 되면 별들이 그 위치를 상실하게 되고, 이어 땅에서는 무시무시한 용사龍蛇가 기어 나오고, 마침내는 천지가 뒤집히고 엎어지기에 이른다고 고대의 현자들이 우리들에게 일러준다.[48] 그 뿐만 아니라 대우주인 천지로 부터 마음과 기를 받아 나왔기에 소우주라고 일컬어지는 사람도 마음이 있는 것이고, 생기生氣가 있는 것이라고 한다. 내 마음을 천지의 마음과 일치시키고 내 기운을 천지의 기운과 합치시킬 때 비로소 천인합일(天人合一)이 이루어지면서 자연스럽게 천지의 변화에 동참하는 지인至人의 경지를 득할 수 있는 것이라고 한다.

敢將多辭古人月 감히 무릇 말 많던 옛사람의 달이

幾度復上當天心 몇 번이나 복상에서 일어나 천심을 마주하게 되리오.

48) 『음부경』 상편에 이르기를 天發殺機(천발살기) 移星易宿(이성역수) 地發殺機(지발살기) 龍蛇起陸(용사기륙) 人發殺機(인발살기) 天地反覆(천지반복) 이라고 하였다.

224 •

이 구절의 의미도 이제 그리 어렵지 않을 것이다. 한 마디로 정리하자면 문왕팔괘도가 주재하는 가운데 우리들에게 다가왔던 그 동안의 그 모든 달들은 모두 복상에서 일어난 '천심월'이었다고 정리할 수 있다. 그러나 정역팔괘가 주재하는 시절이 되면 얘기가 달라진다. 문왕팔괘가 주재하던 선천이 저물게 되면, 곧이어 정역팔괘가 주재하는 후천이 오게 될 것이다. 과거 수 천년동안 문왕팔괘도가 주재하던 시절, 그 말들이 많았던 천심월도 이제 마지막이 얼마 남지 않았으니, 가까운 시일 내에 반드시 '천심월'의 끝을 보게 될 것이라는 의미이다.

月起復上天心月 복상에서 일어난 달이 천심월이고,
月起皇中皇心月 황중에서 일어난 달이 황심월이다.
普化一天化翁心 우주를 주재하는 조화옹의 마음이
丁寧分付皇中月 정녕 황심월을 분부하심이다.

이리하여 우리는 이제 가까스로 '화무상제언'의 여러 대목에서 약 절반 정도를 이해할 수 있게 되었다. 조물주의 말씀이라 그런지 좀 어렵기는 하지만, 한 걸음씩 가다보면 분명 그 끝이 있을 것이다. '복상기월당천심'이란 동지의 때에 일어나는 달이 천심을 마주한다는 것이고, '월기복상천심월'이란 말은 복상에서 일어나는 달이 바로 '천심월'이라고 정확히 콕 집어서 그 정체성을 알려주는 것이다. 이제 여기에는 의문이 없게 되었을 것이다. 다만 천심을 마주한다는 부분에 대한 보충설명만큼은 조금 있다가 다시 추가하기로 한다.

다음은 황심월이다. '월기황중황심월'이란 황중에서 일어난 달이 바로 '황심월'이라고 아주 쉽게(?) 설명해주고 있는데, 황중黃中이란 것이 과연 무엇인지가 주요 관건이다. 누를황, 가운데 중. 누를황은 영락없이 토기土氣이니 토土의 한 가운데가 황중이 된다는 건데, 알 듯 모를 듯, 알듯 모를 듯, 알쏭달쏭, 참 애매하기 그지없다. 난이도가 이 정도나 되니 무려 19년 동안의 지극정성이 필요할 수밖에 없었던 것이리라. 그럼에도 불구하고 지금부터 우리는 온통 수수께끼 같기만 한 지인의 말씀을 이해해보는 불가능한 일에 겁도 없이 감히 한번 도전해보기로 한다. 가장 급선무는 황심월이란 것을 황중에서 기월한다는 말의 뜻을 이해해야 한다. 그런데 이를 이해하기 위해서는 먼저 천심월이란 것이 복상에서 기월한다는 의미를 매우 엄밀하고도 정확하게 인식하고 있어야 한다. 그래야 비로소 황중기월의 올바른 의미를 짐작해볼 수 있게 되는 것이다.

선·후천 도수 변화 전(前)			선·후천 도수 변화 후(後)		
7 1	3 5	9 9	1 5	7 9	3 3
8 10	2 7	5 3	2 4	6 1	9 7
4 4	☰ 10 8 복상	6 2	8 8	4 2	10 6

그리고 필자는 그 의미를 이해하는 첩경이 바로 위에 보이는 두 수상도에 고스란히 담겨져 있다고 본다. 먼저 알아야 할 것이 하나 있다. 선천의 천심월을 탐구할 때는 왼쪽 도표의 지반수를 살펴야 하고, 후천 황심월을 탐구할 때는 오른쪽 도표의 천반수를 살펴야 한다. 이 또한 기문에 있어 기초 중의 기초에 해당하는 내용이지만 문외한이라면 도저히 쉽사리 알 수가 없는 내용일 것이다. 이래저래 장벽이 많을 수밖에 없는 것이다. 천심월을 낙서의 1궁에서 기월한다고 가정해보자. 왼쪽 그림의 1궁 지반수로부터 시계방향으로 궁을 옮겨가면서 어떤 지반수들을 만나게 되는 지를 읽어보자.

8 ➡ 4 ➡ 10 ➡ 1 ➡ 5 …

시계방향으로 옮겨가면서 이렇게 숫자들을 지나가게 될 것이다. 그리고 지금까지 지나간 숫자들을 모두 더해보기로 한다.

8 + 4 + 10 + 1 + 5 = 28

그리 어렵지 않게 28이란 숫자가 나오게 된다. 이 숫자가 무엇일까? 바로 선천 달의 운행도수이고 28수의 숫자이다. 복상에서 기월한 선천의 달은 결국 28일이 지나면 28수를 다 채우게 되고 결국 낙서 9궁에 도달한다. 그렇게 성도한 달이 9궁에서 바라보는 것은 당연히 반대편에 있는 1궁이 될 것이고, 그 1궁의 천반수를 바라보면, 거기에 10이라는 숫자가 떡하니 버티고 있는데, 이것이 바로 천심이다. 낙서 1궁에서 일어난 달이 바로 복상기월인 것이고, 28일이 지나 낙서 9궁에서 마주 바라보게 되는 10이라는 숫자가 바로 천심이 되는 것이니 천심월이 된다. 복상에서 일어난 달이 천심을 마주한다는 구절과 정확히 부합된다. 바로 요 대목까지 정확히 인지가 되어야 비로소 황심월이란 것의 정체를 찾을 수 있는 기본 자격 요건을 갖추게 된다. 그냥 설렁설렁 대충 알아가지고는 절대로 넘볼 수 없는 화두이다. 다음에는 복상기월에 대응하는 황중기월이란 것을 찾아야 할 차례이다. 소위 복상이란 것은 지뢰복괘(䷗)의 괘상이었다. 그렇다면 황중이란 것의 괘상은 어떤 것일까?

괘명	태괘	대장괘	쾌괘	건괘	구괘	돈괘	비괘	관괘	박괘	곤괘	복괘	임괘
괘상	䷊	䷡	䷪	䷀	䷫	䷠	䷋	䷓	䷖	䷁	䷗	䷒

위의 12소식괘에서 등장하는 12개의 괘상을 가만히 들여다보자. 과연 어떤 괘상이 황중이란 괘상에 부합하는 가를 짐작해볼 수 있을 것이다. 괘상을 숫자에 빗대어 설명하자면, 가령 중지곤괘는 양기가 비워져 있어서 0인 것을 상징하고, 중천건괘는 양기가 가득차서 10인 것을 상징한다. 따라서 일 년 동안의 괘상의 변화라는 것을 따지고 보면, 결국 양기가 0에서 10으로 올라갔다가 다시 10에서 0으로 내려가는 과정에 불과한 것이다. 그러면 양기가 5인 것에 해당하는 괘상은 무엇일까? 그것이 바로 황중일 것이다. 바로 지천태괘(䷊)가 황중에 해당하는 괘상이다. 이제 황중에 해당하는 괘상을 알았으니, 다음에 후천에 배정되는 지뢰복괘(䷗)의 위치를 알아야 한다. 그래야 황중에 해당하는 궁을 정확히 알 수 있게 된다. 과연 후천에는 지뢰복괘가 어디에 위치하게 될 것인가? 좀처럼 쉬운 문제가 아니다. 하지만 너무도 다행스럽게도 성현께서는 후천이 되면 사용하게 될 24좌향도를 손수 그려서『정역』본문에 수록해놓았고, 그것이 고스란히 지금까지 남아 전해지고 있으니,

228 •

우리는 그것을 통해서 이 문제를 풀어볼 수 있게 되었다. 다음에 보이는
두 그림 중에서 먼저 왼쪽은 선천에 사용하던 24 좌향도인데 이것이
없어지면 당장 모든 풍수가들이 밥을 굶어야 할 정도로 매우 중요한
그림이다. 다행인지는 몰라도, 후천에도 풍수가들이 밥을 굶을 일은
없을 것 같다. 오른쪽의 24 좌향도를 사용하면 될 테니까 말이다. 두
좌향도를 비교해보면 선천의 경우에는 동서남북의 4정 방향을 자·오·
묘·유가 장악한 것을 필두로 주요 방향은 모두 12지지가 장악하고
있었고, 팔괘는 단지 12지지를 보조해주는 역할에 그치고 있음을 알
수 있다. 그에 반해서 후천의 경우에는 사방팔방의 주요 방위를 모두
팔괘들이 독차지하고 있고, 12지지는 단지 팔괘들을 보조해주는 수준에
놓이게 됨을 알 수 있다. 북쪽도 이제는 더 이상 子 방향이 아니고,
후천에는 乾 방향으로 그 명칭이 바뀐다.

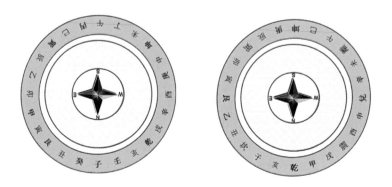

그리고 후천의 24좌향도를 자세히 살펴보면, 선천 24좌향도와 확실히
子가 놓이는 위치49)가 달라져 있음을 알 수 있다. 선천에는 정북쪽에

49) 보다 정확히 말한다면, 후천에는 지뢰복괘의 위치가 축의 위치로 바뀌어야 한다.

있었는데, 후천에는 정북쪽이 아니라 조금 더 동쪽으로 기울어져 있으니, 이를 북동쪽이라고 말해야 할 것 같다. 따라서 후천 24좌향도를 참고로 하면, 지뢰복괘(䷗)의 위치가 후천에는 낙서의 1궁이 아니라 낙서의 8궁으로 옮겨진다는 것을 그리 어렵지 않게 알 수 있게 된다. 아래에 그려진 그림을 보면서 정말로 어렵기 그지없는 이 개념에 대한 이해를 시도해보기로 한다. 우선 후천에는 낙서의 8궁에서 지뢰복괘(䷗)가 시작된다. 그리고 그 결과 지천태괘(䷊)의 위치는 자동적으로 낙서의 4궁에 배정되어야 한다. 다시 말해서 낙서 4궁에서 기월하는 달이 소위 말하는 후천의 황중기월이 된다. 아까와 마찬가지로 4궁의 천반수로부터 시계방향으로 진행해 나가보면,

1 ➡ 7 ➡ 3 ➡ 9 ➡ 10 ⋯

이번에도 시계방향으로 옮겨가면서 이렇게 숫자들을 지나가게 될 것이다.

복상기월 천심월		
7 1	3 5	9 9
8 10	2 7	5 3
4 4	䷗ 10 8 복상	6 2

황중기월 황심월		
䷊ 1 5 황중	7 9	3 3
䷊ 2 4	6 1	9 7
䷗ 8 8	4 2	10 6

그리고 복상기월에서 했던 것과 똑같은 방식으로 지금까지 지나간 숫자들을 모두 더해보기로 한다.

1 + 7 + 3 + 9 + 10 = 30

이번에는 30이란 숫자가 나오게 된다. 이 숫자가 무엇일까? 바로 후천 달의 운행도수이다. 후천에는 황중에서 기월하게 되면 30일이 지나 반드시 낙서 6궁에 도달하게 된다. 그러면 당연히 반대쪽에 있는 낙서 4궁을 바라보게 된다. 그리고 낙서 4궁의 지반수엔 5라는 숫자가 떡하니 버티고 있다. 황중에서 일어난 달이 황심을 마주한다는 글귀에 정확히 부합하는 바가 된다. 낙서 4궁에서 일어난 달이 황중기월인 것이고, 30일이 지나 낙서 6궁에서 마주 바라보게 되는 5라는 숫자가 바로 황심월이 된다. 이렇게 해서 온통 수수께끼의 바다로 느껴지던 화무상제의 말씀이 그 의미를 드러내었고, 동시에 도저히 열릴 것 같지 않았던 견고한 비밀의 문, **영동천심월이 그 모습을 드러내게 되었다.** 소위 영동천심월이란 말을 풀이하자면, 그림자가 천심월을 동하게 하였다는 의미이고, 그 결과가 바로 황심월이 되는 것이다. 여기서 그림자란 다시 말해 하늘을 말한다. 그러므로 정리해보면 하늘이 천심월을 동하게 만들었다는 뜻이 된다. 그런데 어찌해서 필자는 지금 감히 그림자가 곧 하늘을 말한다고 단정해서 주장할 수 있는 것일까? 과감함일까? 아니면 무모함일까?

地載天而方正體 땅은 하늘을 싣고 방정하니 바탕인 몸이 되며,

天包地而圓環影 하늘은 땅을 둥그렇게 감싸고 있는 그림자이다.

大哉體影之道 크도다! 체영의 도

이 대목은 이미 앞에서 다루었던 구절(부록 241페이지 참조)들이다. 지인은 이미 이곳에다가 '영동천심월'의 비밀 중에서 그림자(影)에 대한 설명을 완료해놓았던 것이다. 하늘이 곧 그림자이다. 단지 우리가 그것을 미처 깨닫지 못하고 있었을 뿐…. 결론적으로 연담이 지인에게 내려준 '영동천심월'이란 화두는 장차 도래하게 될 하늘의 변화, 다시 말해서 '하늘의 변고'에 대한 소식을 넌지시 알려주고 있었던 것이니, 이는 선후천 전환기에 인류가 겪게 될 우주적 대 격변, 엄청나게 큰 변고에 대한 결정적인 힌트였던 셈이다!

천심의 계보

급한 대로 천심월과 황심월의 정체성에 대해 살펴보았으나, 여기서 한 가지 잠시 짚어보고 넘어가야 할 것이 있다. 『주역』에 천심이란 용어가 처음 등장하고 있다고 설명했지만, 정확히 『주역』 어디에 적시되어 있었는지를 상기해보자. 어디였을까? 바로 지뢰복괘의 「단전」이다. 그럼 그것은 누가 쓴 것일까? 「단전」은 「십익」 중의 하나이니 공자가 쓴 것이다. 그럼 공자는 천심이란 것이 낙서 1궁과 결부되어 있음을 대체 어떻게 알았더란 말인가? 그리고 소강절이 그의 시에서 말한 천심, 그는 또 감히 어떻게 천심이란 말을 운운할 수 있었던 것일까? 낙서 1궁에서 천심을 운운하기 위해서는 반드시 앞에서 보았던 수상도상에서 낙서 1궁에 있는 천반수 10무극을 인지하고 있어야만 한다. 그래야 비로소 천심을 운운할 수 있게 된다. 그들이 이 수상도를 보기라도 했더란 말인가? 의문은 여기서 그치지 않는다. 연담은 어떻게 소위

영동천심월이란 화두를 지인에게 내려줄 수가 있었던 것일까? 공자가
정역팔괘를 보았던 것일까? 공자는 그렇다 치더라도 소강절이나 이연담
은 또 정역팔괘를 보았던 것일까? 절대 그럴 리가 없다! 절대로! Never!
절대로? 극즉반…. 부정의 강도가 너무 강해지다 보니, 왠지 오히려
더 의심이 가기 시작한다. 소강절의 시에서 마지막 '삼십육궁도시춘'이
란 구절을 떠올려 보자. 소강절의 이 시는 천여 년의 세월을 내려오는
동안 정말 유명하고도 유명한 시구詩句였다. 요샛말로 치자면 싸이의
강남스타일이라고 해야 할 정도였다. 동아시아에서 글 좀 읽었다는
문객들은 하나같이 모두 다 이 구절에 흠뻑 빠져 들었었다. 그야말로
빅 히트 중의 빅 히트를 친 엄청난 작품이었다. 내로라하는 문객들은
다양한 방법으로, 때로는 자기 멋대로, 제 마음 내키는 대로 아전인수식
으로, 이놈 저놈이 죄다 끌어다 썼던 문구가 바로 이것이었다. 하물며
저 유명한 매국노 이완용 같은 작자도 일제에 아부하면서 '삼십육궁도시
춘'이라고 한 마디 내뱉은 바가 있다. 일제 강점기가 바로 우리 민족이
꿈꾸어왔던 이상향이라고 노래했던 것이다. 얼이 빠져도 단단히 빠졌던
것이 틀림없다. 그런데 중요한 것은 '삼십육궁도시춘'이란 말이 무엇일
까? 두 말할 것도 없이 이상향을 얘기하는 것이다. 유토피아를 말하는
것이다. 그런데 어떻게 '온 세상이 온통 봄날이로구나.' 라고 읊을 수가
있었단 말인가? 지난 세월을 통틀어 온 세상이 온통 봄날이로구나에
해당하는 시대가 과연 어디에, 어느 때에 있었더란 말인가? 그런 세상은
단지 머릿속에나 존재하는 그런 것이었다. 돌이켜보면 우리들 같은
보통 사람들이 살아온 세상은 항상 살아내기가 팍팍하기 그지없는
험한 세상들뿐이었다. 최근 들어 그나마 밥술이나 좀 뜨고 있는 정도이

지, 언제 우리가 '온 세상이 온통 봄날이구나.' 라고 춤추고 노래할 수 있었더란 말인가? 그럼, 이상향은 언제 오는 것인가? 정역의 시대가 바로 이상향이다. 소강절이 정역의 시대를 기다리고 있었다고 해서 조금 억지스러운가? 소강절이 설마 정역팔괘를 알고 있었다는 말이 억지 같은가? 그럼 다시 공자의 얘기로 돌아가 보자. 공자는 '삼십육궁도 시춘'이란 말도 꺼내지도 않았었는데, 어째서 공자인가? 그는 사실 「십익」을 저술하면서 이미 10무극대도를 언급한 셈이지만, 더불어 『주역』 「설괘전」 제6장을 보면 뭔가가 있음을 감지할 수 있다. 이미 주지하는 바와 같이 「설괘전」도 「십익」 중의 하나이니 이 또한 공자가 쓴 것이다.

神也者妙萬物而爲言者也 신이란 만물을 신묘하게 함을 말한 것이니,

動萬物者莫疾乎雷 만물을 움직이게 함은 우레보다 빠름이 없고,

撓萬物者莫疾乎風 만물을 흔듦은 바람보다 빠름이 없고,

燥萬物者莫熯乎火 만물을 건조시킴은 불보다 더함이 없고,

說萬物者莫說乎澤 만물을 기쁘게 함은 연못보다 더함이 없고,

潤萬物者莫潤乎水 만물을 적심은 물보다 더함이 없고,

終萬物始萬物者莫盛乎艮 만물의 종시는 간보다 성함이 없다.

故水火相逮 고로 물과 불이 서로 미치고 따르며,

雷風不相悖 우레와 바람이 서로 거스르지 아니하며,

山澤通氣然後 산택이 기를 통한 뒤에야

能變化旣成萬物也 능히 변화하여 만물을 이루는 것이다.

여기서 팔괘 중에서 유독 건괘와 곤괘에 대한 설명이 빠져 있다.

234　•

나머지 진괘와 손괘가 서로 거스르지 아니하며, 감괘와 리괘가 서로 미치고 따르며, 태괘와 간괘가 기를 통한 연후에야 능히 변화하여 만물을 이룬다고 한다. 어떻게 보면 복희팔괘 배열을 설명하는 듯도 하고, 또 어떻게 보면 정역팔괘 배열을 설명하는 듯도 하다. 이 헷갈리는 상황에 당해 주희가 『주역본의』에서 주석을 달기를,

此去乾坤而專言六子 이는 건곤괘를 빼고 오로지 여섯 괘만을 말하여
以見神之所爲 신의 하는 바를 나타낸 것이다.
然其位序亦用上章之說 그 위치와 차례는 또한 상장의 말을 따랐는데
未詳其義 그 뜻은 상세하지 않다.

그 뜻은 상세하지 않다? 주희가 주석을 달다가 말고 '아이구, 정말 잘 모르겠다.'라고 생각하며 그만 꼬리를 내려버린 것이다. 그는 한 마디로 상세하지 않아서 잘 모르겠다고 말한다. 대충 「설괘전」제 3,4,5장에서 이미 복희팔괘와 문왕팔괘 배열을 실컷 얘기했는데, 어째서 또 다시 팔괘의 배열을 얘기하고 있는지 잘 모르겠고, 건괘와 곤괘는 또 왜 빼놓았는지도 잘 모르겠고, 아무튼 자세하지 않아서 잘 모르겠다는 것이 주희가 주석해놓은 내용이라 할 수 있겠다. 이 정도 주석이면, 뭐 하나마나한 주석이 아니겠는가? 이것도 주석이라고 해놓았던 건지, 내 참…. 한 가지 마음에 드는 것은 참 솔직해서 좋다. 잘 모르겠다고 얘기하는 것도 사실 아무나 할 수 있는 게 아니다. 이렇게까지 이야기하는 데도 아직도 감이 잘 오지 않는다? 그렇다면 몇 글자 되지도 않으니, 「설괘전」제3장부터 자세히 살펴보자.

^{천 지 정 위}
天地定位 천과 지가 자리를 정하고

^{산 택 통 기}
山澤通氣 산과 연못이 기(氣)를 통하며,

^{뢰 풍 상 박}
雷風相薄 우레와 바람이 서로 부딪치고,

^{수 화 불 상 석}
水火不相射 물과 불이 서로 쏘지 아니하며,

^{팔 괘 상 착}
八卦相錯 팔괘가 서로 섞이니,

^{수 왕 자 순}
數往者順 지나간 것을 셈은 순(順)이요

^{지 래 자 역}
知來者逆 미래를 앎은 역(逆)이다.

^{시 고 역 역 수 야}
是故易逆數也 그러므로 역(易)은 거슬러 세는 것이다.

뭐 그리 어려운 대목도 없다. 이미 우리가 익히 알고 있는 복희팔괘에 대한 평범한 설명들이 이어진다. 뒷부분에서 약간 어려운 말이 나오기는 하지만, 주희의 다음 설명을 들어보면 쉽게 이해가 갈 것이다. 이러한 「설괘전」 제3장에 대해 주희가 또 뭐라고 주석을 달아놓았을 지가 참으로 궁금하다.

^{소 자 왈 차 복 희 팔 괘 지 위}
邵子曰此伏羲八卦之位 소자가 말하기를, 이것은 복희팔괘의 자리이니,

^{건 남 곤 북 리 동 감 서}
乾南坤北離東坎西 건(☰) 남, 곤(☷) 북. 이(☲) 동, 감(☵) 서,

^{태 거 동 남 진 거 동 북}
兌居東南震居東北 태(☱) 동남, 진(☳) 동북,

^{손 거 서 남 간 거 서 북}
巽居西南艮居西北 손(☴) 서남, 간(☶) 서북.

^{어 시 팔 괘 상 교 이 성 육 십 사 괘}
於是八卦相交而成六十四卦 이에 8괘가 서로 사귀어 64괘를 이루니

^{소 위 선 천 지 학 야}
所謂先天之學也 이른바 선천의 학(學)이다.

^{기 진 이 력 리 태}
起震而歷離兌 진(☳)에서 시작하여 이(☲), 태(☱)를 지나

^{이 지 어 건}
以至於乾 건(☰)에 이르게 된 것은

236 ●

^{수 이 생 지 괘 야}
數已生之卦也 이미 생겨난 괘를 세는 거고,

^{자 손 이 력 감 간}
自巽而歷坎艮 손(☴)으로부터 감(☵), 간(☶)을 지나

^{이 지 어 곤}
以至於坤 곤에 이르게 된 것은

^{추 미 생 지 괘 야}
推未生之卦也 아직 생기지 않은 괘를 미루어 추정하는 것이다.

^{역 지 생 괘}
易之生卦 역(易)이 괘(卦)를 낳음은

^{즉 이 건 태 리 진 손 감 간 곤 위 차}
則以乾兌離震巽坎艮坤爲次 건태이진손감간곤의 차례이기 때문에

^{고 개 역 수 야}
故皆逆數也 모두 거슬러서 세는 것이다.

주희가 얼마나 하고 싶은 말이 많았던지 소자, 즉 소강절을 들먹여가면서 천상유수와 같이 설을 풀어놓았다. 앞서 살펴본 제6장의 분위기와는 참 많이 다르다는 것을 그리 어렵지 않게 눈치 챌 수 있을 것이다. 주희는 복희팔괘도에 대해서는 아마도 눈감고도 얼마든지 그릴 수 있었을 것이다. 그러니 얼마나 할 얘기가 많았을까! 이토록 박학다식하기 그지없는 주희가, 이렇게 말이 많은 주희가, 어째서 제6장에선 몇 글자 토를 달지도 못했을까? 이왕 내친 김에 「설괘전」제4장도 살펴보자.

^{뢰 이 동 지 풍 이 산 지}
雷以動之風以散之 우레로써 동하고, 바람으로써 흩고,

^{우 이 윤 지 일 이 훤 지}
雨以潤之日以烜之 비로써 적시고, 해로써 따뜻하게 하고,

^{간 이 지 지 태 이 열 지}
艮以止之兌以說之 간(艮)으로써 그치고, 태(兌)로써 기쁘게 하고,

^{건 이 군 지 곤 이 장 지}
乾以君之坤以藏之 건으로써 임금노릇 하고, 곤으로써 감춘다.

여기까지는 공자가 말한 것이다. 공자는 여기서 제3장의 복희팔괘에 대한 추가 설명을 시도하는 것으로 보인다. 복희팔괘를 구성하는 괘들의 작용, 다시 말해 그 쓰임새가 어떤 것인지를 말해주고 있다. 그리고

공자의 이러한 서술에 대해 『주역본의』에선 주희가 다음과 같이 주석을
달아놓았다.

此卦位相對與上章同 이것은 괘의 자리가 상대함이니, 상장과 같다.

그가 아주 간략하게 말하기를, 앞장, 즉 다시 말해 제3장의 내용과
같다고 설명한다. 복희팔괘도에 대한 보충 설명이라는 뜻이다. 지극히
상식적인 상황이므로 문제될 것이 없다. 그리고 이왕 내친 김에 「설괘전」
제5장도 살펴보자.

帝出乎震齊乎巽 상제가 진(震)에서 나와 손(巽)에 깨끗하고

相見乎離致役乎坤 이(離)에서 서로 보고 곤(坤)에 일을 맡기고,

說言乎兌戰乎乾 태(兌)에 기뻐하고, 건(乾)에 싸우고,

勞乎坎成言乎艮 감(坎)에 위로하고, 간(艮)에 이룬다.

공자가 설명한 바가 이러한데, 이에 대해 『주역본의』에서 그 설 풀기
좋아하는 주희는 또 뭐라고 장황하게 설을 풀어놓았을까?

帝者天之主宰 제(帝)는 하늘의 주재(主宰)이다.

邵子曰 소자(邵子)가 말하였다.

此卦位乃文王所定 이 괘의 자리는 곧 문왕이 정한 것이니,

所謂後天之學也 이른바 후천의 학(學)이란 것이다

萬物出乎震震東方也 만물이 진에서 나오니, 진(震)은 동방이다.

齊乎巽巽東南也 손에 깨끗하다는 것은 손은 동남이니,

齊也者言萬物之潔齊也 제(齊)는 만물이 깨끗함을 말한 것이다.

離也者明也 이(離)는 밝음이니,

萬物皆相見 만물이 모두 서로 만나보기 때문이니,

南方之卦也 남방의 괘(卦)이다.

聖人南面而聽天下 성인이 남면(南面)하여 천하를 자세히 듣고

嚮明而治蓋取諸此也 밝은 곳을 향해 다스림은 여기에서 취한 것이다.

坤也者地也 곤(坤)은 땅이니,

萬物皆致養焉 만물이 모두 기름을 이루므로

故曰致役乎坤 곤에 일을 맡긴다 한 것이다.

兌正秋也萬物之所說也 태는 가을이니, 만물이 기뻐하는 바이다.

故曰說言乎兌 고로 태(兌)에 기뻐한다 하였다.

戰乎乾 건에 싸운다는 것은

乾西北之卦也 건은 서북의 괘이니

言陰陽相薄也 음양이 서로 부딪힘을 말한 것이다.

坎者水也 4감(坎)은 물이니,

正北方之卦也 바로 북방의 괘(卦)이니,

勞卦也 위로받는 괘(卦)이니,

萬物之所歸也 만물이 돌아가는 바이므로

故曰勞乎坎 감(坎)에 위로한다 한 것이다.

艮東北之卦也 간(艮)은 동북의 괘이니,

萬物之所成終而所成始也 만물이 종시를 이루는 것이므로

故曰成言乎艮 간(艮)에 이룬다 한 것이다.

上言帝 ^{상 언 제} 위에서는 상제(上帝)를 말하고

此言萬物之隨帝以出入也 ^{차 언 만 물 지 수 제 이 출 입 야} 여기선 만물이 상제를 따라 출입함을 말했다.

此章所推卦位之說 ^{차 장 소 추 괘 위 지 설} 이 장(章)에 미룬 바 괘위(卦位)의 말은

多未詳者 ^{다 미 상 자} 상세하지 않은 부분이 많다.

주희가 제3장과 마찬가지로 제5장에서도 할 말이 상당히 많았던 것 같다. 그 말이 너무도 많아서 이렇게 적어내려 가면서도 은근히 열이 받을 정도이다. 주희는 바로 이런 사람이었다. 그는 사실 참 말이 많았던 사람임에 분명하다. 그런데 그런 주희가 제6장에선 갑자기 버~벅 거리고 있는 것이다. 그 말 많던 대학자가 전혀 힘을 못 쓰고 말을 더듬다가는 급기야는 슬쩍 꼬리를 내리며 얼버무리고 만 것이다. 간단히 정리하면 「설괘전」 제3장과 제4장은 복희팔괘를 설명하였다. 그리고 제5장은 누가 보아도 문왕팔괘를 설명하고 있다. 그러면 제6장은 아마도 문왕팔괘에 대한 보충 설명 정도가 나와야 전후문맥상 맞는 일일 것이다. 그런데 이상하게도 갑자기 또 다시 복희팔괘를 언급하고 있는 것 같은 문구들이 튀어 나오고 있다? 그리고 제7장, 제8장 등등 그 뒤에 계속 이어지는 내용을 보면 그냥 평범하게 일반적인 각 팔괘들의 속성들에 대해 말해주고 있을 뿐이다. 아무리 보아도 제6장만 조금 특이하게 구성되어 있다. 다시 한 번 더 「설괘전」 제6장을 살펴보자.

神也者妙萬物而爲言者也 ^{신 야 자 묘 만 물 이 위 언 자 야} 신이란 만물을 신묘하게 함을 말한 것이니,

動萬物者莫疾乎雷 ^{동 만 물 자 막 질 호 뢰} 만물을 움직이게 함은 우레보다 빠름이 없고,

撓萬物者莫疾乎風 ^{요 만 물 자 막 질 호 풍} 만물을 흔듦은 바람보다 빠름이 없고,

^{조 만 물 자 막 한 호 화}
燥萬物者莫熯乎火 만물을 건조시킴은 불보다 더함이 없고,

^{열 만 물 자 막 열 호 택}
說萬物者莫說乎澤 만물을 기쁘게 함은 연못보다 더함이 없고,

^{윤 만 물 자 막 윤 호 수}
潤萬物者莫潤乎水 만물을 적심은 물보다 더함이 없고,

^{종 만 물 시 만 물 자 막 성 호 간}
終萬物始萬物者莫盛乎艮 만물의 종시는 산보다 성대함이 없다.

^{고 수 화 상 체}
故水火相逮 고로 물과 불이 서로 미치고 따르며,

^{뢰 풍 불 상 패}
雷風不相悖 우레와 바람이 서로 거스르지 아니하며,

^{산 택 통 기 연 후}
山澤通氣然後 산택이 기를 통한 뒤에야

^{능 변 화 기 성 만 물 야}
能變化旣成萬物也 능히 변화하여 만물을 이루는 것이다.

만약 이것들이 문왕팔괘에 대한 설명이라면 수화상체라는 부분은 말이 될 수 있어도, 뇌풍불상패는 어불성설이 된다. 산택통기? 이 또한 말도 안 되는 소리이다. 문왕팔괘에서는 우레와 바람이 대대待對를 이루지 못하고 있고, 산과 연못도 대대를 이루고 있지 못하다. 하늘과 땅도 물론 마찬가지이다.

^{차 거 건 곤 이 전 언 육 자}
此去乾坤而專言六子 이는 건·곤괘를 빼고 오로지 여섯 괘만을 말하여

^{이 견 신 지 소 위}
以見神之所爲 신의 하는 바를 나타낸 것이다.

^{연 기 위 서 역 용 상 장 지 설}
然其位序亦用上章之說 그 위치와 차례는 또한 상장의 말을 따랐는데

^{미 상 기 의}
未詳其義 그 뜻은 상세하지 않다.

그리고 위의 구절은 다시 주희의 주석이다. 주희는 지금 헷갈리고 있는 것이다. 세 번째 문장에서 나오는 상장지설이란 말에서 상장이란 분명 제3장, 그러니까 복희팔괘에 대한 언급을 가리키는 것일 테다. 주희는 아마도

'왜 또 갑자기 복희팔괘도의 배열을 다시 말하고 있는 거지? 그리고 건괘와 곤괘는 또 왜 빼놓고 말하고 있는 거지?'

라고 생각했을 것이다. 미상기의, 그 뜻이 상세하지 않다. 주희는 자신이 설명을 더 자세히 하지 못하는 이유를 공자가 자세히 설명하지 않았기 때문이라고 핑계를 대고 있는 듯하다. 자신의 연구가 부족한 것이 아니라는 뉘앙스다. 여기서 공자와 주자⁵⁰⁾가 그 경지에 있어서 현격한 차이가 있음이 여실히 드러난다. 공자는 주역의 이면을 깊숙하게 꿰뚫어보면서 창작까지 가능한 수준이었으나, 주희는 단지 주석을 다는 수준에 불과했던 위인이었다. 딱 그 수준이었고, 창작? 그런 것은 엄두도 낼 수 없었던 그런 작자였다. 주희는 이것이 제3의 팔괘도를 말하고 있는 것임을 아마 꿈에서조차 생각하지 못했을 것이다. 그에게는 도저히 무리였던 것이다. 주자가 이럴진대, 하물며 그 밑에서 주희를 추종하며 그의 말을 신주 떠받들 듯이 모시며 그의 어록이나 줄줄이 암송이나 하던 자들은 더 말해 무슨 소용이 있겠는가! 두말하면 잔소리가 될 뿐이다. 그렇다면 소강절은 어땠을까? 그는 아마도 눈치를 채고 있었을 것이다. 그가 남긴 자신감 넘치는 시詩들을 살펴보라. 그 얼마나 당당하고 우렁찬가 말이다. 남아라면 그 정도는 되어야 할 것 같다. 그의 시들이 능히 그것을 입증하고도 남음이 있다.

---

50) 주자(1130~1200) 남송의 유학자인 주희를 말하고, 주자는 경칭이다. 그의 사상적 특징은 불교사상을 유교 경전의 해석에 도입, 응용한 것이다. 생전에는 불우했지만 사후에 재평가를 받았다. 그의 사상을 추종했던 후계자들은 주자학(유교에 철학적 세계관을 부여하고 유교를 심성 수양의 도리로 확립한 것으로 성리학이라고도 한다.)이라는 새로운 학문을 전개시켰으며 주자가례라는 책은 훗날 사대부 계급의 일상적인 규범이 될 정도였다. 주자학의 유행은 중국을 비롯한 동아시아에 커다란 영향을 끼쳤을 뿐만 아니라 특히 왕권을 강화하는 이념으로 활용되었다.

手探月屈足踏天根

以一心觀萬心

以一身觀萬身

以一世觀萬世

손으로는 월굴 구멍을 더듬고, 발로는 하늘 뿌리를 밟는다.
나의 한 마음으로 우주만물의 마음자리를 보고
나의 한 몸으로   천지만물의 몸을 보고
한 세상을 통해서 고금의 만세를 바라본다.

위의 시에서 등장하는 월굴과 천근이란 용어에서 볼 때, 그는 분명히
천심의 진면목을 보았던 것이 틀림없어 보인다. 그는 다음의 청야음淸夜
吟이란 시에서 또 다시 천심을 언급하고 있다.

月到天心處風來水面時

一般淸意味料得少人知

달이 천심에 이르고, 바람이 수면 위를 스칠 때
이 모든 맑은 뜻과 의미를 알아주는 이가 드무네.

그는 틈만 나면 천근과 월굴을 말하고 있고 이는 분명 동지와 하지를
언급하는 것이고, 이는 곧 낙서 1궁과 9궁을 언급하는 것이다. 그 뿐만이
아니라, 항상 달과 천심을 같이 말하는 것으로 보아 가히 '영동천심월의
원조라고 일컬어질 만 하다고 여겨진다. 그리고 이제 필자가 새롭게
재발견한 놀라운 그림 하나…. 바로 제2권에서 살펴보았던 자미두수의
사화 중에서 화과의 원리를 설명하던 그림이다. 그 그림을 다시 보자.
너무도 아름다운 그림 하나가 등장하고 있질 않은가! 화과의 원리를
이보다 더 깔끔하게 대칭적으로 설명할 수 있는 그림은 없을 것이다.

그야말로 완벽한 대칭이 이루어져
있다. 더욱이 감괘에 어찌해서 천
부가 배성되어야 하는지도 설명해
줄 수 있다. 간괘에 배정된 자미는
차라리 제출호진(帝出乎震)이라는
주역용어를 더욱 선명하게 드러내
보여주고 있기까지 하다. 좌보와
우필이 6괘중에서 유독 손괘와 진

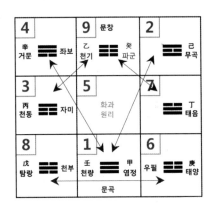

괘에 배정되어야 하는지도 논리적으로 설명해줄 수 있다. 그런데 이
그림의 기본이 되는 팔괘 배열은 놀랍게도 정역팔괘 배열이다. 오직
정역팔괘 배열일 때만 비로소 완벽한 대칭을 만들어낼 수 있는 것이
화과의 원리였던 것이다. 그런데 비단 화과의 원리만 이런 게 아니라,
화기의 원리도 마찬가지이다. 화기의 원리도 정역팔괘 배열에서만 완벽
한 대칭이 이루어진다. 따라서 필자는 화록과 화권의 원리와는 달리
화과와 화기의 원리만큼은 정역팔괘도에 밑바탕을 두고 만들어졌을지
모른다고 생각해보지 않을 수가 없다. 그런데 자미두수는 대체 누가
만들었을까? 전해지는 바로는 바로 진희이라고 한다. 진희이는 공자조
차도 확정하지 못했던 정역팔괘의 자리를 확정할 수 있었던 것일까?
그리고 소강절이 진희이의 도를 이어받았던 것일까? 필자가 도저히
주목해보지 않을 수 없는 그 계보,

진희이 ⇨ 충방 ⇨ 이지재 ⇨ 소강절

이 계보에는 분명 남들에게는 없는 특별한 무언가가 있었던 것이

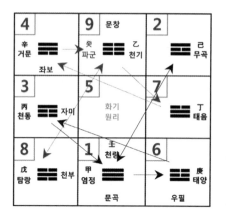

틀림없었던 것 같다. 그들은 10 무극 천심이 낙서 1궁에 있다는 것도 알고 있었음이 분명하고, 어쩌면 정역팔괘도의 괘상까지 꿰뚫어보고 있었을지도 모른다. 그것이 아니라면 태극이 곧 무극 이므로, 낙서 1궁이란 숫자에서 10무극을 연관해 말한 것에 불과

할 수도 있다. 하지만 그렇더라도 1에서 10을 본 셈이므로, 그 자체로 이미 진리의 한 끝을 수중에 거머쥔 것이라 말할 수 있을 것이다. 그러면 그들의 원조라고 말할 수 있는 공자에게로 다시 돌아가 보자. 공자 살아생전의 당시, 그의 경지는 정확히 어떠한 상태였을까? 공자는 복희팔괘와 문왕팔괘, 그 팔괘들의 위치는 정확하게 동쪽이니, 남쪽이니 하면서 위치에 대한 지정을 명확하게 표현했었다. 그런데 어찌된 일인지, 「설괘전」 제6장에서는 팔괘의 위치를 전혀 얘기하지 못하고 있다. 공자는 아마도 선후천 전환기의 대변혁을 눈치 채고 팔괘의 재배열이 반드시 필요함을 짐작하고 있었던 것 같다. 하지만 팔괘의 위치만큼은 확정짓지 못했다. 그는 필시 산풍고괘의 괘사와 중풍손괘 구오효의 효사에서 선후천 전환기에 있을 하늘의 변고에 대한 감을 잡았던 것으로 보인다. 먼저 주 문왕이 쓴 산풍고괘의 괘사를 살펴보자.

고 원 형 이 섭 대 천 선 갑 삼 일 후 갑 삼 일
蠱元亨利涉大川先甲三日後甲三日
고괘는 크게 형통하니, 큰 내를 건너는 것이 이롭다.
갑의 앞에서 먼저 3일하며, 갑의 뒤에서 3일한다.

그리고 다음에는 주나라의 주공이 쓴 중풍손괘 구오효의 효사를 살펴보자. 중풍손괘의 구오효가 음효로 변하면 산풍고괘가 되고, 산풍고괘에서 육오효가 변하면 중풍손괘가 된다. 이렇게 두 괘상이 서로 연결되어 있는 것이다.

九五貞吉悔亡无不利无初有終先庚三日後庚三日吉

구오는 바르면 길해서 뉘우침이 없어 이롭지 않음이 없으니, 처음은 없고 마침은 있다. 경의 앞에서 3일하고, 경의 뒤에서 3일하면 길하리라.

사실 바로 이 문구가 하늘의 변고에 대한 인류 역사상 가장 최고로 오래된 오리지널 기원이라고 칭할만하다. 고금의 내로라하는 모든 주역 대가들이 바로 이 문구를 바탕으로 10천간의 변화를 예감했던 것이고, 앞에서 십일귀체의 수상이 만들어진 것도 그 근원 중의 근원을 따지고 올라가보면 결국 바로 여기에 바탕을 두고 성립된 것이다.

	先 3	先 2	先 1	기준점	後 1	後 2	後 3
선천	辛	壬	癸	甲	乙	丙	丁
후천	丁	戊	己	庚	辛	壬	癸

10천간의 선후천 변화를 도표로 그려보면 상기와 같아지는데, 이 결과는 우리가 앞서서 살펴본 십일귀체의 수상이 만들어지는 과정과 완전히 일치한다. 산풍고괘의 괘상을 뜻하는 고蠱라는 글자 자체가 이미 그릇에 세 마리의 벌레가 생긴 상이고, 산풍고괘를 이루는 간괘와 손괘가 이미 산에 바람이 불어 낙엽이 지고, 과실을 떨어뜨리고, 세 마리의 벌레가 피를 빨아먹는 상이다. 벌레 먹고 무너지는 상이니,

선천 말세의 세태가 바로 이러하다는 것을 상징한다. 이렇게 병든 선천의 산풍고괘가 변해서 새롭게 중풍손괘를 이루면서 후천이 시작되는 것이다. 따라서 따지고 보면 하늘의 변고를 가장 먼저 주창한 이는 진희이나 소강절이나 공자가 아니고 놀랍게도 주 문왕과 주공이 되는 셈이다. 애초에 『주역』 경문을 짓던 당시에 이미 하늘의 변고가 예고되어 있었던 것이다. 그리고 공자가 이러한 메시지를 정확히 인식하고 있었다. 그러나 공자의 탁월한 지적 능력만으로는 새롭게 배열되는 팔괘들의 위치가 정확히 어디인지를 확정 지울 수가 없었던 것으로 보인다. 그래서 그는 하늘의 메시지를 간절히 기다리고 있었을 것이다. 혹 용도나 귀서 같은 것이 공자 생전에 나타나 준다면 희망이 있다고 생각하고 있었을 것이다. 이렇게 공자가 마음속으로 간절히 기다리고 있었던 것은 바로 천명이었다. 그는 그 천명에 순응할 준비가 되어 있었고, 이미 그것을 꿰뚫어 볼 수 있는 밝은 눈도 가지고 있었다. 그리고 오랜 세월 기다리고 기다리다가 지친 나머지 마지막 절망의 메시지를 『논어』 「자한편」 제8장에 고스란히 담아 표현해놓았던 것이다. 공자 왈,

봉 황 부 지　하 불 출 도　오 이 의 부
鳳凰不至 河不出圖 吾已矣夫
봉황도 안 나오고, 하도도 안 나오고, 이제 내가 일을 그칠 때가 되었구나!

이것이 바로 공자의 마지막 대 탄식이었던 것이다. 그리고 2300여년이 지나 지인이 마침내 공자가 무엇인가를 시도했었음을 『주역』 「설괘전」을 보고서 알아채게 된 것이다. 지인은 정확히 이 구절이 공자의 말년에 시도했었던 모종의 작품이었다는 것을 눈치 챘다. 단서는 그 뿐만이 아니었다. 360 당기일, 이런 대목이 떡하니 적혀 있는 것이 아닌가?

와우~『주역』「계사전(상)」실려 있는 구절,

건 지 책 이 백 일 십 유 육　곤 지 책 백 사 십 유 사　**범 삼 백 유 육 십**　**당 기 지 일**
乾之策二百一十有六　坤之策百四十有四　**凡三百有六十**　**當期之日**

건지책 216, 곤지책 144. 무릇 360이 한 주기가 된다.

　장차 1년이 360일이 된다는 소식을 공자가 이미 알고 있었더란 말인가?
그 외에도 자세히 살펴보니 주역 안에는 공자가 숨겨놓은 비결이 이루
다 헤아릴 수도 없을 정도로 여기저기 도처에 널려있었다.
　'공자 말고 하늘아래 그 어떤 놈이 또 주역을 연구해 그 정도의 경지까지
올랐더란 말인가? 주자? 웃기는 소리 말아라. 발끝에 때만큼도 미치지
못했다!'
　그리하여 지인이 결정적으로 「설괘전」을 보고 나서야 비로소 천공에
떠 있는 팔괘의 상象을 성인의 말씀이니 그을 수밖에 없다고 하면서
김국현으로 하여금 정역팔괘를 긋게 했던 것이다. 정리하자면 공자가
정역팔괘의 단초를 찾다가 마무리를 미처 다하지 못했던 것이고, 지난
천년의 세월동안 가장 총명한 인물들이었던 진희이나 혹은 소강절이
공자의 마음을 눈치 챘던 것이고, 다시 세월이 흘러 마침내 지인이
그들의 마음을 모두 알아보았던 것이다.

　한편 하늘이 공자에게 부여한 진정한 소명이 무엇이었을까? 공자는
만년에 위편삼절[51] 할 정도로 『주역』을 가까이하면서 친히 「십익」을

---

51) 위편삼절(韋編三絶). 종이는 한(漢)나라 때 채륜(蔡倫·50년?~121년?)에 의해서
　처음 발명되었고, 그 이전 시기에는 죽간에다 글씨를 써서 사용했다. 대나무를
　자른 여러 개를 가죽으로 엮었는데 그래서 책을 '위편(韋編)'이라고 했다. 가죽

저술하였고, 『주역』에 담겨있는 뜻과 이치를 상세히 밝혔다. 점서로 취급받던 『주역』은 공자의 노력으로 유학 최고의 경전으로 자리할 수 있었고 사서오경의 으뜸이 될 수 있었다. 아마 공자도 자신의 철학과 사상이 수천 년 동안 동아시아 전체를 휘어잡고 뒤흔들게 될 지를 그의 살아생전에는 미처 알지 못했을 것이다. 공자의 영향력은 실로 놀라운 것이었다. 그 비결이 무엇이었을까? 바로 그가 가르친 3천여 명의 제자가 바로 하늘이 공자에게 부여한 진정한 소명이었을 것이다. 공자의 문하에서는 걸출한 대학자가 무수히 배출되었는데, 6경에 통달한 이만 해도 무려 70명에 이르렀고 이들을 가리켜 '칠십자(七十子)'라고 하였다. 그중에서도 특히 학식이나 덕망, 재능이 출중하여 역사에 길이 이름을 남긴 10인의 제자를 가리켜 '공문십철(孔門十哲)'이라 하는데, 안회·민자건·염백우·중궁·재아·자공·염유·자로·자유·자하 등이고, 그중에서 안회의 학문과 덕이 가장 뛰어났고, 이는 공자와 동문 선후배 등이 모두 인정하는 바였다. 그러나 안타깝게도 안회는 스승인 공자보다도 먼저 세상을 떠나 공자를 크게 상심시켰다. 그의 학통을 후대에 전한 인물은 증자와 자궁이었다. 덕행으로는 안회·민손·재백우·중궁이며, 언행은 재예·자공이며, 정사政事에는 재구(자유의 본명)·중전(자로의 본명)이고, 문학文學에는 자유·자하52)를 꼽는다.

끈은 튼튼해서 쉽사리 찢어지는 종이끈과 다르다. 그런데도 세 번이나 끊어졌다. 위편삼절은 공자가 '위편'을 어찌나 여러 번 펼쳐봤는지 대쪽을 엮은 가죽 끈이 세 번이나 끊어졌다는 뜻이다.

52) 자하(기원전 508~기원전 400) 108세에 사망. 공자의 사상을 후세에 가장 많이 전수하였다. 만년에는 서하(지금의 하남성 안양현)에 살면서 위문후의 스승이 되었다.

그 외에도 증자 · 자장 · 자궁 · 유자 등이 있었다. 그 중에서 특히 증자는 공자의 친손자인 자사를 가르쳤고, 훗날 맹자[53]가 자사의 손제자[54]로부터 배웠으니, 맹자학파는 곧 증자가 배출한 셈이 된다.[55] 한편 자궁의 손제자들 중에 한 분파는 순자와 한비자로 이어졌고, 이는 전국시대의 이사와 상앙 같은 법가의 출현으로 이어지기도 했다. 결국 공자의 문하에서 성선설(맹자)과 성악설(순자)이 모두 탄생한 셈이다. 전국 시대에 이르러 제자백가가 난립하여 제각기 이런저런 재주를 뽐내고 다투었으나, 결국 최종 승리는 유가가 차지하였다. 유가儒家는 찹쌀이나 콩이나 팥과 같이 특별히 입맛을 북돋아주는 특이한 맛은 없었지만, 매일 먹어도 질리지 않는 쌀과 같은 주식이 될 수 있는 역량을 갖추고 있었다. 공자라는 샘물 하나가 넘쳐 한 곳으로 흐르더니 결국 그의 3천 명의 제자들이 큰 시내를 이루었고, 나중에는 큰 강물이 되어 흐르다가 급기야는 거대한 바다가 되었다. 공자가 얼마나 큰 영향력을 끼쳤는지를 느낄 수 있는 작은 일화가 있다. 송나라 태조 조광윤을 보좌하여 송나라 300년의 기반을 닦은 승상 조보는 송나라 제2대 황제에게 이렇게 말한바 있다.

신 유 논 어 일 부　이 반 부 좌 태 조 정 천 하　이 반 부 좌 폐 하 치 태 평
臣有論語一部　以半部佐太祖定天下　以半部佐陛下致太平

신은 논어 한 권을 가지고 있습니다. 그 반 권으로 태조를 도와 천하를 평정했으며, 나머지 반 권으로 폐하를 도와 천하를 안정시켰습니다.

그는 나라에 큰 일이 있을 때마다 골방에 틀어박혀 혼자 금고 속에

---

53) 맹자(기원전 372?~기원전 289?). 공자의 사상을 이어 발전시킨 유학자이다.
54) 제자의 제자
55) 보통 공자⇨증자⇨자사⇨맹자로 이어지는 학파를 유교의 적통 학파로 간주한다.

깊이 감춰둔 한 권의 책을 꺼내어 읽었다고 한다. 궁금해 하던 가족들이 그가 죽은 후에 금고를 열어보니 『논어』 한 권이 발견되었다. 공자의 가르침은 수천 년 동안이나 이어지며 중국을 비롯하여 동아시아 대부분 국가에서 정치 · 경제 · 사회 · 문화의 종범宗範으로 자리 잡았다. 그리고 공자는 비록 왕조는 바뀔지라도 대대손손, 그 어느 황제보다도 위대한 황룡으로 대접받았다. 살아있는 공자는 푸대접에 절망하였으나, 죽은 공자는 받들기가 한결 수월했던 것일까? 결과적으로 신물을 받들었다던 복희씨나 우왕, 주 문왕 같은 이들도 공자보다 더 큰 영향력을 행사하지는 못했다. 공자가 비록 말년에 신물을 받들지 못한 것을 아쉬워했으나 그의 사후에 펼쳐지게 된 그의 영향력을 알았더라면 그리 아쉬워 할 일만도 아니었을 것이다. 그런데 이러한 공자의 도맥은 진희이에 의해 송나라에서 잠시 꽃을 피웠다가 결국 느닷없이 동쪽의 조선으로 그 맥이 건너뛰게 된 것으로 보인다. 문득 화담에게서 진희이나 소강절의 향기가 느껴지더니, 화담의 도는 토정을 거쳐 결국 연담에게로까지 이른바 천심의 계보가 이어졌던 것으로 보인다. 이렇게 이어진 천심의 계보가 지인에게 도달하여 마침내 황심월로 완성되었던 것이 아닐까?

화무상제중언(化无上帝重言)

방금 화무상제언이 끝나자마자, 또 다시 화무상제중언이 나타나게 되었는데, 여기서 중언이라 함은 거듭해서 하는 말씀이란 뜻이다. 누가 거듭하는가? 바로 조물주가 거듭해서 하는 당부의 말씀이다. 거듭한다 는 의미는 당연히 매우 중요하기 때문일 것이다.

^{추연무혹위정륜}
推衍无或違正倫 이치를 추연함에 바른 윤리에 어긋남이 없게 하라.
^{도상천리부모위}
倒喪天理父母危 천리를 거꾸로 손상하면 부모가 위태로울 것이다.
^{불초감언추리수}
不肖敢焉推理數 불초가 감히 이치의 수를 추리하오리마는,
^{지원안태부모심}
只願安泰父母心 다만 부모님의 마음이 편안하시기를 기원하나이다.
^{세갑신칠월십칠일기미불초자김항감읍봉서}
歲甲申七月十七日己未不肖子金恒感泣奉書 1884년 7월17일. 불초
자 김항 감읍하고 받들어 씁니다.

필자가 이 책을 집필하면서 항상 마음속에 두렵게 여기는 바가 바로
이 부분 때문이다. 궁극의 경지에 올랐다는 지인조차도 조물주에게
지극히 삼가는 마음으로 임했던 것인데, 미혹한 필자가 혹 잘못을 저질러
바른 도리에 어긋나는 것이 있으면 어쩌나, 두렵고도 두려운 마음이
들지 않을 수가 없다. 하여 삼가고 삼가는 마음으로 이 글들을 써내려가고
있는 중이다.

'혹여 잘못된 것이 들어가게 되더라도 부디 너그러이 드넓은 아량으로
용서해주시기를 간절히 기도드립니다.'

비록 천공이 3년 동안이나 스스로 새로운 팔괘의 상을 드러내고
있었지만, 「설괘전」에서 공자의 흔적을 찾아내기 이전에는 결코 정역팔
괘도를 긋지 않았을 정도로 지인은 천기를 드러내는 일에 있어서, 시종일
관 매우 조심스러운 태도로 임하였음을 엿볼 수 있다.

진각스님이 지눌선사의 문하에 있을 때의 일이었다. 하루는 지눌선사가 진각스님
을 불러 추상같이 이르기를
"이 절을 떠나도록 하라."
"네?"

"당장 짐을 꾸려 이 절을 떠나도록 하게!"

영문도 모를 지눌선사의 추상같은 호령에 진각스님은 어쩔 수 없이 짐을 싸긴 쌌으나 차마 발길이 떨어지지를 않았다. 진각스님은 한쪽 귀퉁이에 쪼그리고 앉아 웅크리고 있었다. 그 모습을 본 지눌선사가 다시 호통을 쳤다.

"뭘 꾸물거리고 서 있나?"

"소승은 무슨 영문인지 통 모르겠습니다. 가르쳐 주십시오."

"듣자하니 그대가 설법을 했다고?"

그 말을 들은 진각스님은 깜짝 놀라서, 기어 들어가는 목소리로 겨우

"부처님 말씀만 전했을 뿐입니다."

라고 대답했다. 그러자 지눌선사는 그 말을 듣자마자,

"그대는 의술을 배우지도 않은 채 이미 칼을 들고 설쳤노라! 세 살 먹은 애가 장수의 칼을 든 것과 매 한가지! 평생을 묵언하는 이들도 있거늘…."

이처럼 제대로 익지도 않은 채, 말하지 말아야 할 것을 말하는 것은 아닌가 하는 두려움을 떨칠 수 없는 것은 어쩔 수 없는 일로되, 이것이 하나의 작은 단서가 되어 정역이 발전하여 널리 쓰이게 되는데 밑거름이 되기를 바라는 마음에서 비롯된 일임을 조물주께서 너그러이 혜량해주시기를 진심으로 기도드릴 뿐이다. 지인이 『정역』을 이 땅에 남기면서 마지막 순간까지 정녕 두려워했던 바가 무엇이었을까? 그에 대한 단서들은 학산 이정호 교수의 『정역과 일부』라는 책에 고스란히 담겨있다. 학산이 모셨던 스승이 바로 덕당 김홍현(1863~?)이었고, 덕당은 사적으로는 지인의 조카뻘이 되는 사람인데다가, 일자무식에 가까웠던 그의 사람됨이 넉넉하고 꾸밈이 없어서, 지인은 다른 이들을 제쳐놓고 은밀히 덕당에게 많은 것들을 전해주었던 것으로 보인다. 그리고 그것이 학산에게 전해져, 오늘날의 우리가 당시에 일어난 여러 정황들을 조금이나마 엿볼 수 있게 된 것이다. 가령 지인이 정역팔괘를 긋게 된 일련의 과정이

어떻게 오늘날까지 전해지게 되었는지에 대한 보다 상세한 전후 스토리
가 학산 이정호 교수가 쓴『정역과 일부』라는 책에 담겨져 있다. 한번은
덕당이 지인에게 물었다.

"아저씨, 그 팔괘는 대체 어떻게 긋게 된 것이지요?"

그때 지인은 갑자기 정색을 하면서 나무라듯이

"너, 그 팔괘 알았으면 그만이지, 팔괘 나온 거는 왜 묻는 것이냐?
아예 묻지 말거라."

라고 하였다. 그 후로는 덕당도 감히 더 묻지를 못하고 몇 해를 보냈다.
그러다가 1898년 무술년 가을이었다. 마침 추석 명절을 지내기 위해서
덕당이 지인을 업고 향적산에서 다오개로 가는 길에 연산 역말을 지나
둔암 서원 앞 버드나무 정자 그늘 밑에서 쉬게 되었다. 때마침 주위가
조용하고 달리 듣는 이도 없었으므로, 덕당은 문득 옛날 기억이 다시
떠올랐다. 그래서 그는 다시 별 생각도 없이

"아저씨, 그 팔괘 어떻게 그으신 거예요?"

라고 다시 한 번 더 묻게 되었다. 그런데 어찌된 일인지, 지인이 이번에는
덕당을 나무라지 않고,

"너 그게 그렇게도 알고 싶은 것이냐?"

라고 한번 묻고는, 고개를 끄덕거리는 덕당을 바라보면서,

"그렇다면 내가 이야기를 해주마!"

라고 말하였다. 지인은

"그런데 그게 언제인고 하니, 기묘년(1879년)이니까 내 나이 54세 때의
일이다. 무단히 눈앞에 팔괘 같은 이물이 아롱거려 처음에는 무엇인지를
모르고, 가무에 너무 기력이 쇠하여 헛것을 보는가보다 싶어 일부러

고기를 먹어보았으나, 이 눈앞의 이물은 없어지지를 않고 점점 뚜렷이 나타나더니, 나중에는 온 천지가 온통 이 이상한 괘획으로 덮일 정도로 가득하였다."

지인은 계속 이어 말하기를,

"아무리 살펴보아도 전에 보지 못한 괘도이므로, 다시 주역을 뒤져 보았으나 역시 복희팔괘도와 문왕팔괘도 외에는 없었는데, 눈앞의 괘도는 전혀 그것이 아니었다. 하여 무던히 애를 쓰다가 나중에 설괘전에 가서 신야자묘만물 운운하는 대목을 보고, 공자께서 미리 말씀하신 것이니 후생이 그어도 허물이 아니리라 생각하고는 재종질로 하여금 긋게 했던 것이다."

라고 말하였다. 그리고 지인은 이어 말하기를,

"56세 되던 신사년(1881년)에 이 팔괘도를 긋고 난 후에도, 눈앞에서 팔괘가 사라지지 않았고, 그렇게 지속된 기간이 약 3년이었다. 그러니까 처음에 나타나 완전히 사라지기까지 대략 6년이 걸린 것이지."

라고 덧붙였다. 이 말을 듣고 있던 덕당은 순간 지인의 모습이 아저씨로 보이질 않고, 마치 복희씨가 환생한 것으로 생각되었다. 그는 벌떡 일어나 지인에게 큰절을 올리고는,

"아저씨, 이제부터 아저씨라 하지 않고 선생님이라 부르겠습니다."

라고 하였다. 이에 지인이 빙그레 웃으며,

"그래, 그렇다면 네 마음대로 하여라."

라고 말했다. 이때부터 덕당은 지인을 선생님이라고 불렀다고 한다. 이렇게 스스럼없이 대하던 덕당에게 지인의 귀천이 임박한 어느 날 조용히 불러 신신당부의 말을 남겼다.

"절대 정역을 가지고 종교적인 간판을 내걸지 말고, 정역으로 출세하는 것을 바라지도 말고, 점치는 것과도 결부시키지 말라."

이 당부의 말 속에 지인이 진정 무엇을 두려워하고 있었는지를 여실히 알 수가 있다. 지인이 바로 이러한 생각을 하고 있었으므로, 학식이 있고 글재주 있는 여러 제자들을 제쳐놓고 오히려 일자무식에 가까운 덕당에게 특별히 여러 유훈을 남겨놓았던 것이다. 그의 메시지를 가장 충실하게 이행할 수 있는 사람이 바로 덕당 그 사람이란 것을 지인은 너무도 잘 알고 있었던 것이다. 반면에 십청 이상룡(1850~?)과 같은 이는 이미 지인 살아생전에 여러 제자들 중에서는 나름 정역원리에 있어서 가장 앞서 나가는 형국이었던 것으로 보이고, 다른 이들도 이를 모두 인정하고 있었다. 하지만 십청은 자기의 능력을 너무 과신한 나머지 지인의 인가도 받지 않은 채 『정역원의』라는 책을 출간하고 말았다. 당연히 이 책의 출판과 함께 지인과 십청의 관계는 단절되고 말았다고 한다.

화옹친시감화사

화옹친시감화사(化翁親視監化事)라는 것은 '화무옹께서 친히 보여주셔서 느끼고 감동한 일'이라는 의미로 해석되니, 이는 각인(覺人)들의 경지가 그러하듯이 무념무상의 경지, 고요히 나없는 나가 되어 내가 천지인지 천지가 나인지를 구분할 수 없는 경지에 머무르고 있을 때, 문득 천지가 임하여 가르치신 내용을 서술한 것임을 말해주고 있다. 그러므로 임의로 지인이 지어서 얘기하는 것이 아니라는 것을 강조하여 드러낸 것이다.

미국의 실존인물이었던 에드가 케이시가 그러했듯이 영적으로 각성된 이들은 꿈꾸는 것과 같은 무의식 상태에서 미래에 일어날 일들을 예언하거나 주변의 병자들이 어디가 어떻게 아픈지에 대해 알아내어 치유의 길을 열어주기도 한다. 이처럼 알 수 없는 근원으로부터 신비한 힘을 부여받는 일들이 실제 우리 주변에서도 일어날 수 있는 것이다. 그리고 그와 비슷한 일이 19세기말 조선의 땅에서도 일어났던 것이다. 그런데 이런 일은 꼭 주역학자나 종교주의자나 혹은 신비주의자들에게만 일어나는 일일까? 그것이 절대 그렇지가 않다. 19세기 화학자들을 괴롭히던 문제가 바로 벤젠56)의 분자 구조였다. 그렇게 알 수 없는 미제로 남아 약 40년 정도가 흘러 1865년 독일의 화학자 케쿨레가 기숙사 벽난로 곁에서 잠깐 잠들었다가 꿈을 꾸게 된다. 그는 당시 상황을 이렇게 진술한다.

"그 당시 나는 책상 앞에 앉아 교과서를 집필하고 있었다. 그런데 아무리 해도 일이 진행되지 않았고 기분이 좋은 상태가 아니었다. 그래서 의자를 난로를 향해 놓고 앉아 있는 사이에 잠깐 졸았던 것 같다. 눈앞에 원자가 반짝인다. 그 다음에는 그다지 크지 않은 원자단이 조심스럽게 대기하고 있었다. 비슷한 광경이 되풀이해서 나타나는가 하면 그러는 동안 여러 가지 모양을 명확히 볼 수 있게 되었다. 긴 열이 몇 개씩 연결되어 모두 움직이고 있다. 뱀처럼 빙빙 돌고 있다. 그런데 묘한 것은 뱀 중에 자신의 꼬리를 문 것이 한 마리 있는 것이 아닌가? 더욱이

---

56) 벤젠은 패러데이에 의해 1825년 도시가스의 배관 속에 괴인 액체로부터 발견되었다. 이 물질은 탄소와 수소로 이루어진 탄화수소이었는데, C_6H_6인 물질이었다. 수소 4원자와 결합하는 능력이 있는 탄소가 벤젠에서는 수소와 1:1의 비율로 결합하고 있으면서도 반응적인 면에서도 매우 안정적이다.

나를 비웃기라도 하는 것처럼 나의 눈앞
에서 빙빙 돌고 있었다. 깜짝 놀라 나는
눈을 떴고 그 날 밤을 새우면서 이 가설을
매듭지었다."

　뱀이 자기 꼬리를 물고 있는 형상에
힌트를 얻어 그는 마침내 벤젠 분자의
구조를 그려낼 수 있게 되었다. 그리고
1980년대에 들어와 과학자들이 벤젠 구조를 직접 눈으로도 확인할
수 있게 되었다. 그런데 그 모양이 이미 125년 전 케쿨레가 꿈에서
본 환상과 놀랍게도 일치한다는 사실에 과학자들은 경탄을 금할 수가
없었다고 한다.

　그런데 이런 일은 러일전쟁에서도 일어났다. 1904년 10월 14일에
상트페테르부르크 인근의 리바우 항에서 출발한 발트 함대의 총 전력은
전함 7척, 순양함 7척, 보조 순양함 5척, 구축함 9척 등 총 38척의 전투함과
26척의 수송함 그리고 승무원 14000명에 이르는 당대 세계 최고의 함대였
다. 그러나 당시 러시아의 팽창을 견제해 오던 영국은 러시아 함대의
수에즈 운하 통과를 막아 버렸다. 이 운하가 막힘으로써 러시아의 발트
함대는 지름길을 놔두고 아프리카 대륙 희망봉을 돌아가는 기나긴
항해를 할 수밖에 없었다. 더구나 이 항로의 대부분 지역이 영국 식민지였
기 때문에 함대는 중도에서 물자를 보급 받는 것이 불가능하였다. 아프리
카 남단의 케이프타운을 돌아 베트남까지 오는데 3개월이 걸렸고, 긴
여정 끝에 식량은 물론 물도 바닥나고 연료조차 다 떨어졌다. 겨우
당시 프랑스의 식민지였던 베트남 캄란에서 보급품을 공급받을 수

있었다. 이후 발트 함대는 반퐁항을 출발하기 전에, 블라디보스토크로 가기 위한 항로를 두고 고민에 빠지게 된다. 러시아는 3가지 루트 중에서 하나를 선택할 수 있는 공세적 입장이었고, 일본은 그 3개 중 하나를 고르고 천운에 맡겨야 하는 수세적 입장이었다. 그 3가지 루트는 대한해협, 혼슈와 홋카이도 사이의 쓰가루해협, 홋카이도와 사할린 사이에 있는 소오야해협이었다. 이 3가지 루트를 모두 틀어막기에는 일본 함대의 전력이 턱없이 부족했다. 함대를 분산했다가는 오히려 각개격파만 당하고 러시아 함대는 그대로 블라디보스토크에 입항할 것이 분명했다. 러시아진영에선 소오야해협으로 들어서자는 의견과 큐슈, 시코쿠, 혼슈 연안을 공격하면서 쓰가루해협을 통과하자는 의견이 나왔으나, 대부분의 의견은 그냥 일거에 대한해협을 통과하자는 것이었으며, 이미 함대가 지구 반 바퀴를 항해해 모두가 지쳐있는걸 알고 있던 함장의 선택 또한 대한해협이었다. 나머지 2개의 대안에 비하면 거리가 가장 짧아 블라디보스토크에 가장 빨리 도착할 수 있었다. 캄란 출항 이후 더이상 보급을 받을 수 없는 석탄 문제도 무시할 수 없었다. 당시는 증기선 시대였고, 러시아의 해외 식민지가 전무한 상태에서 석탄 보급은 함대의 운명이 걸린 문제였다. 반면에 일본에서도 러시아 함대의 진로가 가장 큰 이슈였다. 이로 인해 소오야해협과 대한해협을 놓고 고심 중이던 일본 참모진들은 대부분 발트 함대의 항선지를 소오야해협으로 예상하고 거기를 지키기로 결정하였으나, 오직 도고 헤이하치로 제독의 생각만은 달랐다. 그때 일본 해군사령관인 도고 헤이하치로는 일주일에 세 번이나 같은 꿈을 꾸었다. 그 꿈은 거대한 발트 함대가 대한해협으로 일렬로 줄지어 들어오는 모습을 반복적으로 보여주고 있었다. 그는 참모진의 결정을 뒤엎고 대한해협의 진해항에 함대를 배치하였다. 그러나 어찌된 일인지 아무리 기다려도 러시아 함대가 나타나지 않았다. 그러자 도고는 자신이 틀렸다고 생각하고 대본영에 쓰가루해협으로 이동하고자 한다며 허가를 요청했다. 그러나 대본영은 좀 더 기다려보자며 도고를 달랬다. 한편 5월 17일에 반퐁항을 출발하여 대한해협으로 향하던 발트 함대는 피로에 지친 불리한 전투를 최대한 피하기로 결정하고 5월 25일경엔 속력도 늦추고 무전도 끊었으며, 마침 대한해협에 짙게 낀 안개와 야음을 틈타 모든 함정의 탐조등도 끈 채 해협 통과를 시도하게 된다. 그러나 위생선 하나가 등화관제를 하지 않아 일본군에 발각되고 말았다. 도고 제독이 바라보니 과연 꿈에서 본 그대로 러시아함대가 일렬로 들어오는 것이 아닌가? 미리 준비하여 횡으로 늘어선 일본의 전투함들은 포문을 열고 빗발치듯 포탄을 쏘아댔다. 일렬로 줄줄이 들어오는 러시아함대를 가로로 늘어서 막는 진법을 구사했다. 일렬로 들어오므로 하나의 표적만 잡으면 줄줄이 전체가 표적이 될 수 있었다. 가로로 늘어선 일본의 전투함들이 일제히 조준 공격을 하였기 때문에 러시아함대는 그대로 당할 수밖에 없었다. 결국 세계최강을 자랑하던 러시아의 발트 함대는 38척으로 출정하여 겨우 2척만 살아남는 참패를 당하였다.[57]

---

57) 하늘은 때때로 이렇게 중요한 시점마다 친히 간섭을 행하시고 있다고 필자는 굳게 믿고 있다. 한 때 몽고의 칸을 죽여서 서양을 구해주었다. 아마도 이후 서양의 역할이 필요했기 때문이었을 것이다. 그리고 다시 일본함대를 구해서 동양을 도와주었다. 이번에는 동양의 역할이 필요해졌기 때문이었을 것이다. 당시 일본이 한때 하느님의 도구로 쓰임을 얻었던 것이 분명하다. 결코 동서양의 하느님이 따로 있는 것이 아니라는 증거이기도 하다. 동서양은 하늘의 크나큰 섭리 안에서 상대적인 짝으로 존재해왔고, 하느님의 유용한 두 가지 도구 임이

嗚呼金火正易否往泰來 아아, 금화정역이니 천지비가 가고, 지천태가
온다.

금화정역이 되고 보니 이제 하늘과 땅이 서로 사귀어 만물이 화합하면
서 만물이 융성해지는 지천태(䷊)의 운이 돌아온다는 아름다운 미래에
대한 소식을 우리들에게 알려주고 있다. 이 보다 더 좋은 비전(Vision)은
아마도 없을 듯싶다. 그에 비해 문왕역의 시대였던 선천의 상황은 하늘은
하늘대로, 땅은 땅대로 서로 사귀지 않고 각기 등을 지고 제 갈 길을
가는 운이었으므로, 부익부빈익빈의 모순이 극단적으로 치달아 사람들
이 살기가 힘들었던 것이라고 설명해주고 있다. 바로 이 부분에 필자가
주역에 열광하는 이유가 들어 있다. 보라, 인류가 살았던 지난 수 천
년, 아니 수 만 년의 역사, 그 어느 한 시대라도 사람들이 쉬이 마음
놓고, 등 따시고 배부르게 살았던 시절이 있었으랴. 그런 수많은 질곡의
역사들을 놓고 주역은 정말 둘도 아니고 딱 하나의 상징으로 정의해버린
다. 천지비괘(䷋), 하늘이 위에 있고 땅이 밑에 있는 형상을 표현한
상징. 그 하나로 선천의 세상이 왜 그 모양 그 꼴일 수밖에 없었던
건가를 아주 깔끔하게 정리해버리는 것이다. 그간에 있었던 일일이
셀 수 없을 정도로 많았던 그 끔찍하고도 끔찍했던 순간순간들을 주역은
딱 하나의 상징으로 정리해버린다. 이 보다 더 효율적일 수가 있을까?
그 놀랍고도 놀라운 간결함에 어찌 열광하지 않을 수 있겠는가? 아무튼
다행스럽게도 이제 그 지긋지긋하게 팍팍하던 선천의 삶이 모두 지나가
고, 모든 사람들이 살고 싶어지고 모든 사람들이 살만한 세상이 돌아온다

분명하다.

는 기쁘고도 기쁜 소식이 이 구절에 담겨져 있다. 화무옹께서 친히 하신 말씀이니 한번 믿어 봐도 되지 않을까? 우리의 성현께서도 기쁘셨는지 오호! 라고 감탄사를 맨 앞에 붙이셨다.

嗚呼己位親政戊位尊空 아아, 기위친정이니 무위는 존공이다.

기토가 친히 정사를 맡으니 이제 무토는 존공이다. 이는 10천간의 구도에 변화가 있음을 알려주는 것이다. 어떤 변화가 있는 것일까? 생각보다 어렵지 않다. 아니 오히려 너무 쉬워서 탈이다. 겨우 이거야 할 정도로 너무 쉬워서 오히려 의심이 될 정도이다. 선천이 갑甲을 필두로 하여, 갑·을·병·정·무의 시대였다면, 후천은 기己를 필두로 하여 기·경·신·임·계의 시대가 오게 되는 것을 천명하고 있다. 하루에 오전과 오후가 있듯이, 선천이 있으면 반드시 후천이 있게 된다. 지구는 지금까지 오전이 끝나고 이제 막 오후가 시작되려고 한다는 것을 말해주고 있다. 선천과 후천이란 게 알고 보면 이렇게 쉬운 것이다. 지금까지의 인류사는 다행히도 딱 반이 지나갔고, 앞으로 다가오게 되는 나머지 반은 사람이 사람답게 살 수 있는 후천시대가 우리를 기다리고 있다는 신나는 복음을 전해주는 것이다. 팍팍한 세상살이에 지친 만 백성의 눈에서 눈물을 닦아주고 슬프고 한 많던 인생사들을 바꿔서 이제는 보통 사람들이 정말 사람으로서 대접받고 신명나게 살아갈 수 있는 세상이 곧 우리들 앞에 펼쳐질 거라고 선언하고 있는 것이다. 한편 어찌하여, 어떤 이치를 근거로 해서 기토가 친정하고 무토가 존공이 되는 건지를 묻는다면, 십일귀체의 수상을 근거자료로 들어야 할 것 같다.

선천 수상도		
7 1	3 5	9 9
8 10	2 7	5 3
4 4	10 8	6 2

후천 수상도		
1 5	7 9	3 3
2 4	6 1	9 7
8 8	4 2	10 6

위의 그림에서 정역팔괘에서 중심의 역할을 맡는 팔괘는 진괘라고 하였다. 왜 진괘냐고? 어허, 그러고 보니 아직 이런 것도 제대로 설명을 안했네 그려…. 정신을 어디다 두고 있는지 잘 모르겠다. 정역팔괘에서 진괘가 왜 정사를 맡는 중심 팔괘가 되었는지, 그 이유를 댄다면 그것은 바로 진괘가 낙서의 6궁에 들어갔기 때문에 그런 것이다. 본래 낙서의 6궁에 들어가 있었던 건괘가 하늘을 상징하는 팔괘였기 때문에 본래 높은 자리, 하늘만큼 높은 자리, 한 나라로 치면 중앙정부의 수뇌, 한 회사로 치면 대표이사, 한 가정을 놓고 보면 아버지를 뜻하는 곳이다. 할아버지가 살아계신다고? 할아버지가 살아계셔서 실권을 쥐고 있다면 그 분이 바로 아버지의 아버지시니, 낙서의 건궁 자리를 뜻한다. 아, 정말 진땀난다. 또 다른 질문이 하나 들어온다.

"정역팔괘에선 이제 6궁에 건괘를 대신해 새로 진괘가 들어갔으니 의미가 진괘의 의미로 달라져야 하는 거 아닌가?"

아주 좋은 질문이다. 그런데 그 말이 맞는다고 가정한다면, 건괘는 어디로 가든지 간에 항상 제일 높은 자리를 의미해야 한다. 그러나 실상은 그렇지 않다. 가령 복희팔괘에서도 건괘가 제일 높은 자리였던 가? 그럼 제일 낮은 자리는? 이를 반문해 볼 필요가 있다. 복희팔괘는 씨앗으로 잉태되었던 만물이 본래에 설계되었던 형태대로 태어나는 것을 의미하는 팔괘 배열이므로, 누가 더 높고, 누가 더 낮고의 서열이란 게 아예 없었던 상태였다. 문왕팔괘에 이르러 비로소 팔괘들이 오행을 갖고, 팔괘의 색깔과 특성을 발휘하게 되었던 것이다. 또한 문왕팔괘가 낙서 구궁에 배정되었기에 비로소 구궁이 제각기 나름의 색깔을 갖게 되었던 것이다. 물론 그 색깔을 만드는데 있어서 팔괘들이 끼친 영향은 절대적이었다. 그러나 팔괘들이 영향을 끼쳤다고 해서, 팔괘 자체가 그렇다는 것은 아니다. 이 차이를 이해할 필요가 있다. 팔괘들 때문에 낙서 구궁의 성격들이 제각기 명확하게 구분되었지만, 우리는 이제 구궁을 차지하고 있던 주인 양반들을 바꾸어야 한다. 세상이 이제 오전에 서 오후로 바뀌었기 때문이다. 오전까지는 태양이 하늘을 뚫어버리기라도 할 양으로 기세등등하게 저 꼭대기를 향해 쉼 없이 올라갔었지만, 오후가 되면서 부터는 반대로 태양은 이제 저 땅 속을 향해 끝없이 질주할 것이다. 이것이 싫더라도 어쩔 수 없다. 자연의 이치란 것은 그것을 믿거나 안 믿거나, 좋아하거나 싫어하거나, 원하거나 원하지 않든가, 애당초 이런 것들로 부터는 하등의 영향을 받지 않는다. 정해진 섭리대로 흘러갈 뿐이다. 조물주가 설계해 놓은 대로 그저 무심히 제 갈 길을 밟아나갈 뿐이다. 갈릴레이가 그래도 지구는 돌 거라고 말했던 것처럼 말이다. 제 아무리 잘 난 사람들이 제 멋대로 억지를 부려도 지구는 태양 주위를 돌 뿐이다. 안 믿어도, 싫어해도, 원하지 않아도, 지구는 매일매일 태양 주위를 쉼 없이 돌 것이다.

脫巾掛石壁 모자를 벗어 바위벽에 걸어놓고

이 문구는 앞서 금화3송에 설명했던 바인데, 바로 지금 논하는 화두에 대한 가장 직접적인 대답이 담겨있기 때문에 다시 소개하기로 한다. 건괘는 본래 낙서 6궁에서 정사를 담당하고 있었으나, 이제 낙서1궁으로 자리를 옮기면서 자리를 옮겨 정사를 하러 가는 것이 아니라, 쉬는 궁에 들어가 쉬게 되는 것이라고 성현께서 말씀해주신다. 따라서 문왕팔 괘에 의해 낙서구궁에 진하게 각인되어 있는 구궁의 성격들이 고스란히 정역팔괘에도 이어진다고 말할 수 있다. 비록 궁을 차지한 팔괘들의 얼굴은 이제 바뀌었으나, 6궁은 건괘가 없더라도 여전히 높은 자리, 하늘과 같이 높은 자리라는 의미를 고수하는 것이다. (물론 새로 들어간 진괘 때문에 6궁의 성격이 선천 때와는 당연히 달라지는 부분들이 반드시 있을 것이다. 건괘가 용사하는 것과 진괘가 용사하는 것은 당연히 달라야 마땅할 것이기 때문이다.) 그리고 1궁으로 옮긴 건괘는 이제 쉬는 자리, 잠자는 자리, 만물이 갈무리하는 자리로 가서 쉬는 것이다. 건괘도 그만큼 일했으면 이제 쉴 때도 되었다. 이제 우리 그만 미련 없이 건괘가 쉴 수 있도록 그냥 놔두기로 하자. 아버지도 때가 되면 쉬실 수 있어야 한다. 죽을 때까지 죽도록 일만 해서야 쓰겠는가? 무슨 소나 말도 아니고… 이쯤에서 각설하기로 하고, 이제 좀 정리가 되었다. 이 부분만 정리되면 나머지는 매우 쉬워진다. 다시 본론으로 돌아가 기위친정이니 무위존공이다? 금화3송에서 우리는 이미 이 문제에 대해 충분히 공부를 했다. 금화3송에서 언급했던 십일귀체의 수상을 떠올려 보면, 진괘가 있는 곳의 천반수가 바로 10토라는 것을 알 수 있다. 그 10토가 바로 기토이다. 그런데 이상한 부분이 하나 있다. 후천 수상도 천반수에서 5토를 찾아보자. 대체 5토가 어디로 가버렸는가? 그 어디에도 그게 없다. 5토가 바로 무토이니, 바로 이것이 무토가 존공이라고 표현한 본래의 의도이다. 지인께선 우리들에게 십일귀체의 수상을 펼치면 천반수들 중에서 5토가 완전히 사라지고 없게 된다고 말해주고 싶으셨다는 것이 바로 필자의 견해이다. 후학들을 배려해서 만들어놓은 또 하나의 힌트였던 셈이다. 후학들에게 확신을 주시고 싶으셨던 모양이다. 왜 이렇게 생각하는가? 그 답은 아주 간단하다. 우선 백 번 양보해서 후천에는 무토라는 것이 존공이 되었다고 치고, 그럼 선천에는 무엇이 존공이었을까? 갑·을·병·정·무·기·경·신·임·계, 이들 중에서 선천에는 무엇이 존공이었는지를 아는 사람 있으면 어디 한번 나와보라. 갑목? 기토? 계수? 허허, 정말 웃기는 이야기이다. 당연히 아무도 없을 것이다. 왜? 질문 자체가 제대로 된 질문이 아니기 때문이다. 따지고 보면 본래 열 개의 천간에는 존공이니 공망空亡이니 하는 이런 개념들이 애초에 존재하지도 않았다. 본래 없었던 개념이 오전이 지나고 오후가 되니까 갑자기 생겨난다? 글쎄, 이건 상식에 조금 벗어난다. 존공이란 것이 새로 생겼다고 치자. 그럼 그건 또 어떻게 쓰는 것인가? 무토를 지우기라도 해야 한단 말인가? 절대 그럴 수는 없는 법이다. 따라서 무토가 존공이란 것은 바로 십일귀체의 수상도에서, 특히 천반수에서 5토를 찾지 못하게 될 것임을 우리들에게 넌지시 알려주기 위해 준비한 것이라 보아야 할 것이다.

嗚呼丑宮得旺子宮退位 아아, 축궁이 득왕이니 자궁은 **퇴위**한다.

丑궁이 왕성해지니 子궁은 자리를 물러난다? 대체 무슨 말일까? 여러 가지 상상을 불러일으키기에 딱 좋은 문구이다. 그래서 여러 학인들이 자신들만의 멋들어진 상상력을 발휘해 지축정립을 운운해가며 나름의 이론을 전개해나가기도 했던 바인데, 그런데 이 문구의 진정한 뜻은 그들이 상상하던 것과는 조금 차이가 있는 듯하다. 그들은 정역을 본 것이 아니라, 자신이 보고 싶은 바를 정역에다가 투영해놓은 것에 불과하다. 이 문구의 진짜 뜻은 이것이다. 성현께서 나중에「십일일언」에서 표현해놓으신 바(부록 261페이지 참조),

天政開子地政闢丑 하늘 정사는 자에서 열리고, 땅의 정사는 축에서 열린다.

하늘 정사는 자에서 열리고, 땅의 정사는 축에서 열린다는 말의 또 다른 표현이다. 즉 선천이 子의 시대였다면, 후천은 丑의 시대가 된다는 것을 말한다. 선천이 하늘 중심이었다면, 후천은 땅 중심이라고 말해준다. 이 문구에 대한 보충 설명은 앞으로도 한두 차례 더 진행될 예정이니, 이쯤에서 넘어가기로 한다.

嗚呼卯宮用事寅宮謝位 아아, 묘궁이 용사하니 인궁이 양보한다.

이 문구도 선후천의 변화를 이야기해준다. 선천의 한 해는 寅月에서 시작하는 것이었다. 그에 비해서 후천의 한 해는 卯月에서 시작한다. 이에 대해서도「십일일언」에서 보다 자세하게 다루게 될 기회가 있으므로 이쯤에서 넘어가기로 한다.

嗚呼五運運六氣氣 아아, 오운과 육기가 운기하고,

十一歸體功德無量 십일귀체이니 공덕이 무량하다.
_{십 일 귀 체 공 덕 무 량}

소위 오운이라 함은 역학 전문용어 중의 하나로써, 10천간에서 다섯 가지의 천간 합을 말한다. 즉, 甲과 己가 합하고, 乙과 庚이 합하고, 丙과 辛이 합하고, 丁과 壬이 합하고, 戊와 癸가 합한다. 그리고 육기라 함은 12지지에서 여섯 가지 지지의 충을 말한다. 子와 午가 충하고, 丑과 未가 충하고, 寅과 申이 충하고, 卯와 酉가 충하고, 辰과 戌이 충하고, 巳와 亥가 충한다. 이렇게 오운과 육기는 역학의 기본 중의 기본이라고 할 수 있는 법칙이다. 그런데 왜 갑자기 오운과 육기를 거론하는 것일까? 그 이유는 그 다음에 이어진 문구의 십일귀체라는 부분에서 대략 짐작이 된다. 다음에 그려놓은 두 개의 수상도를 살펴보기

선천 수상도			후천 수상도		
7 1	3 5	9 9	1 5	7 9	3 3
8 10	2 7	5 3	2 4	6 1	9 7
4 4	10 8	6 2	8 8	4 2	10 6

로 한다. 왼쪽 선천 수상도와는 달리 오른쪽 후천 수상도는 이미 앞에서 설명한 바와 같이 서로 마주보는 모든 궁의 합이 11이 된다. 그리고

공교롭게도 빨간 색으로 표시된 5와 6도 서로 합해서 11이 된다. 이를 오운과 육기의 표상으로 삼으신 듯하다. 더욱이 5는 손괘의 자리에 있고, 6은 진괘의 자리에 놓이는 데, 이들 손괘와 진괘가 바로 정역팔괘도에서 가장 중요한 두 팔괘이기 때문에 여기 수상도에서 보이는 5와 6이 더 특별한 것이라고 말해주는 듯하다.

금시명

1966년 서울 출생으로 금시명은 필명이다. 1985년 고려대학교 입학, 1992년 졸업하였으며, 이후 줄곧 반도체 분야에 종사하고 있다. 하도와 낙서에 숨겨진 원리부터 시작해서 복희팔괘, 문왕팔괘, 정역팔괘의 이치, 천부경에 담겨있는 묘리, 정역에 숨겨져 있던 비밀의 정원을 모두 찾아내는데 12년의 세월을 바쳤고, 그 결과물들이 바로 이 책들이다.

동방의 빛 ❸ 정역(正易) 上

초판 인쇄   2015년 04월 20일
초판 발행   2015년 04월 30일

지 은 이 | 금시명
펴 낸 이 | 하운근
펴 낸 곳 | 學古房

주   소 | 서울시 은평구 대조동 213-5 우편번호 122-843
전   화 | (02)353-9907   편집부(02)353-9908
팩   스 | (02)386-8308
홈페이지 | http://hakgobang.co.kr/
전자우편 | hakgobang@naver.com,   hakgobang@chol.com
등록번호 | 제311-1994-000001호

ISBN   978-89-6071-501-1 94140
          978-89-6071-498-4   (세트)

값 : 18,000원

이 도서의 국립중앙도서관 출판시도서목록(CIP)은 서지정보유통지원시스템 홈페이지(http://seoji.nl.go.kr)와 국가자료공동목록시스템(http://www.nl.go.kr/kolisnet)에서 이용하실 수 있습니다.(CIP제어번호: CIP2015011609)

■ 파본은 교환해 드립니다.